나는 **릴스를**
오늘부터 ______**일** 동안
총 ______**개** 올릴 것을
약속합니다.

도전 시작일: /   /   (서명)

된다!

조회수 터지는

인스타그램 릴스  만들기

인별천재 **최지영** 지음

이지스 퍼블리싱

능력과 가치를 높이고 싶다면
된다! 시리즈를 만나 보세요.
당신이 성장하도록 돕겠습니다.

된다! 조회수 터지는 인스타그램 릴스 만들기
Gotcha! Instagram Reels That Get Tons of Views

초판 발행 • 2026년 3월 13일

지은이 • 최지영
펴낸이 • 이지연
펴낸곳 • 이지스퍼블리싱(주)
출판사 등록번호 • 제313-2010-123호
주소 • 서울특별시 마포구 잔다리로 109 이지스빌딩 3층(우편번호 04003)
대표전화 • 02-325-1722 | **팩스** • 02-326-1723
홈페이지 • www.easyspub.co.kr | **Do it! 스터디룸 카페** • cafe.naver.com/doitstudyroom
인스타그램 • instagram.com/easyspub_it | **엑스(구 트위터)** • x.com/easys_IT
페이스북 • www.facebook.com/easyspub

총괄 • 최윤미 | **기획 및 책임편집** • 이수경 | **기획편집 1팀** • 임승빈, 이수경, 지수민 | **교정교열** • 박명희
표지 디자인 • 김근혜 | **본문 디자인** • 김근혜, 트인글터 | **인쇄** • 미래피앤피 | **마케팅** • 권정하
독자지원 • 박애림, 이세진, 김수경 | **영업 및 교재 문의** • 이주동, 김요한(support@easyspub.co.kr)

- 잘못된 책은 구입한 서점에서 바꿔 드립니다.
- 이 책에 실린 모든 내용, 디자인, 이미지, 편집 구성의 저작권은 이지스퍼블리싱(주)와 지은이에게 있습니다.
  단, AI 도구를 활용하여 제작한 이미지(또는 콘텐츠)도 포함되어 있습니다.

ISBN 979-11-6303-830-6 13000
가격 21,000원

일단 시작하는 것이 앞서갈 수 있는 비밀이다.
The secret of getting ahead is getting started.

_ 마크 트웨인(Mark Twain)

조회수가 터지는 영상은 따로 있어요!
팔로워도 수익도 챙기는 릴스의 비밀 대공개!

인스타그램을 운영하다 보면 종종 망설이게 됩니다. '이걸 올려도 될까', '누가 봐줄까', '아는 사람이 보면 민망한데…' 이런 생각이 들기 때문입니다. 그럴 때마다 이 책이 다시 인스타그램을 열어 보게 만드는 작은 이유가 되었으면 합니다.

이 책은 팔로워를 단숨에 늘리는 비법이나 알고리즘을 정복하는 기술 등 거창한 전략을 다루지 않습니다. '나 같은 사람도 시작해도 될까'라는 질문에 답해 드리고 싶었습니다. 인스타그램을 단순히 완벽한 삶을 사는 누군가의 이야기를 듣는 곳이 아니라, 일상에서 경험한 것과 그때의 감정, 생각 등을 꺼내 놓는 공간이라고 생각하면 누구나 쉽게 시작할 수 있습니다. 이 책이 여러분의 첫발을 조금 더 가볍게 만들어 주었으면 합니다.

특별한 재능, 경험, 아이디어 없어도 OK!
AI로 빠르게 기획하고 알고리즘 태워 조회수 폭발!

뛰어난 무언가가 없어도 내 인스타그램의 콘셉트를 기획하고 주제를 찾아 릴스를 올릴 수 있는 방법을 공개합니다. 사람들의 시선을 붙잡는 영상 구조에 맞춰 영상을 기획해 보고, 내 영상을 시청자에게 띄워 줄 수 있도록 릴스 알고리즘도 관리해 볼 거예요. 밑천이 바닥 났을 때 AI를 활용하는 방법도 함께 담았으니 다시 하나씩 시도해 보며 감각을 길러 보세요. 조회수는 물론 좋아요, 댓글, 공유 수가 폭발하는 경험을 할 수 있을 거예요!

단순 팔로워를 찐팬으로 만드는 건 한 끗 차이!
댓글 달고 DM 보내는 일도 자동화로 빠르게!

영상에서 몇 가지 스토리텔링만 들어가도 시청자는 팔로워가 되고 또 나를 사랑하는 팬이 됩니다. 한 끗 차이로 팔로워와 깊이 소통할 수 있는 영상 편집 노하우를 모두 소개합니다. 아울러 직장인, 학생, 아이를 돌보는 부모 등 바쁜 사람들을 위해 팔로워를 자동으로 관리하고 팬으로 만들어 주는 '매니챗'까지 모두 알려 드립니다.

수익화를 꿈꾸는 분들을 위한 필살기 대방출!
'직감이 아닌 공식으로' 언제나 먹히는 영상 만들어요!

릴스는 많이 올린다고 해서 수익이 나는 것도 아니고 감으로 찍어서 터지는 조회수가 돈을 벌어다 주는 것도 아닙니다. 좋은 성과를 거두는 콘텐츠에 반드시 존재하는 공통점이 있는데요. 이 공통점을 활용해서 만든 콘텐츠는 시간이 지나도 계속해서 클릭과 전환을 만들어 내고, 이런 릴스가 쌓이면 그만큼 수익이 더 잘 발생합니다.

이제는 감만 믿고 영상을 만들거나 올리지 마세요. '언젠가는 터지겠지'가 아니라, 언제든지 수익으로 이어지는 영상을 만들고 누적하는 것이 중요합니다. 이 책에서 다루는 필살 공식을 릴스 영상에 꼭 적용해 보세요. 여러분의 콘텐츠는 이제 시간이 지날수록 돈을 만들어 내는 자산이 될 거예요.

마지막으로 이 책이 나오기까지 도와주신 분들께 감사의 인사를 전합니다. 원고 쓰는 모습을 옆에서 조용히 지켜봐 준 가족, 아무 말 없이 시간을 내어 준 에디터님의 도움이 없었다면 결실을 맺지 못했을 겁니다. 여러분도 이 책을 통해 꿈을 이뤄 나가길 응원합니다!

최지영 드림

차례

03 유입에서 팔로우로! 시선 집중 릴스 만들기

06 릴스로 돈 버는 4가지 비밀

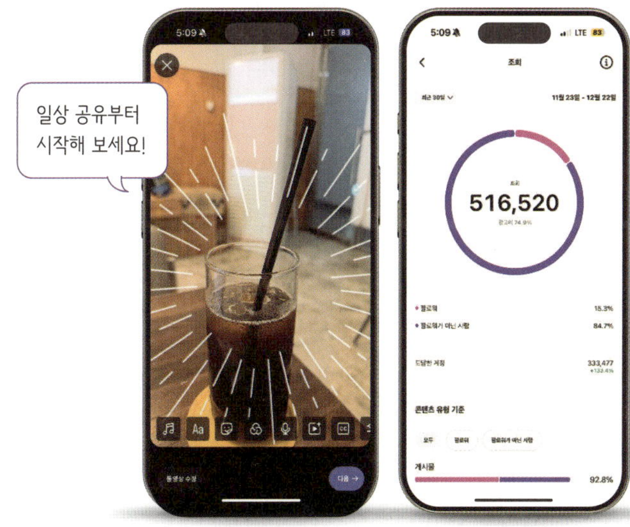

🙌 나의 릴스 콘텐츠 유형은 무엇일까?

책을 읽기 전에 나에게 맞는 릴스 콘텐츠 유형 검사를 해보세요. 무리하지 않고 잘할 수 있는 활동을
올리다 보면 더 좋은 성과를 낼 수 있을 거예요!

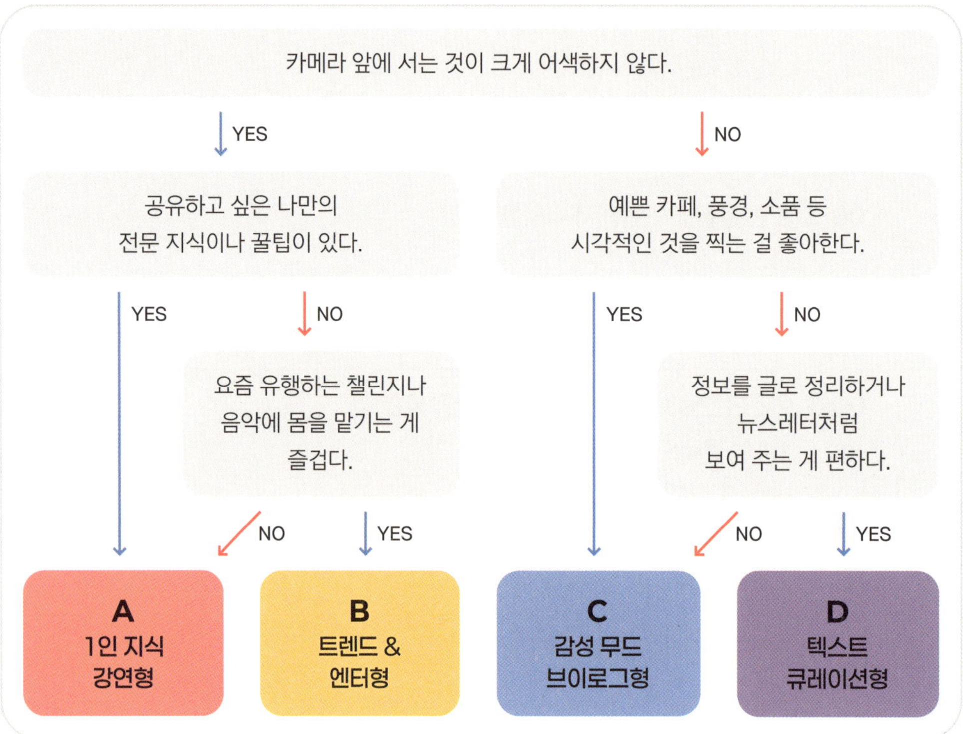

검사 결과

> 말하는 콘텐츠 위주로 시작해 보세요!

A 1인 지식 강연형

특징 카메라를 보고 직접 말하며 정보를 전달합니다.

추천 '사람들이 잘 모르는 OO 비결 3가지'처럼 말로 하는 듯한 후킹이 중요해요!

B 트렌드 & 엔터형

특징 유행하는 오디오와 챌린지를 나만의 방식으로 소화합니다.

추천 지금 인기 있는 음원을 쓰고, 나만의 짧은 유머나 리액션을 더해 보세요.

> 얼굴 없이 손이나 사물만 찍어도 충분해요!

C 감성 무드 브이로그형

특징 얼굴을 공개하지 않고 예쁜 영상미와 자막, 음악으로 승부합니다.

추천 일상의 짧은 순간을 2~3초씩 이어 붙여 보세요. 힐링이 곧 콘텐츠입니다.

D 텍스트 큐레이션형

특징 영상보다 자막이 주인공입니다. 잡지나 뉴스레터 같은 느낌을 줍니다.

추천 배경은 단순한 스톡 영상이어도 좋아요. '저장해 두고 볼 OO 리스트' 같은 정보가 핵심!

릴스 1일 완성! 원데이 학습 계획표!

하루 만에 인스타그램 계정을 만들고 콘셉트를 정해서 릴스 영상을 올릴 수 있습니다. 다음 '1일 완성 계획표'를 따라 릴스 계정의 기반을 마련하고 더 나아가 인플루언서의 삶을 살아 보세요!

구분	학습 내용	학습 범위
1교시	내 인스타그램 계정 만들고 간단히 영상 올려 보기	01장
2교시	계정 콘셉트와 시리즈 영상 주제 정리해 보기	02장
3교시	릴스로 만들 영상 촬영하고 에디츠로 편집해 업로드하기	03장
4교시	알고리즘 타는 키워드 탐색하고 영상 캡션에 입력하기	04장
5교시	공유할 만한 정보 만들어 댓글 유도하기	05장

릴스 업로드 10일 챌린지!

릴스 영상을 10일 동안 꾸준히 업로드하고 내 영상 주제를 계획표에 기록해 보세요. 이 외에 일일 목표를 적어도 좋고, 영상을 올리고 나서 점검할 때 사용해도 유용합니다. 자유롭게 활용해 보세요!

구분	릴스 주제	구분	릴스 주제
1일 차		6일 차	
2일 차		7일 차	
3일 차		8일 차	
4일 차		9일 차	
5일 차		10일 차	

'Do it! 스터디룸'에 방문하세요!

'Do it! 스터디룸'에서 이 책으로 공부하는 독자들을 만나 보세요. 혼자 시작해도 함께 끝낼 수 있어요. '두잇 공부단'에 참여해 책을 완독하고 인증하면 이지스퍼블리싱에서 출간한 책을 선물로 받을 수 있답니다!

☕ Do it! 스터디룸:
cafe.naver.com/doitstudyroom

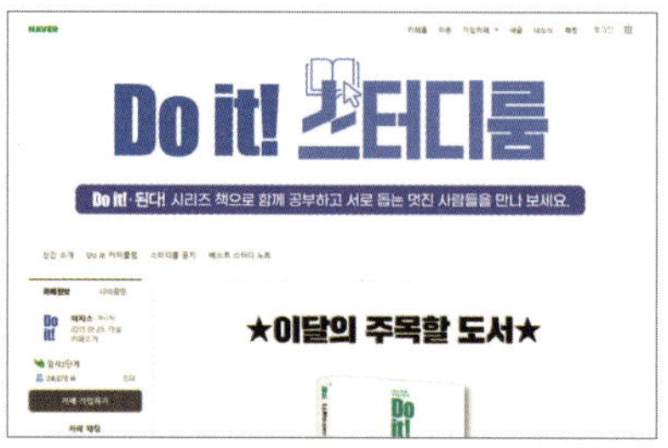

이지스퍼블리싱 블로그에서 정보를 얻어 가세요!

이지스퍼블리싱 블로그에서 책과 관련한 다양한 이야기를 만나 보세요. 실무에 도움되는 내용은 물론, 실생활에 필요한 정보까지 모두 얻어 갈 수 있습니다.

blog 이지스퍼블리싱 블로그:
blog.naver.com/easyspub_it

인스타그램을 팔로우하고 각종 이벤트에 참여해 보세요!

이지스퍼블리싱 공식 인스타그램 계정에서는 다양한 소식과 이벤트를 만나 볼 수 있습니다. 이지스퍼블리싱 계정을 팔로우하고 서평 이벤트, 스터디 등 각종 이벤트에 참여할 수 있는 기회를 놓치지 마세요!

📷 이지스퍼블리싱 인스타그램:
@easyspub_it

온라인 독자 설문 | 보내 주신 의견을 소중하게 반영하겠습니다!

오른쪽 QR코드를 스캔하여 이 책에 대한 의견을 보내 주세요.
독자 여러분의 칭찬과 격려는 큰 힘이 됩니다. 더 좋은 책을 만들도록 노력하겠습니다.

의견을 남겨 주신 분께 드리는 혜택 6가지!
❶ 추첨을 통해 소정의 선물 증정
❷ 이 책의 업데이트 정보 및 개정 안내
❸ 저자가 보내는 새로운 소식
❹ 출간될 도서의 베타테스트 참여 기회
❺ 출판사 이벤트 소식
❻ 이지스 소식지 구독 기회

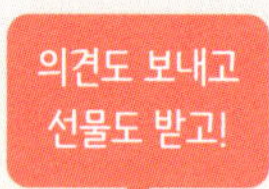

나를 알리는
절호의 기회, 릴스!

릴스는 인스타그램에서 제공하는 3분 이내의 숏폼 영상 콘텐츠입니다. 따라서 릴스를 올리려면 우선 인스타그램 계정을 준비해야 합니다. 01장에서는 인스타그램에 가입한 뒤 브랜딩에 적합한 프로페셔널 계정으로 전환하고 해킹을 방지할 수 있도록 보안 설정을 해볼 거예요. 또, 프로필을 전문성 있게 구성하고 스토리와 릴스를 간단히 업로드해 보겠습니다. 인스타그램을 기초부터 차근차근 시작해 볼까요?

릴스가 브랜딩에서 정석인 이유

인스타그램, 그리고 릴스!

인스타그램은 약 2,600만 명이 이용하는 대표적인 소셜 미디어 플랫폼으로, 2021년 숏폼 서비스로 **릴스**^{Reels}를 출시했습니다. 릴스는 15초에서 3분 내외로 짧은 영상이지만 시간 가는 줄 모르고 푹 빠져서 계속 시청하는 형태이다 보니 인스타그램에서 사용자의 체류 시간을 효과적으로 늘려 줍니다. 또한 음악, 필터, 스티커 등 인스타그램에 내장된 편집 기능을 활용하면 누구나 쉽게 창의적인 콘텐츠를 만들 수 있다는 장점이 있습니다.

릴스 로고

♥ 릴스의 영어 표현 Reels 는 필름을 감아서 두는 릴(reel)에서 유래합니다. 여기서 발전하여 인스타그램에서는 짧은 영상을 여러 개 모아서 서비스로 제공해 준다는 의미로 사용한 거예요.

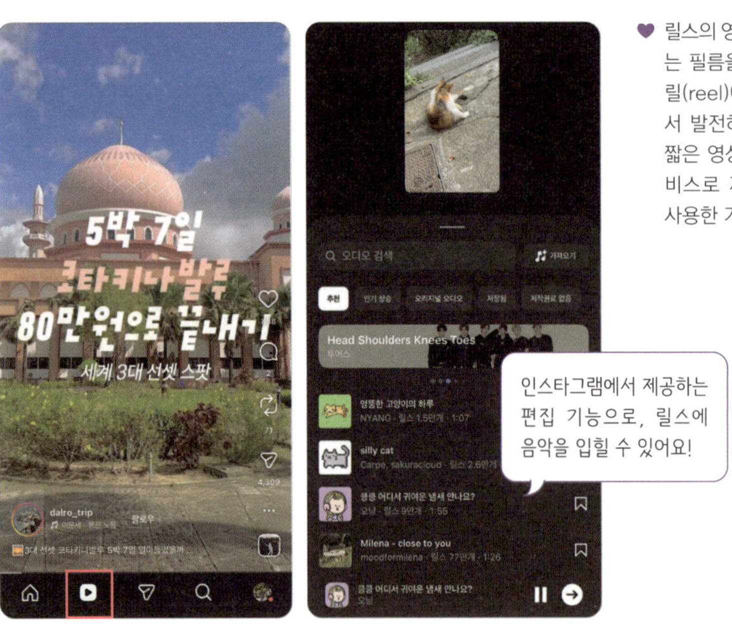

인스타그램에서 제공하는 편집 기능으로, 릴스에 음악을 입힐 수 있어요!

인스타그램에서 릴스 탭을 누른 경우   릴스 편집 화면 릴스처럼 짧은 형태의 영상 콘텐츠는 이미 MZ 세대는 물론 전 세대에 걸쳐 각광받고 있는데요. 인스타그램은 이러한 흐름에 맞춰 알고리즘을 통해 릴스를 사용자에게 적극적으로 노출하고 있습니다. 그래서 잘 만든 릴스 하나는 광고비나 기존 팔로워 수에 관계없이 수많은 불특정 다수에게 도달하는 폭발적인 파급력을 갖습니다. 따라서 현재 인스타그램에서 나를 알리고 새로운 기회를 만들고 싶은 분들에게 릴스는 가장 강력한 무기가 될 것입니다.

릴스를 기회로 만든 인플루언서

인스타그램 릴스는 팔로워와 더 직접 소통할 수 있도록 돕는 것은 물론 새로운 수익 창출 기회를 제공합니다. 그리고 인스타그램 내 다양한 비즈니스 모델을 활용해서 폭넓은 성장을 이룰 수 있습니다. 잘 잡은 릴스 콘셉트 하나로 브랜드와 협업하고 상품을 판매하는 등 인플루언서가 갖가지 수익 모델을 구축하는 사례를 간단히 살펴보겠습니다.

소통에 강점이 있는 뷰티 크리에이터 @ssin000000

대표적인 뷰티 크리에이터 시네 님은 친근한 소통 방식과 비포/애프터가 명확해 보이는 뛰어난 메이크업 기술을 이용해서 실용적인 화장 노하우를 제공합니다. 그러다 보니 화장에 관심이 많은 다양한 국가의 사람들이 팔로우하고 있습니다.

릴스를 비롯한 인스타그램 콘텐츠에서 발생하는 보너스 수익과 광고·협찬은 물론, 자체적으로 판매하는 공구 상품과 구독료 등 다각화된 수익 파이프라인을 갖추고 있습니다.

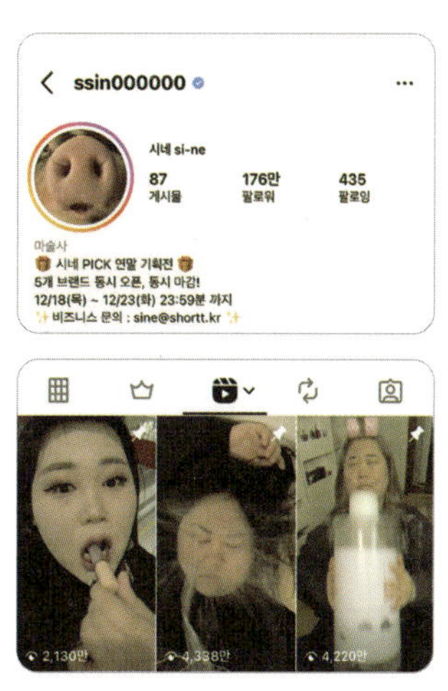

출처: @ssin000000

💜 인스타그램 수익화와 관련된 내용은 06장에서 자세히 다룹니다.

이벤트 운영에 강점을 보이는 @seol.i_i

육아 정보와 살림을 중심으로 다루는 정주미 님은 종종 이벤트를 열어 참여를 유도하기도 하고 평소에도 적극 소통하며 팔로워와 친밀감을 높입니다. 육아로 고민하는 엄마들이 주로 팔로우하고 있습니다.

제품 공구, 콘텐츠에서 발생하는 보너스 수익, 제품 광고·협찬, 쿠팡 파트너스와 같은 제휴 프로그램 등 여러 가지 방식으로 수익을 창출하고 있습니다.

출처: @seol.i_i

자사몰 홍보를 라이브 방송으로! @riole___

패션 크리에이터인 가현 님은 '같은 가디건으로 다른 느낌 내는 법' 등 패션 코디 분야의 다양한 꿀팁, OOTD^outfit of the day와 함께 일상 콘텐츠를 제공합니다. 라이브 방송에서는 개인 쇼핑몰에서 판매하는 옷을 꾸준히 홍보합니다.

콘텐츠 보너스로 수익을 내면서 패션 자사몰을 인스타그램으로 홍보하는 가현 님은 자신의 비즈니스에 인스타그램을 연결하고 마케팅 요소로 활용하는 사례입니다.

출처: @riole___

대표 브랜드 계정 @29cm.official

국내 유명 온라인 셀렉트숍으로 의류, 생활용품 등을 판매하는 29CM의 브랜드 계정입니다. 29CM 계정은 감도 깊은 취향 셀렉트숍이라는 브랜드 가치에 충실한 콘텐츠를 보여 줍니다.

특히 릴스 콘텐츠로는 인플루언서, 브랜드 직원 등의 스토리텔링으로 이 브랜드를 일상생활에서 어떻게 활용할 수 있는지를 다룹니다. 브랜드를 홍보하고 고객과 적극 소통하여 29CM를 더 많이 이용하고 충성 고객이 될 수 있도록 인스타그램 계정을 운영합니다.

출처: @29cm.official

이처럼 릴스는 단순한 영상 콘텐츠를 넘어서 수익 파이프라인을 넓힐 수 있는 기회를 열어 줍니다. 자신의 콘텐츠에 진정성을 담아 팔로워와 소통하며 가치 있는 경험을 제공하다 보면 팔로워가 0명인 상태에서도 빠르게 성장할 수 있습니다. 이 책을 읽고 나만의 릴스 콘텐츠를 만들어 수익 전략까지 구축해 보세요!

핵심 콕콕 퀴즈

1. 릴스는 (　　　　　)분 내외의 짧고 중독적인 형태의 영상으로, 사용자의 체류 시간을 효과적으로 늘려 준다.
2. 인스타그램은 (**알고리즘** / **팔로워**)을/를 통해 릴스를 사용자에게 적극 노출하고 있다.
3. 인스타그램에서 (**릴스** / **스토리**)는 나를 알리고 새로운 기회를 만들 수 있는 가장 강력한 무기이다.

정답 1 1분 2 알고리즘 3 릴스

빈칸을 채우거나 옳은 것에 동그라미를 치세요!

인스타그램 바로 시작하기

릴스 채널을 운영하려면 우선 인스타그램에 가입해야 합니다. 브랜딩에 이용할 수 있도록 적합한 프로필 사진을 등록하고 프로페셔널 계정으로 전환해 보겠습니다. 해킹을 방지하기 위해 2단계 인증까지 진행합니다.

하면 된다!} 인스타그램 설치하고 가입하기

인스타그램은 PC보다 모바일 앱에서 관리하는 것이 훨씬 편리합니다. 언제나 손안에 들고 다니면서 사진이나 영상을 촬영해 바로 업로드하고 팔로워도 관리할 수 있기 때문이죠. 이번 실습에서는 스마트폰에서 인스타그램 앱을 내려받고 계정을 만들어 보겠습니다.

01 인스타그램 앱 설치하기

구글 플레이스토어 또는 애플 앱 스토어에서 ❶ 인스타그램을 검색하고 ❷ [설치]를 탭합니다.

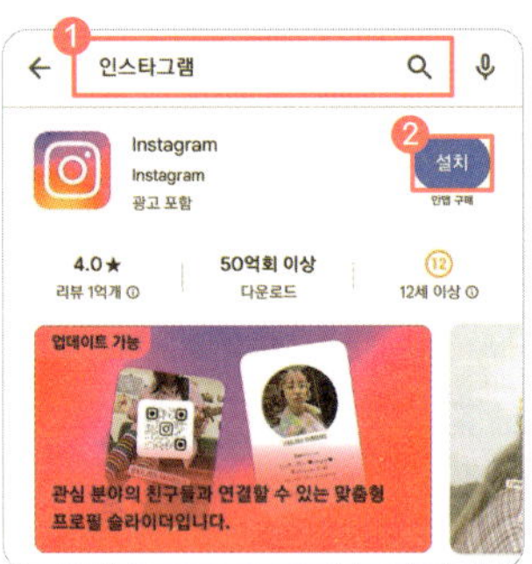

02 인스타그램 계정 만들기

인스타그램 앱을 실행한 뒤 ❶ [새 계정 만들기]를 탭합니다. ❷ 휴대폰 번호를 입력하고 ❸ [다음]을 탭합니다. [이메일 주소로 가입하기]를 눌러 이메일로도 가입할 수 있습니다. ❹ 휴대폰 SMS를 통해 전송된 6자리 인증 코드를 입력하고 ❺ [다음]을 탭합니다.

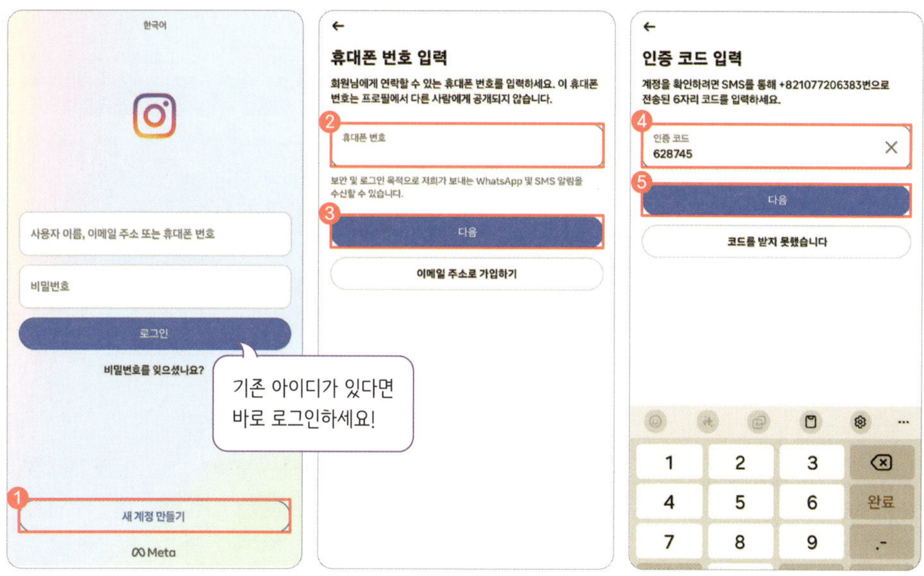

03 ❶ 비밀번호를 입력하고 ❷ [다음]을 탭합니다. ❸ 로그인 정보를 저장하겠는지 물으면 [저장]을 탭합니다.

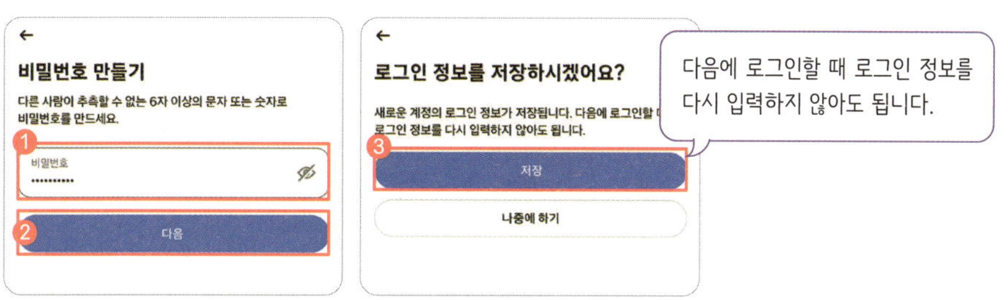

`04` ① 생년월일을 입력하고 ② [다음]을 탭합니다. ③ 인스타그램에서 사용할 이름을 입력하고 ④ [다음]을 탭합니다. ⑤ 아이디로 사용할 사용자 이름을 입력하고 ⑥ [다음]을 탭합니다.

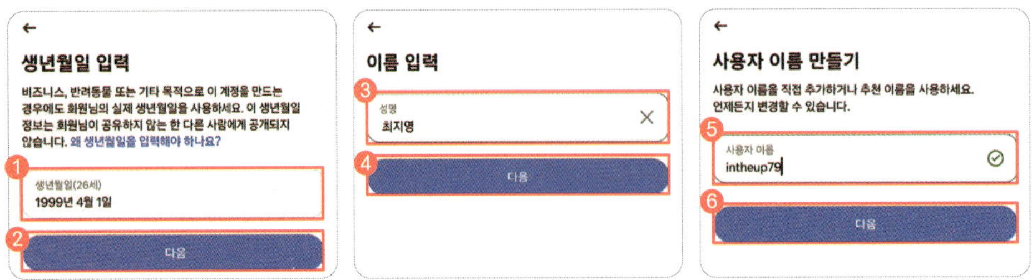

💜 사용자 이름은 영문 소문자와 대문자(a-z, A-Z), 숫자(0~9), 밑줄(_)만 입력할 수 있습니다.

`05` ① 약관 전체에 체크 표시를 하고 ② [동의]를 탭합니다. ③ 프로필 사진 추가 창이 나타나면 일단 [건너뛰기]를 탭합니다. 이 외에 다른 단계가 나타나면 안내 내용을 확인한 후 다음 단계로 넘어갑니다.

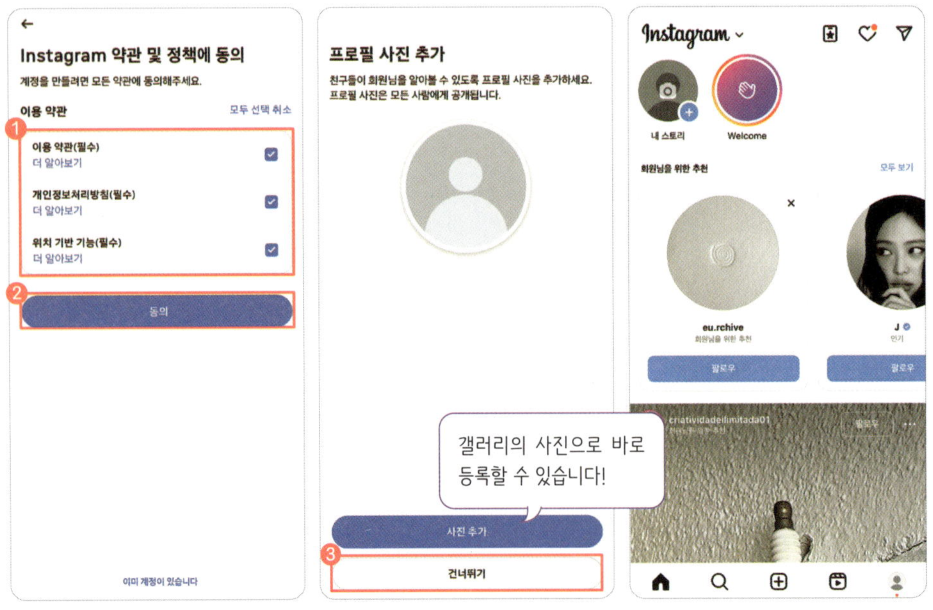

앞으로 나의 브랜드 가치를 높여 줄 인스타그램 계정을 생성했습니다. 이제 계정에 정체성을 불어넣기 위해 계정을 대표하는 로고를 삽입해 보겠습니다. 프로필 사진이 없으면 신뢰감을 쌓기 어려우므로 팔로우하고 싶은 계정으로 만들려면 반드시 추가하길 바랍니다. 또, 일반 계정으로는 광고를 집행하거나 시청자의 반응을 확인할 수 없으므로 프로페셔널 계정으로 전환해야 하는데요. 프로필 사진을 추가한 뒤에 이어서 프로페셔널 계정을 설정해 보겠습니다.

하면 된다!} 캔바로 프로필 사진에 사용할 로고 만들기

인스타그램 프로필 사진은 계정의 특징을 판단하고 첫인상을 좌우합니다. 이번 실습에서는 캔바를 이용해 내 계정의 로고를 만들어 보겠습니다. 캔바에서는 다양한 템플릿을 무료로 제공해서 포토샵 등 편집 프로그램을 다룰 줄 몰라도 완성도 있는 로고를 손쉽게 만들 수 있습니다. 캔바로 로고를 만들고 인스타그램의 프로필 사진으로 등록하는 작업은 PC에서 진행합니다.

01 캔바에 로그인하기

캔바 로고 템플릿 페이지(canva.com/ko_kr/logos/templates)에 접속해 홈 화면이 나타나면 오른쪽 위에서 [가입]을 클릭합니다.

02 Canva 이용 약관 창이 나타나면 ❶ [다음 모든 항목에 동의합니다.]에 체크 표시하고 ❷ [동의 및 계속하기]를 클릭합니다. ❸ 간편 로그인 또는 회원가입 창이 나타나면 카카오, 구글, 이메일 등 편한 방법으로 회원 가입을 진행합니다.

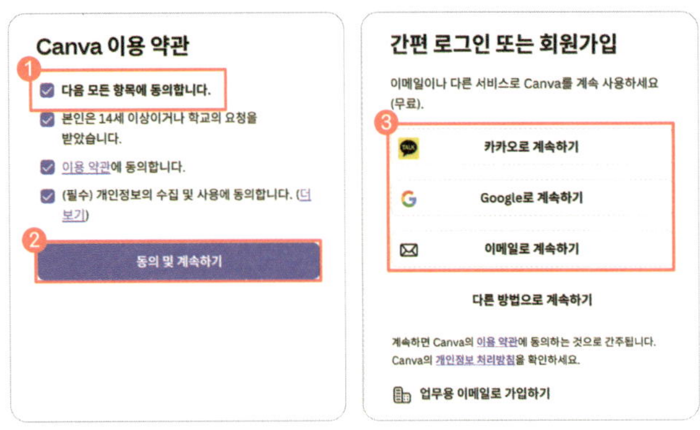

03 템플릿 선택하기

로고를 작업할 수 있는 캔바 화면이 나타납니다. ❶ 다양한 템플릿 가운데 마음에 드는 디자인을 선택하고 ❷ [이 템플릿 맞춤 편집하기]를 클릭합니다.

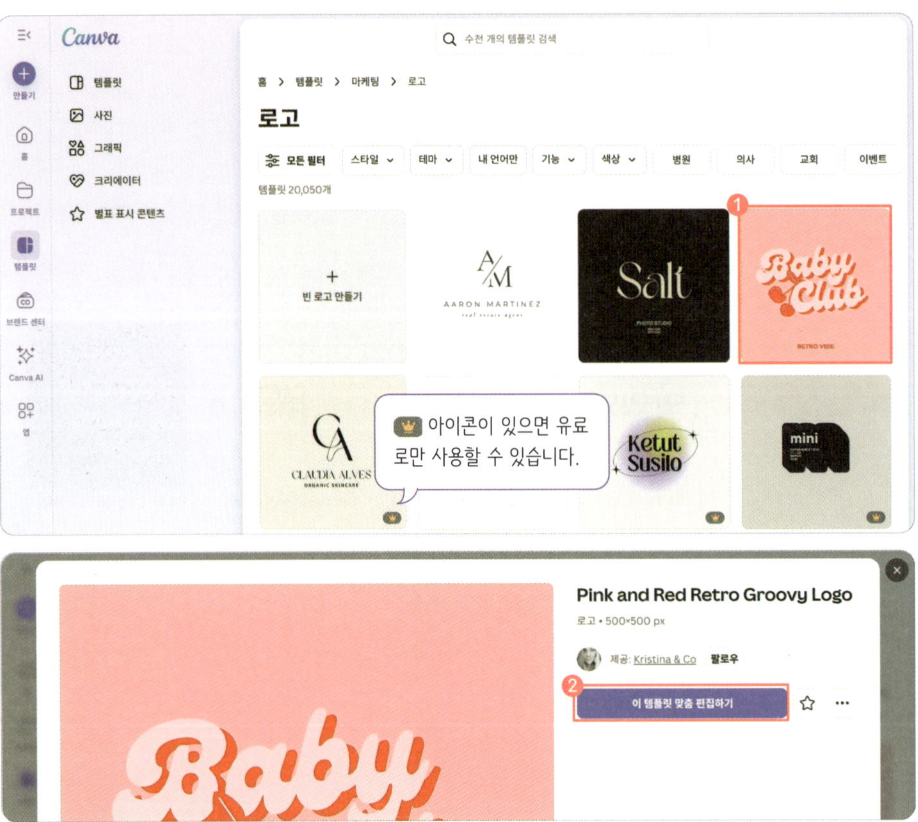

① 수정할 요소를 클릭하고 ② 내용이나 글자의 색상, 글꼴, 크기 등을 자유롭게 변경합니다. 템플릿 디자인이 예뻐서 여기에서는 내용만 Baby Club에서 Lucky Reels로 바꿨습니다.

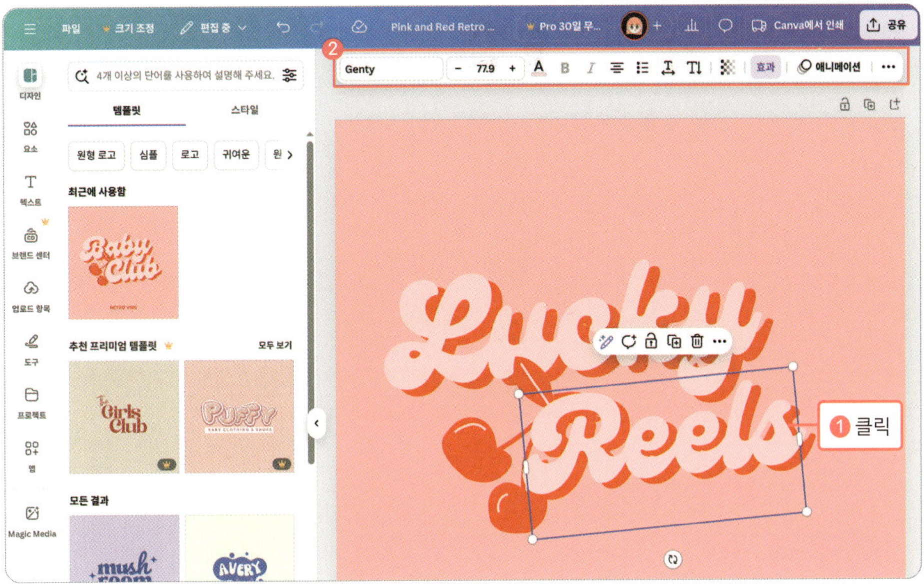

♥ 단, 디자인 템플릿의 요소 가운데 일부는 색상이 고정되어 있어서 바꿀 수 없습니다.

05 완성한 로고 저장하기

① 화면 오른쪽 위에서 [공유]를 클릭하고 ② 디자인 공유 창이 나타나면 [다운로드 ⬇]를 선택합니다. ③ 다운로드 창이 나타나면 파일 형식을 [PNG]로 설정한 채로 ④ [다운로드]를 클릭해 파일을 저장합니다.

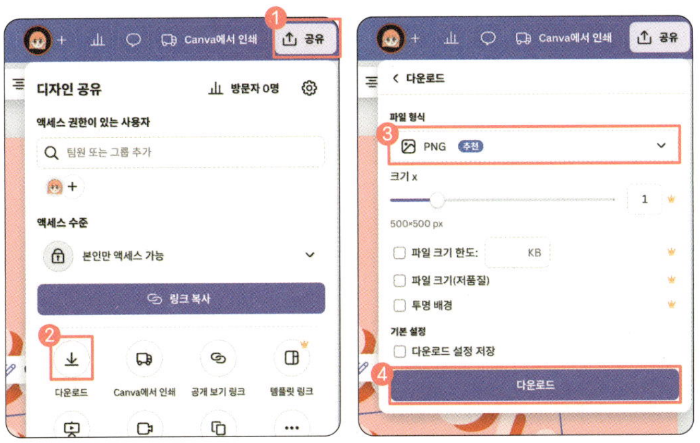

06 프로필 사진 삽입하기

캔바로 만든 로고를 프로필 사진으로 설정하기 위해 PC에서 인스타그램(instagram.com)에 접속합니다. 인스타그램 화면이 나타나면 오른쪽 위에서 프로필 로고 부분을 클릭합니다.

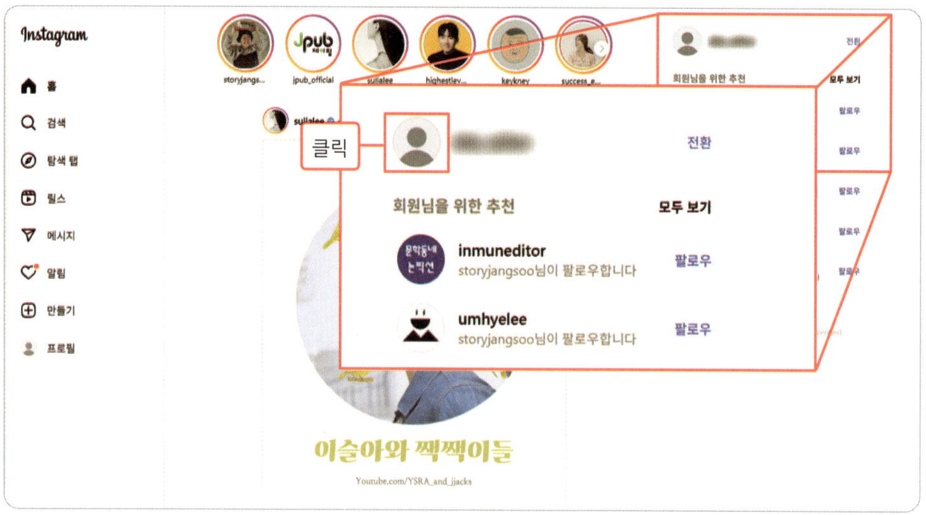

07 ❶ [프로필 사진 편집]을 클릭한 뒤 ❷ **05** 단계의 캔바에서 만들고 저장한 로고를 선택하고 ❸ [열기]를 클릭합니다.

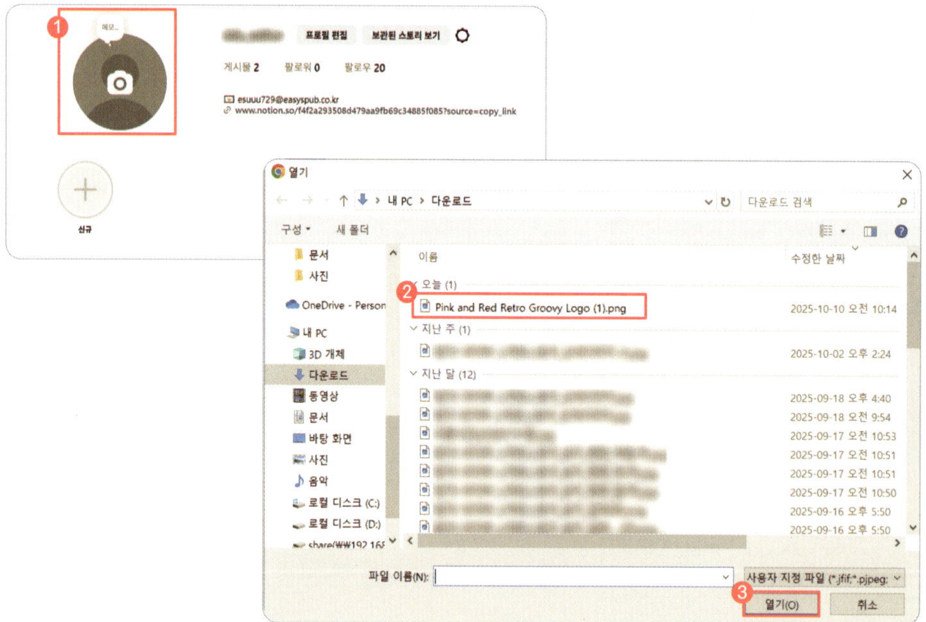

08 다음과 같이 인스타그램 프로필 로고가 삽입됩니다.

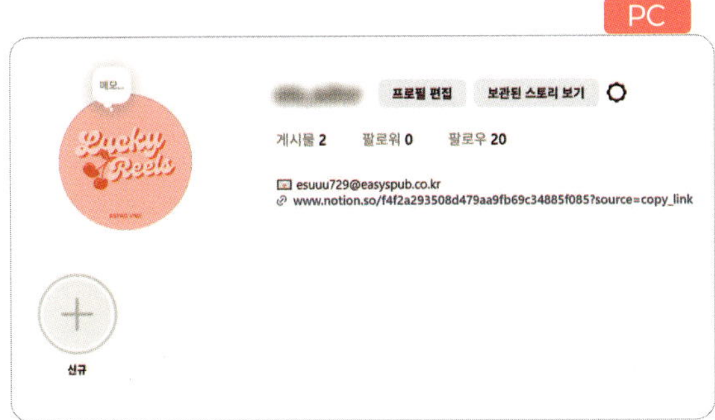

인스타그램 프로필에 로고를 삽입한 모습

하면 된다!} 프로페셔널 계정으로 전환하기

인스타그램을 단순히 일상 사진을 올리는 공간이 아니라 브랜딩이나 마케팅 채널로 만들려면 프로페셔널 계정으로 전환해야 합니다. 프로페셔널 계정으로 설정해 두면 인사이트 기능을 사용해서 누가, 언제, 어떻게 내 콘텐츠에 반응했는지 수치로 확인할 수 있어서 인스타그램을 전략적으로 운영할 수 있습니다. 비용이 따로 발생하지 않으니 꼭 프로페셔널 계정으로 등록하세요. 이번 작업은 스마트폰에서 진행합니다.

♥ 인사이트 기능은 04-3절에서 자세히 살펴보겠습니다.

01 ❶ 내 계정 화면에서 [설정 및 활동 ☰]을 탭합니다. ❷ 화면을 아래로 내려 프로페셔널 영역에서 [계정 유형 및 도구]를 탭하고 ❸ [프로페셔널 계정으로 전환]을 탭합니다.

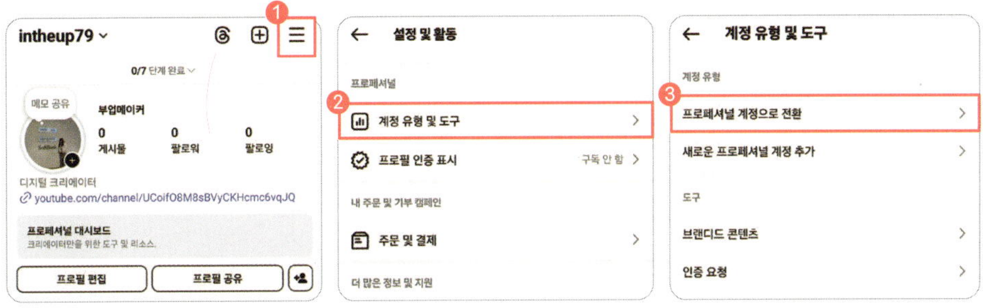

02 ❶ 프로페셔널 계정으로 전환 창이 나타나면 [다음]을 탭합니다. ❷ [프로필에 표시]를 켜면 아래쪽에 프로필 카테고리가 나타납니다. ❸ 내 계정의 카테고리를 [디지털 크리에이터]로 선택하고 ❹ [프로페셔널 계정으로 전환]을 탭합니다. ❺ 프로페셔널 계정 유형을 선택하는 창이 나타나면 [크리에이터]를 탭하고 ❻ [다음]을 누릅니다.

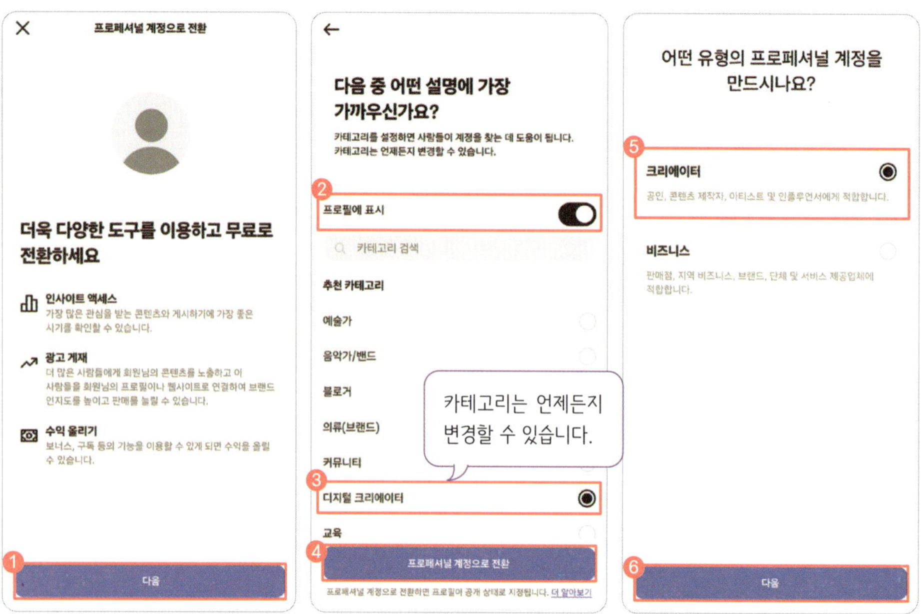

03 프로페셔널 계정 설정 창이 나오면 프로페셔널 계정 설정을 모두 완료한 것입니다. [닫기 ✕]를 탭합니다.

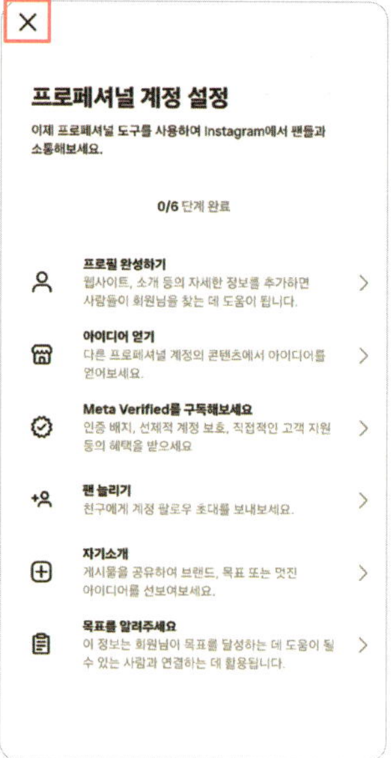

04 ❶ 다시 내 계정 화면에서 [설정 및 활동☰]을 탭해 보세요. ❷ 프로페셔널 영역
에 추가된 [인사이트]를 탭하면 ❸ 계정 분석 리포트를 볼 수 있습니다.

추후 새 콘텐츠를 업로드했을 때 아래쪽에 나타나는 [인사이트 보기]를 탭해도 해당
콘텐츠의 반응과 도달 수치를 바로 확인할 수 있습니다.

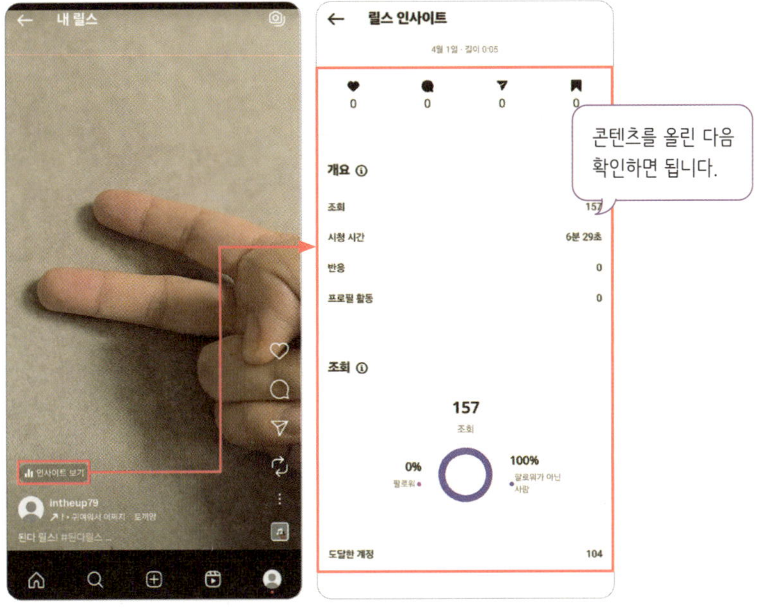

하면 된다!} 보안을 위한 2단계 인증 설정하기

2단계 인증은 비밀번호가 유출되더라도 계정을 한 번 더 보호해 주는 보안 장치입니다. 콘텐츠 자산이 쌓이는 인스타그램에서 계정 해킹을 막으려면 반드시 설정해야 합니다.

01 ❶ [설정 및 활동 ☰]을 탭하고 ❷ 내 계정 영역에서 [계정 센터]를 선택합니다.

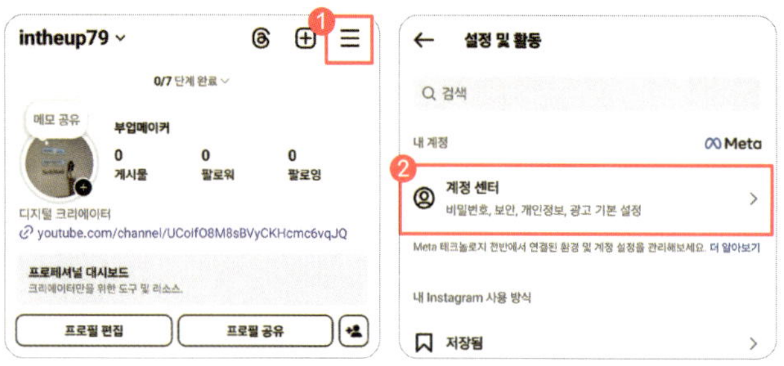

02 ❶ 계정 설정 영역에서 [비밀번호 및 보안]을 탭한 뒤 ❷ 로그인 및 복구 영역에서 [2단계 인증]을 선택합니다. ❸ 이어서 2단계 인증을 설정할 계정을 탭합니다.

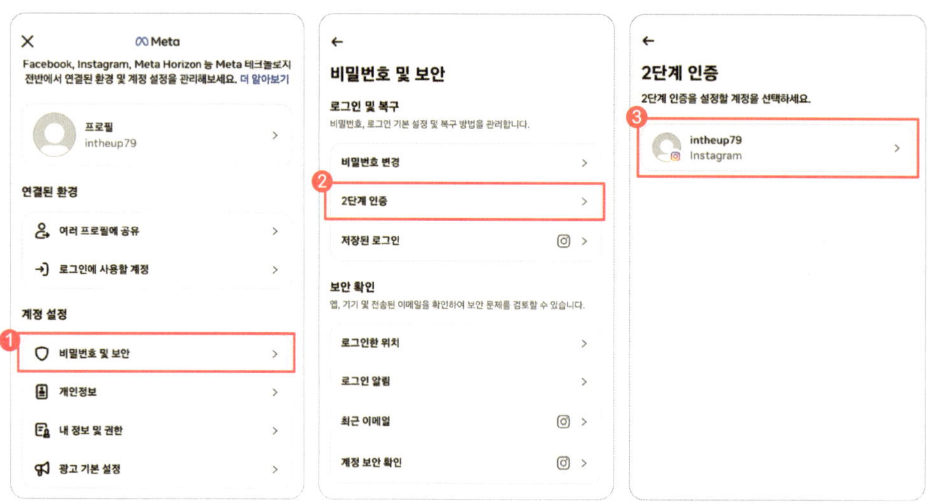

`03` ❶ 계정에 추가 보안 수단을 설정할 수 있습니다. 여기서는 [SMS 또는 Whats App]을 선택하고 ❷ [다음]을 탭합니다. ❸ 2단계 인증을 위해 전화번호 확인 영역에서 [내 전화번호 확인]을 탭하고 내 휴대폰으로 전송받은 인증 코드를 입력합니다. ❹ 2단계 인증이 설정되었다는 메시지가 나타나면 [다음]을 탭합니다.

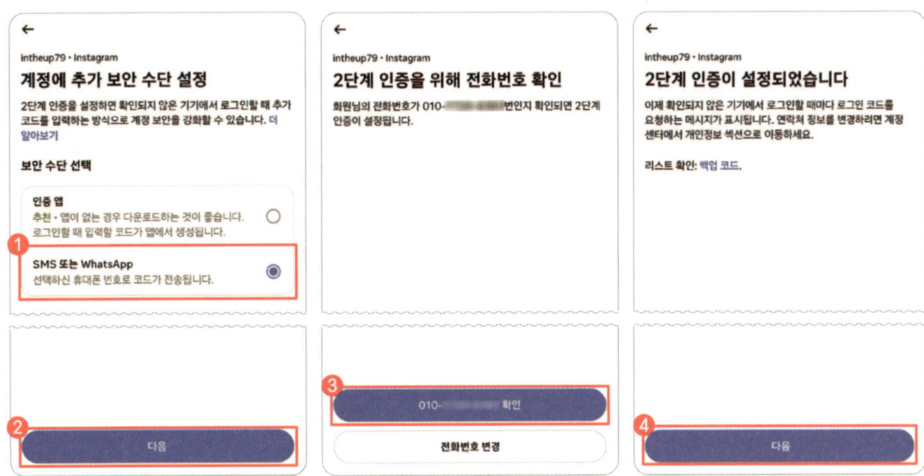

`04` 이어서 휴대폰을 이용할 수 없을 때 이메일로 계정에 로그인할 수 있도록 이메일 주소를 추가하라는 창이 나타납니다. ❶ 주로 사용하는 이메일 주소를 입력하고 ❷ [다음]을 탭합니다.

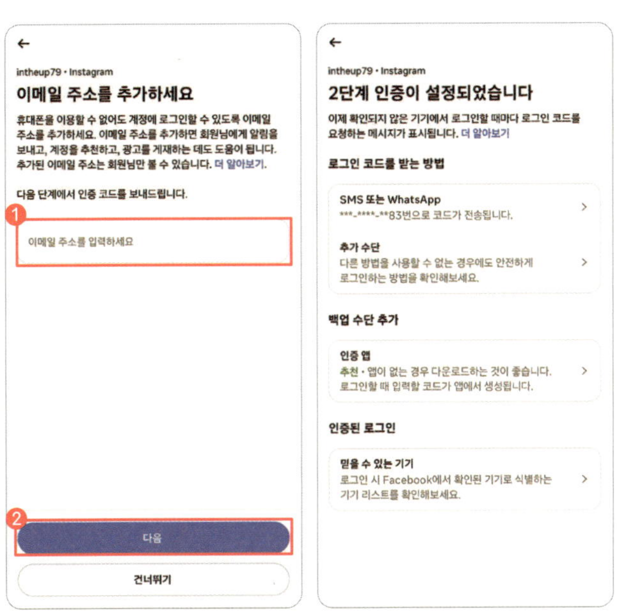

계정 설정을 마쳤다면 인스타그램을 시작할 준비는 끝났습니다. 이제부터 콘텐츠를 하나씩 올려 보며 인스타그램을 이해하고, 특히 릴스 콘텐츠로 팔로워를 늘려 나가는 방법을 알아보겠습니다. 팔로워와 계속해서 소통해 나가다 보면 영향력을 키울 수 있고 수익화까지도 쉽게 닿을 수 있습니다.

핵심 콕콕 퀴즈

❶ 일반 계정으로도 광고를 집행하고 시청자의 반응을 확인할 수 있다.
(O / X)

❷ (인사이트 / 내 활동)에서는 콘텐츠의 반응과 도달 수치를 확인할 수 있다.

❸ 비밀번호가 유출되는 상황을 방지하기 위해 (   ) 인증을 반드시 해 뒤야 한다.

정답 ❶ X(프로페셔널 계정으로 전환해야 가능하다) ❷ 인사이트 ❸ 2단계

천 리 길도 한 걸음부터!
스토리 & 릴스 업로드하기

인스타그램에는 사진을 한 장 또는 여러 장을 모아 올릴 수도 있고 이 책에서 중점으로 다루는 **릴스** 영상을 업로드할 수도 있습니다. 이런 형태의 게시물은 보관함으로 직접 옮겨서 비공개로 전환하지 않는 한 내 계정 화면에 그대로 남아 있습니다. 이와 달리 **스토리**는 24시간 동안만 공개되는 사진·영상 게시물로, 별 다른 기획 없이 현재 상황을 공유하는 성격이 강해 가볍게 시작할 수 있습니다. 물론 유사한 게시물끼리 묶어 하이라이트로 만들어 두면 하루가 지나도 계속해서 공개하는 것도 가능합니다.

사진 콘텐츠

릴스 콘텐츠

스토리 콘텐츠

이번 01-3절에서는 24시간만 지나면 사라지는 스토리를 먼저 업로드해 보고 그것을 하이라이트로 설정하는 방법을 알아보겠습니다. 그리고 릴스를 간단히 촬영해서 피드에 올려 보겠습니다. 특별한 내용이 아니어도 좋아요. 지금 눈앞에 보이는 모습을 바로 공유해 보세요.

하면 된다!} 첫 스토리 업로드하기

알리고 싶은 모습을 촬영하여 인스타그램 스토리로 업로드해 보겠습니다. 이 실습을 반복하여 스토리를 3개 정도 올려 보세요.

01 인스타그램 앱을 실행한 뒤 ❶ 내 계정 화면에 들어가서 ❷ 프로필 사진을 탭하면 업로드 창이 나타납니다. ❸ 카메라 영역을 선택하고 ❹ 촬영 버튼을 눌러 눈앞에 보이는 장면을 찍습니다.

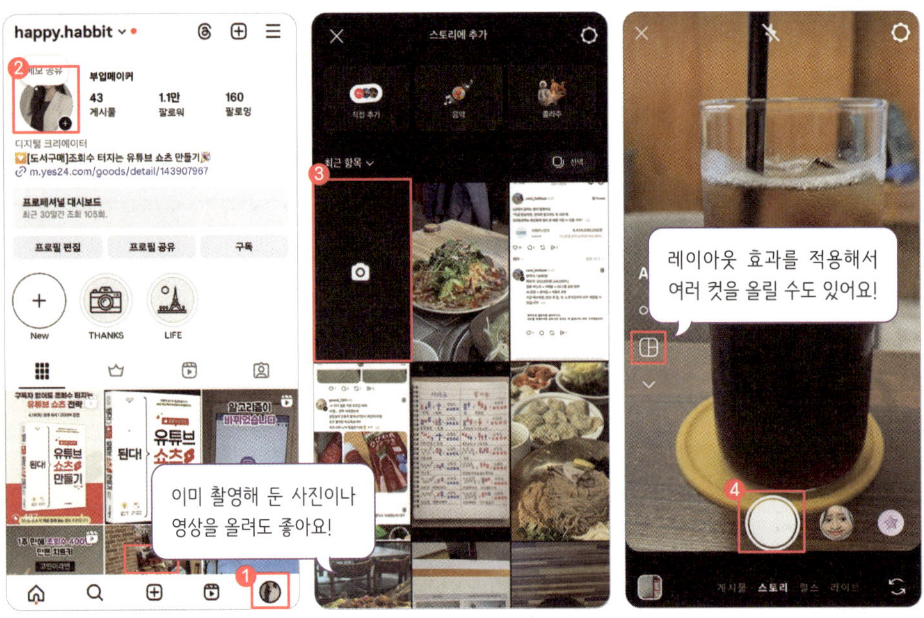

02 스토리 꾸미기

사진을 촬영했다면 ❶ 화면 위쪽에서 [**텍스트** Aa]를 탭하고 ❷ 텍스트를 입력합니다. ❸ 텍스트의 스타일과 색상을 자유롭게 변경하고 ❹ [**완료**]를 탭합니다.

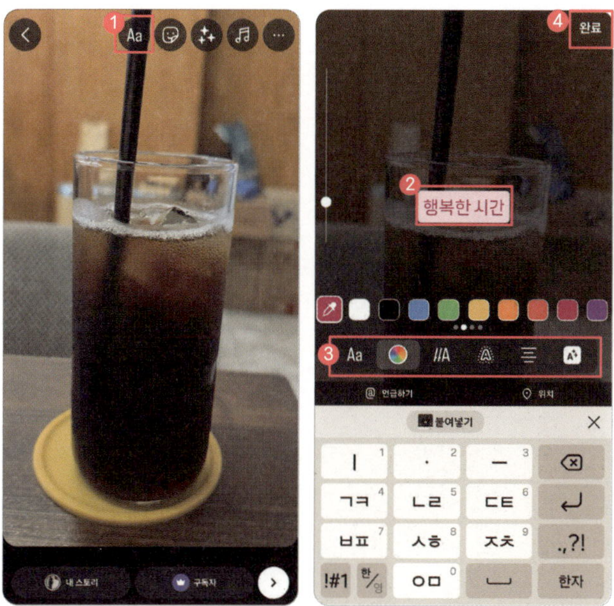

03 ❶ 이번에는 화면 위쪽에서 [스티커 ⓒ]를 탭합니다. ❷ 여기서는 하트 모양의 [좋아요] 스티커를 선택해서 삽입하고 ❸ 마음에 드는 위치로 끌어다 놓습니다.

♥ 스티커는 질문, 투표, 퀴즈를 비롯해 다른 사람을 태그할 때 사용하는 @멘션, 링크, 위치, 해시태그, GIF, 이모지, 카운트다운 등을 추가할 수 있는 기능입니다.

❶ 화면 위쪽에서 [배경음악 🎵]을 탭하고 ❷ 스토리의 배경에 깔고 싶은 음악을 선택합니다. ❸ 사용할 구간을 드래그하여 지정하고 ❹ [완료]를 탭합니다.

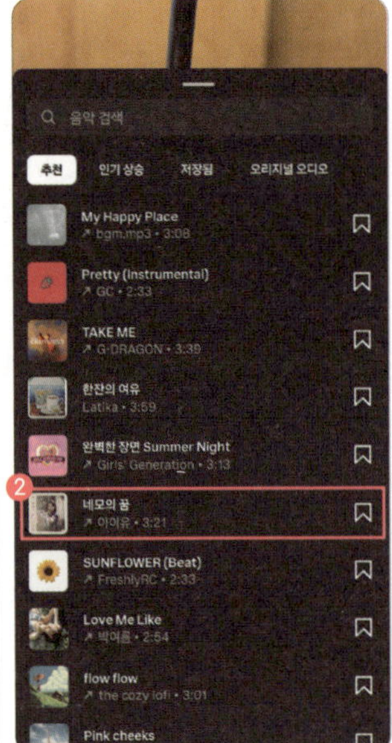
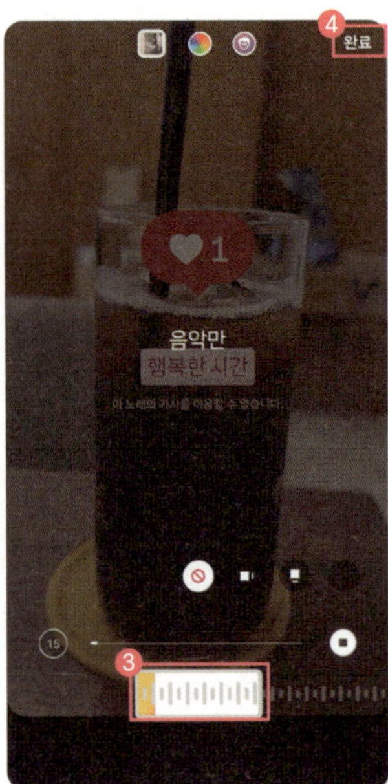

05 스토리 게시하기

❶ 화면 오른쪽 아래에서 [공유 ⊙]를 탭한 뒤 ❷ [내 스토리]를 선택하고 ❸ [공유]를 탭합니다. ❹ 스토리가 게시되면 내 프로필 사진에 인스타그램 색상 테두리가 표시됩니다. 팔로워는 이 색상 테두리로 내 계정에 새 스토리가 올라온 것을 바로 확인할 수 있습니다. 이 색상 테두리는 24시간 동안 표시되는데 그 기간 동안 팔로워가 방문하고 조회할 수 있도록 유도합니다.

💜 [내 스토리]를 선택해서 공유하면 나를 팔로우하고 있는 모든 사람에게 공개되고, 다른 것을 선택하면 특정 인물에게만 공개할 수 있습니다.

하면 된다!} 스토리를 모아 두는 하이라이트 만들기

인스타그램의 하이라이트는 스토리를 24시간이 지난 후에도 볼 수 있도록 프로필에
고정해 두는 기능입니다. 스토리를 주제별로 분류해서 저장해 둘 수 있습니다.

01 ① 인스타그램의 내 계
정 화면에서 [만들기 ⊞]를
탭하고 ② [스토리 하이라
이트]를 선택합니다.

💜 ⊞ 아이콘이 왼쪽 위에 나타났다
면 그 아이콘을 누르면 됩니다.

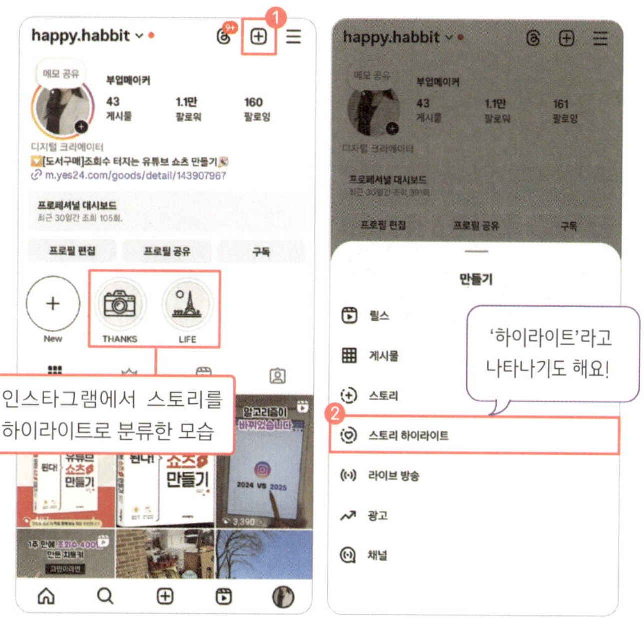

02 ① 하이라이트로 고정할 스토리 3개를 모두 선택하고 ② [다음]을 탭합니다. ③ 하이라이트 제목을 입력하고 ④ [커버 수정]을 탭합니다.

♥ 하나의 하이라이트 목록에 스토리를 100개까지 저장할 수 있습니다.

03 ① 갤러리에서 커버 이미지를 선택한 뒤 ② [완료]를 탭합니다. ③ 제목 창이 나타나면 한 번 더 [완료]를 탭합니다.

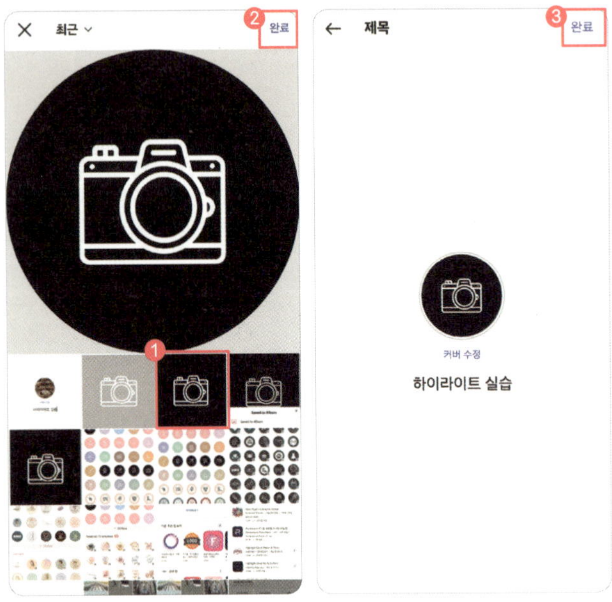

하이라이트 커버를 예쁘게 만들고 싶다면 **하이라이트 커버 메이커 오브 스토리**(Highlight Cover Maker of Story) 앱을 사용해 보세요. 이 앱은 구글 플레이스토어 또는 애플 앱 스토어에서 검색하여 설치할 수 있습니다. 하이라이트 커버 메이커 오브 스토리 앱을 실행하면 다양한 하이라이트 커버 디자인 템플릿이 나타납니다.

안드로이드용   아이폰용

04 이제 내 계정 화면에서 하이라이트를 확인할 수 있습니다. [하이라이트 실습]을 선택하면 새 창이 뜨면서 **02** 단계에서 선택한 스토리 3개를 순서대로 보여 줍니다.

하면 된다!} 첫 릴스 업로드하기

이제 진짜 이 책의 주제인 릴스를 업로드해 보겠습니다. 릴스도 스토리와 크게 다르지 않습니다. 스토리는 24시간이 지나면 사라지지만 릴스는 그대로 남는다는 특징이 다를 뿐이에요. 촬영한 영상을 바로 올려 보겠습니다.

`01` ❶ 인스타그램 화면 왼쪽 위에서 [만들기 ➕]를 탭하고 ❷ 화면 아래쪽에서 [릴스]를 선택한 채로 ❸ 릴스로 올릴 사진이나 영상을 선택합니다.

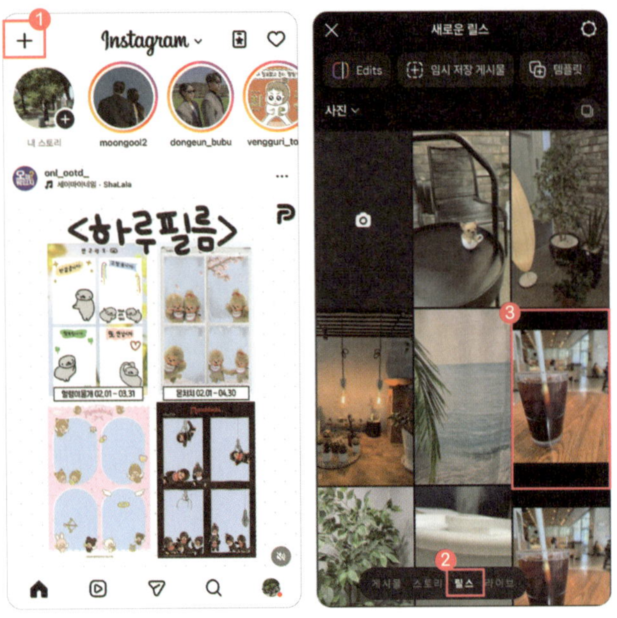

💜 책 속 화면과 다르다면 화면 아래쪽에서 ⊕ 아이콘을 눌러 보세요.

`02` ❶ [스티커 🙂]를 탭하고 ❷ 여러 가지 스티커 중에서 강조 효과를 선택해 영상에 삽입한 후, 적당한 위치에 배치합니다. ❸ 이어서 [배경음악 🎵]을 탭합니다.

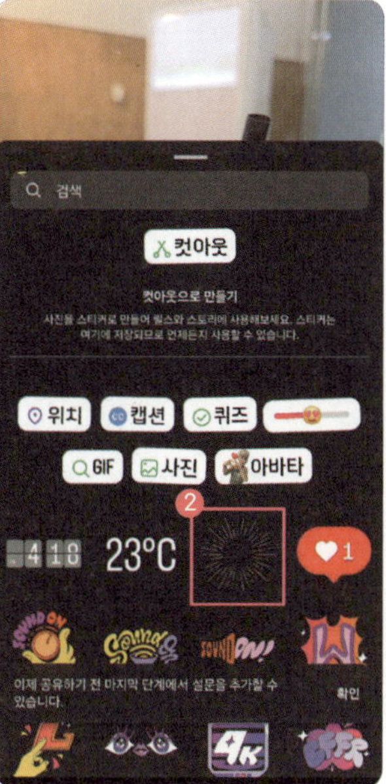

03 ❶ 릴스 영상의 배경음악으로 설정할 곡을 선택하고 ❷ [다음 ➡]을 탭합니다. ❸ 이어서 배경음악을 적용할 구간을 지정하고 ❹ 화면 오른쪽 위에서 [완료]를 탭한 후, ❺ 아래쪽에서 [다음]을 누릅니다.

04 ❶ 새로운 릴스 창이 나타나면 캡션을 입력한 뒤 ❷ **[공유하기]**를 탭해서 릴스를 업로드합니다.

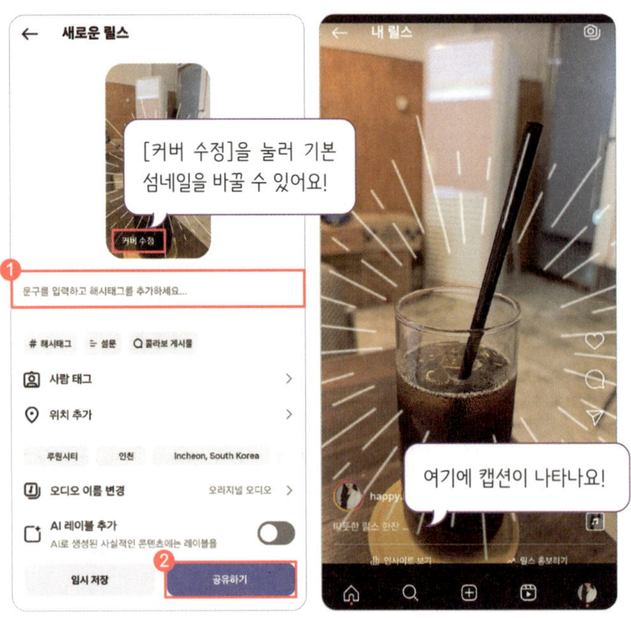

어때요? 스토리를 올리는 것도, 릴스를 올리는 것도 어렵지 않지요? 대단한 무언가를 올리려고 하기보다 사소한 것 하나라도 업로드해 보는 것이 중요합니다. 02장에서는 팔로워의 마음을 조금 더 끌어당길 수 있는 릴스 기획법을 살펴보겠습니다.

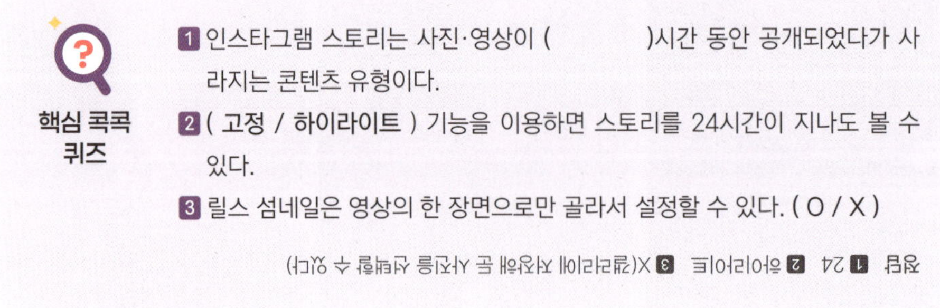

핵심 콕콕 퀴즈

❶ 인스타그램 스토리는 사진·영상이 (   )시간 동안 공개되었다가 사라지는 콘텐츠 유형이다.

❷ (고정 / 하이라이트) 기능을 이용하면 스토리를 24시간이 지나도 볼 수 있다.

❸ 릴스 섬네일은 영상의 한 장면으로만 골라서 설정할 수 있다. (O / X)

정답 ❶ 24 ❷ 하이라이트 ❸ X(섬네일은 원하는 장면 또는 화면에 저장된 사진으로 선택할 수 있다)

인스타그램 운영, 손쉽게 할 수 있다!
— 추천 도구 22가지

콘텐츠 제작용 도구 14가지

인스타그램에서는 사진과 영상을 업로드하고 해시태그를 걸어 콘텐츠를 노출하는 것이 기본입니다. 이때 영상 편집, 사진 보정, 커버 제작 등 목적에 맞는 도구를 사용하면 작업을 더 쉽게 수행할 수 있어요.

영상 편집용 도구

영상 피드나 릴스를 올릴 때 촬영한 영상을 쉽게 편집할 수 있는 도구입니다. AI 기능을 탑재하여 자막을 자동으로 생성하거나 AI 영상을 더할 수 있어서 더욱 빠르게 작업할 수 있습니다.

도구	설명	웹 사이트 링크
캡컷	• 숏폼에 최적화된 영상 편집을 할 수 있습니다. • 트렌디한 효과와 다양한 템플릿을 제공하며, 자막을 자동으로 생성해 주는 기능이 있습니다.	capcut.com
브루	• 주제만 입력하면 AI가 자막을 자동으로 생성해서 영상을 제작해 주며 컷 편집에도 용이합니다. • 인터뷰·정보형 릴스에 적합합니다.	vrew.ai
런웨이	• 불필요한 배경이나 오브젝트를 삭제할 수 있습니다. • AI 영상을 생성하는 등 창의적인 릴스를 제작할 때 유용합니다.	runwayml.com
인샷	• 대표적인 모바일 영상 편집 앱으로, 컷 편집이 간단하고 자막과 음악을 빠르게 삽입할 수 있습니다.	inshot.com

사진 보정용 도구

피드를 통일감 있게 꾸미기 위해 사진·영상의 톤을 균일하게 보정할 때 사용하는 도구입니다.

도구	설명	웹 사이트 링크
라이트룸	• 색감을 한 톤으로 통일하거나 프리셋을 설정하기 쉬워 피드를 브랜딩하는 데 효과적입니다.	adobe.com/kr/products/photoshop-lightroom.html
스냅시드	• 세밀한 보정과 브러시 기능을 제공합니다. • 무료이지만 고성능을 자랑합니다.	snapseed.online
VSCO	• 프리셋을 설정할 수 있는 감성 필터를 지정합니다. • 사진을 기반으로 하는 피드에 유리합니다.	vsco.co
애프터라이트	• 빈티지 필름과 질감 효과에 특화되어 있습니다.	afterlight.co

이미지 편집용 도구

배경을 제거하거나 불필요한 이미지를 삭제하는 등 이미지를 편집할 때 사용하는 도구입니다. 콘텐츠를 만들 때 배경이 없어야 더 깔끔하므로 사용하는 것을 추천합니다.

도구	설명	웹 사이트 링크
리무브	• 배경을 제거하기 쉬워 특히 제품 컷을 제작할 때 유리합니다.	remove.bg
클린업픽처스	• 불필요한 요소를 쉽게 제거할 수 있으며, 감성 컷을 정제하는 데 최적화되어 있습니다.	cleanup.pictures

커버 이미지 제작용 도구

이 책에서는 미리캔버스로 해볼 거예요!

콘텐츠 앞단에 들어갈 커버 이미지를 제작할 때 사용하는 도구입니다. 섬네일, 하이라이트 커버, 피드 커버 등을 만들 수 있어 브랜딩에 효과적입니다.

도구	설명	웹 사이트 링크
캔바	• 섬네일, 하이라이트 커버, 피드 정렬용 템플릿이 풍부합니다.	canva.com
미리캔버스	• 글꼴과 템플릿의 종류가 많아서 여러 가지 스타일로 활용하기 좋습니다.	miricanvas.com
모조	• 릴스·스토리에 사용할 만한 도입 영상용 애니메이션 템플릿이 다양합니다.	mojo-app.com
하이라이트 커버 메이커	• 스토리 하이라이트의 커버 전용 아이콘을 제작할 수 있습니다.	스토어 앱에서 검색

기획 및 운영에 유용한 도구 8가지

인스타그램을 지속적으로 운영하기 위해 콘텐츠를 기획하거나 인스타그램에 나만의 색깔을 입힐 수 있는 관리 도구를 소개합니다. 내 콘텐츠를 많은 사람에게 노출할 수 있는 해시태그를 추천받을 수도 있고, 인스타그램에 다양한 링크를 연결해 브랜딩을 강화할 수도 있습니다.

전반적인 운영 관리용 도구

모두 무료로 사용할 수 있어요!

인스타그램을 꾸준히 운영하고 성장할 수 있도록 도와주는 도구입니다. 업로드할 콘텐츠를 기획하는 데 활용하거나 블로그, 유튜브 등 여타 SNS 플랫폼 링크나 강의, 공동 구매 페이지 등을 연결해 브랜딩 수준을 높일 수 있습니다.

도구	설명	링크	서비스 형태
노션	• 캘린더 기능을 사용하면 릴스 업로드 주기를 관리할 때 편리합니다. • 시리즈끼리 정리하기 쉽고 협업에도 탁월합니다.	notion.so	웹/앱
핀터레스트	• 릴스 영상을 촬영할 때 구도와 색감, 자막 레퍼런스 등을 참고하기 좋습니다.	pinterest.com	웹/앱
인포크	• 쇼핑 페이지를 비롯해 여러 가지 링크를 한데 모아 인스타그램 프로필 영역에 올려 둘 때 사용합니다.	link.inpock.co.kr	웹

기획 및 태그 관리를 도와주는 도구

인스타그램에서는 #으로 시작하는 해시태그를 입력해서 콘텐츠를 검색합니다. 다음 도구를 활용하면 최근 인기 있는 트렌드를 분석하고 해시태그를 추출할 수 있습니다.

도구	설명	링크	서비스 형태
태그파인더	• 국가별로 인기 있는 해시태그를 추천받을 수 있습니다. • 해시태그를 클립보드로 바로 복사할 수 있습니다.	tagsfinder.com/ko-kr	웹
올 해시태그	• 핵심 키워드로 연관 해시태그를 자동 생성할 수 있습니다.	all-hashtag.com	웹
미디언스 해시태그랩	• 해시태그와 관련된 포스트 수와 상위 비율 등을 분석할 수 있습니다.	labs.mediance.co.kr/hashtag	웹
끝장카피	• 카피를 자동으로 생성하여 릴스 대본이나 제목을 작성할 때 유용합니다.	finalendai.com/copymaker	웹
숏트렌드	• 인스타그램 릴스의 인기 순위와 트렌드를 실시간으로 분석할 수 있습니다.	shortrend.com	웹

여기서 소개한 도구를 이 책에서 모두 다루지는 않지만, 필요한 상황이 생기면 추가로 활용해 봐도 좋습니다.

'좋아요'를 부르는 릴스 기획법

"조회수는 조금씩 나오는데, '좋아요'와 '댓글'은커녕 '팔로워 수'도 그대로예요!" 이유는 의외로 간단합니다. 그냥 찍어 올리기 때문이에요. 감으로 만든 릴스가 우연의 일치로 한번 잠깐 뜰 순 있지만, 탄탄하게 기획해서 만들어야 콘텐츠의 성과를 예측할 수 있고 꾸준히 사랑받을 수 있습니다.

02장에서는 '좋아요'와 '팔로우'가 늘어나는 릴스에는 어떤 특징이 있는지 살펴볼 거예요. 벤치마킹을 바탕으로 인스타그램 콘셉트를 정한 다음, 팔로워가 보고 싶은 콘텐츠를 기획해 보겠습니다.

색깔이 뚜렷한 계정 콘셉트 정하기

콘셉트 하나로 밀고 나가자! – 기획의 중요성

"요즘 이런 콘텐츠가 자주 보이던데 나도 이렇게 해볼까?", "내 콘텐츠는 너무 재미없는 것 같은데 뭔가 바꿔야 하나?" 콘텐츠를 만들다 보면 한 번쯤 이런 생각을 합니다. 그저 유행하는 형식을 따라야 하나 싶기도 하죠. 하지만 결국 계정을 성장시키는 건 트렌드가 아니라 내가 처음 정해 두었던 운영 방향, 즉 **콘셉트**concept입니다. 콘셉트가 흐트러지지 않을 때 비로소 콘텐츠가 차곡차곡 쌓이고, 팔로워도 그 일관된 흐름을 보고 찾아오거든요.

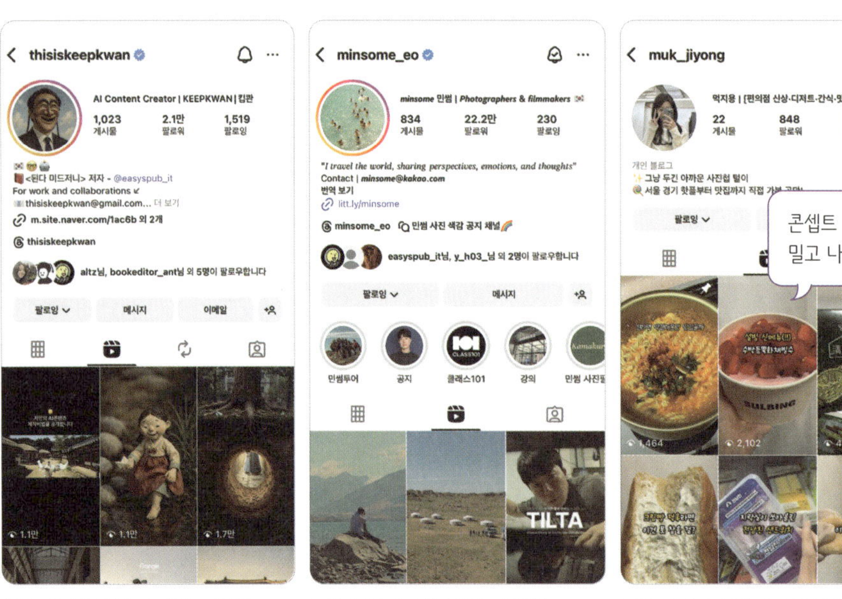

AI로 생성한 영상을 올리는 '킵콴'   사진 보정 영상을 올리는 '민썸'   신상 먹거리 소개 영상을 올리는 '먹지용'

콘셉트가 분명하다는 건 '기획'이 잘되었다는 것을 뜻합니다. 기획을 잘하려면 콘텐츠를 만들기 전에 반드시 다음 3가지 질문을 던져야 합니다.

- 이 콘텐츠를 왜 올리는가?
- 누구에게 어떤 메시지를 전달할 것인가?
- 이 릴스 영상으로 어떤 세계관을 쌓아 갈 것인가?

다시 말해 **기획이란 콘텐츠의 방향성을 결정하는 나침반**과 같습니다. 방향성이 분명한 계정은 잠깐 지나가는 유행에도 쉽게 휘둘리지 않아요. 트렌드가 무엇이든 내 색깔로 소화해 낼 수 없다면 과감하게 흘려보냅니다.

반면 남들을 좇아 무턱대고 릴스를 만든다면 어느 날 재밌다고 올린 콘텐츠가 다음 날에는 반응이 없다고 낙심할 게 뻔합니다. 또, 그 이후에도 잘나가는 주제를 무작정 따라가기만 할 거예요. 그런 계정을 바라보는 팔로워는 이 계정이 도대체 무슨 이야기를 하려는 건지 이해할 수 없고, 결국 언팔로우^{unfollow}까지 이어지기 마련이죠. 처음에 브랜딩 목적으로 개설한 인스타그램 계정이 일상 기록용으로 변질되는 건 순식간입니다.

♥ 언팔로우란 팔로우의 반대말로, 계정을 팔로우한 것을 취소하는 것을 말합니다.

따라서 우리는 인스타그램 계정의 콘셉트를 분명히 정하고 차근차근 기획해서 릴스를 올려야 합니다. 팔로워가 관심 있어 하는 계정이 될 때 그 가치는 꾸준히 상승할 거예요.

내 인스타그램 콘셉트 정하기

콘셉트는 계정의 방향을 잡는 첫 번째 기준입니다. 콘셉트가 일관된 콘텐츠가 쌓이면 피드는 자연스럽게 하나의 메시지를 만들어 내고, 계정은 하나의 브랜드로 자리매김하게 됩니다. 이 과정은 아주 단순한 질문에서 시작됩니다.

이 계정을 시작한 이유는 무엇인가요?

대다수는 이렇게 말합니다. "일단 올려 보려고요. 해봐야 알 것 같아서요", "남들도 하니까 저도 해야 할 것 같아서요" 하지만 이런 식으로 시작하면 대부분 얼마 못 가서 그만둡니다. 인스타그램을 운영하려는 이유가 분명해야 하는 중요성이 여기에 있습니다. 팔로워가 늘지 않거나 조회수가 나오지 않으면 자신감이 무너지게 되거든요. 시간을 들였는데 돈으로 이어지지 않으면 지치기도 하고요. 따라서 이 계정을 시작하려는 이유, 곧 내 인스타그램 콘셉트를 적어 놓고 의지를 불태우는 것이 계정을 유지하는 가장 강력한 방법입니다.

인스타그램 계정을 운영할 땐 그 이유와 타깃을 설정해서 방향성을 잡는 것이 중요하다고 했어요. 다음 예시를 참고하여 여러분만의 생각을 적어 보세요.

❶ 인스타그램을 시작하려는 이유는 뭔가요?
겉보기에 좋은 말 말고 진짜 하고 싶은 이야기를 꺼내 보세요. 정답은 없지만 '진심'을 담아 적어 보면 콘텐츠 방향을 확실하게 잡을 수 있습니다.

예) 회사 월급 외에도 나만의 부업 수익을 만들고 싶어요 / 인스타그램을 보는 시간이 많은데 이걸 내 콘텐츠로 만들어 보고 싶어요 / 사람들이 물어보는 걸 콘텐츠로 만들면 좋을 것 같아요

❷ 내 계정이 누구에게 도움을 주었으면 하나요?
내 계정을 볼 특정 대상을 정하면 콘텐츠가 훨씬 명확해집니다. 한 사람을 머릿속에 떠올리고 그 사람이 이 계정을 보며 어떤 생각을 하면 좋을지 상상해 보세요. '와, 이 계정 진짜 나한테 필요하다'라고 느끼게 만들려면 어떤 정보, 어떤 감성, 어떤 말투가 필요할까요?

예) 자녀 교육에 관심 있는 40대 엄마 / 첫 직장을 준비하는 취업 준비생 / 인스타그램으로 수익을 내고 싶은 1인 기업가

❸ 어떤 감정을 느끼게 하고 싶나요?
정보도 좋지만 결국 사람은 감정으로 움직입니다. 내 계정이 사람들에게 편안함을 제공하는 휴식처일지, 강한 동기 부여를 해주는 선배일지, 또는 일상 속 웃음을 주는 친구일지 정해 보세요. 릴스 자막 한 줄, 섬네일 색감 하나를 선택하는 데도 이유가 생깁니다.

이 3가지 질문에 답할 수만 있어도 계정의 뼈대를 탄탄하게 완성할 수 있습니다. 이렇게 정립한 콘셉트는 콘텐츠를 만들 때마다 중심을 잡아 주는 기준이 됩니다. 오늘 올린 콘텐츠에 대한 반응이 미미해도, 내일 올릴 콘텐츠로 새로운 시도를 하더라도 흔들리지 않습니다. 하나의 계정은 하나의 세계관으로 이어져야 합니다. 내 이야기, 내 메시지, 내 감정을 피드 전체에 연결해야 사람들이 공감하고 머물고 반응합니다. 이번 02장의 목표는 '흔들리지 않는 계정 만들기'입니다. 그리고 이는 명확한 콘셉트에서 시작된다는 걸 꼭 기억하세요!

핵심 콕콕 퀴즈

1 콘셉트를 분명하게 정하면 유행과 관계없이 콘텐츠의 방향성을 유지할 수 있다. (O / X)

2 인스타그램의 콘텐츠는 팔로워 수가 많을수록 기획이 잘되었다고 판단할 수 있다. (O / X)

정답 1 O 2 X(팔로워 수보다 콘텐츠의 기획력과 반응이 중요합니다)

따라 하면 완성되는
릴스 벤치마킹 4단계

콘텐츠를 잘 만들고 싶다면 팔로워 수가 많은 콘텐츠를 벤치마킹해야 합니다. 단순히 따라 하라는 게 아닙니다. 누가 어떻게 말하고 어떤 흐름으로 시작하고 마무리하는지, 이 콘텐츠에 사람들이 반응한 이유를 하나하나 뜯어 보는 훈련이에요. 이 과정을 반복하다 보면 콘텐츠를 보는 눈이 생기고 나중에는 내 콘텐츠의 방향을 잡는 데 큰 도움이 됩니다. 벤치마킹 미션을 직접 수행하며 감각을 길러 보겠습니다.

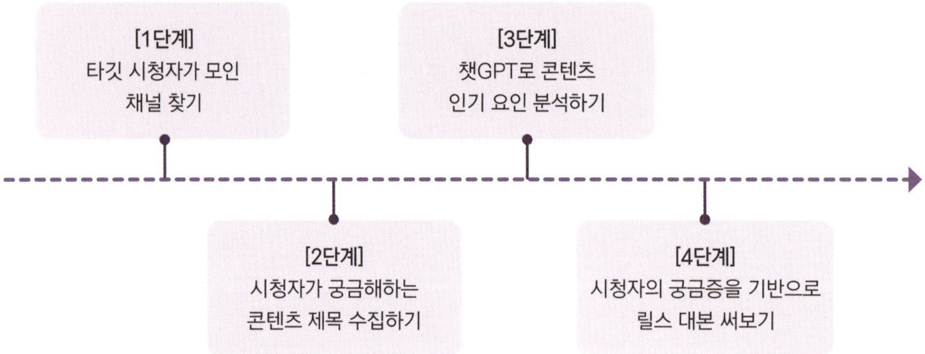

1단계 타깃 시청자가 모인 채널 찾기

내 타깃이 궁금해하는 주제는 채널 어딘가에 이미 콘텐츠로 올라와 있습니다. 그 채널에 들어가서 사람들이 어떤 영상에 반응하는지 편하게 훑어보면 됩니다. 좋은 성과를 내는 콘텐츠를 관찰하다 보면 감각을 빠르게 키울 수 있습니다.

멀리서 찾지 마세요! — 인스타그램

무엇보다 먼저 같은 플랫폼인 인스타그램에서 유사한 콘텐츠를 확인하는
것이 좋습니다. ❶ 인스타그램 앱을 열어 화면 아래쪽에서 [탐색 🔍]을 탭
하고 ❷ 키워드를 입력해 검색합니다. ❸ [추천] 탭에서 해당 키워드의 콘
텐츠를 확인할 수 있습니다.

인스타그램
로고

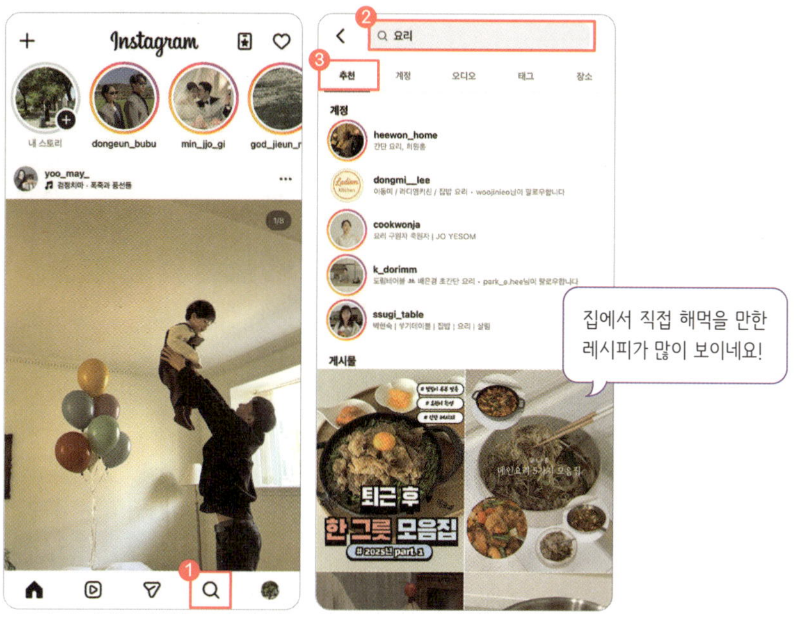

숏폼은 결국 통한다! — 유튜브 쇼츠

또 다른 방법은 유튜브 쇼츠를 이용하는 것입니다. 유튜브 쇼츠 역시 인
스타그램 릴스와 마찬가지로 숏폼을 주로 다루므로 숏폼 형태로 올릴 만
한 영상이 많습니다.

유튜브 쇼츠
로고

❶ 유튜브 앱을 열어 키워드를 입력해 검색한 뒤 ❷ [더 보기 ⋮]를 눌러
❸ [검색 필터]를 선택합니다. ❹ 새로 뜬 검색 필터 창에서 정렬기준은 [조회수]로,
구분은 [동영상]으로, 업로드 날짜는 [이번 달]로, 길이는 [모두]로 설정하고 ❺ [적용]
을 탭하면 해당 키워드를 주제로 하는 최신 인기 영상을 확인할 수 있습니다.

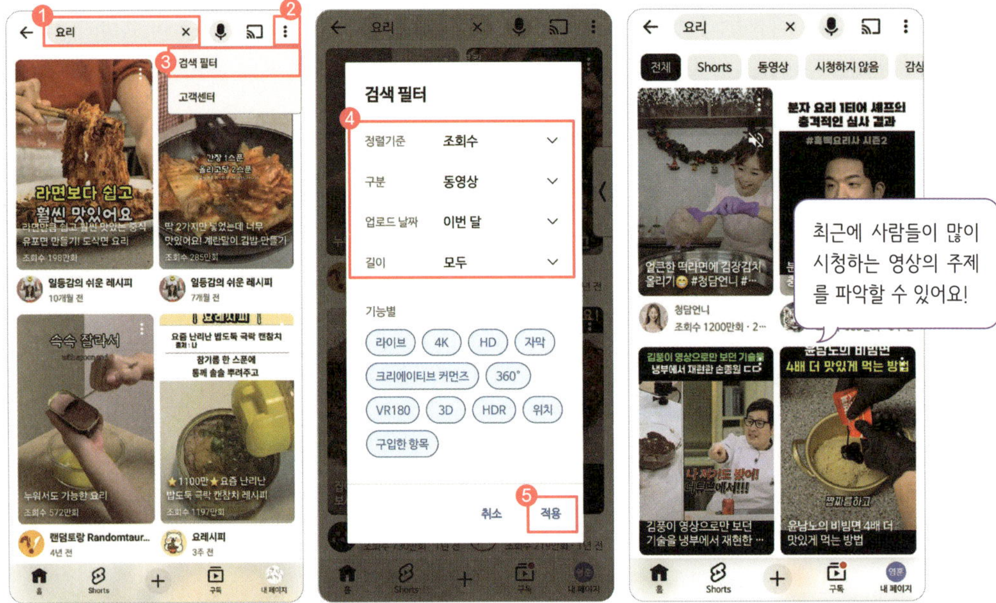

국내 전용 정보의 바다 — 네이버 블로그

네이버 블로그를 살펴보는 방법도 추천합니다. ❶ 네이버 블로그에서 [검색 🔍]을 누르고 ❷ 키워드를 입력해 검색하면 ❸ 관련 키워드의 인기 블로그나 카페 글을 참고할 수 있습니다.

네이버 블로그
로고

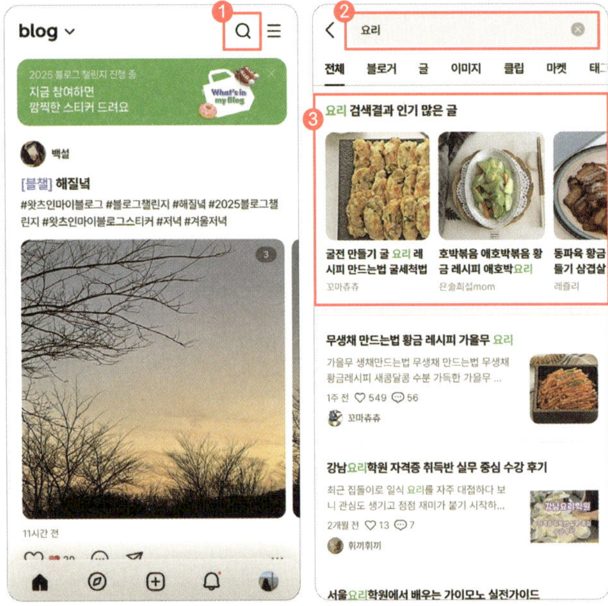

지금까지 릴스 벤치마킹 4단계 가운데 1단계를 살펴봤는데요. 내 타깃 시청자가 모여 있는 계정이나 채널 등을 둘러보았다면 대표 콘텐츠와 검색 키워드를 중심으로 다음처럼 기록해 보세요.

[예시 키워드] 자취요리, AI부업, 감성브이로그, 다꾸템추천, 육아꿀팁

구분	계정/채널	주제	대표 콘텐츠	검색 키워드
인스타그램				
유튜브				
블로그				
기타 커뮤니티				

2단계 시청자가 궁금해하는 콘텐츠 제목 수집하기

1단계에서 찾은 계정에서 조회수가 높거나 댓글 반응이 뜨거운 콘텐츠의 제목을 정리합니다. 제목은 곧 시청자의 궁금증이자 내 콘텐츠의 힌트가 됩니다.

영상 제목	콘텐츠 내용
⑩ 공간이 3배 넓어지는 인테리어 팁	작은 집이라도 넓어 보이게 만드는 실제 인테리어 팁을 소개하는 영상. 가구 배치, 색상 선택, 조명 활용, 수납 정리 방식 등 집의 체감 공간을 키우는 구체적인 방법을 단계별로 보여 주는 내용
⑩ 한 달에 4kg 뺀 루틴, 아침 공복에 이거 하나만 했어요	아침 공복에 루틴을 딱 하나만 정하고 꾸준히 실천해서 실제로 4kg을 감량한 과정을 소개하는 영상. 실행한 운동이나 습관부터 소요 시간, 이 루틴이 효과적인 이유까지 구체적으로 알려 주며 누구나 따라 할 수 있도록 쉽게 설명

3단계 챗GPT로 콘텐츠 인기 요인 분석하기

2단계에서 수집한 콘텐츠의 제목과 내용이 어떻게 연결되어 있고 어떤 점 때문에 시청자가 반응했는지를 분석하면 내 콘텐츠를 기획하는 데 적용할 수 있습니다. 이번에는 수집한 콘텐츠의 인기 요인을 챗GPT로 분석해 보겠습니다. 챗GPT(chatgpt.com)에 접속해서 다음과 같이 프롬프트를 입력합니다.

당신은 인스타그램 콘텐츠 전문가입니다.

1. 제목: 아침 공복에 이거 하나만 했더니 한 달에 4kg 빠졌어요
내용: 아침 공복에 가벼운 유산소 루틴을 소개, 일상에서 쉽게 실천할 수 있다는 점을 강조
2. 제목: 요리하기 싫을 땐 이거 하나만 꺼내세요
내용: 바쁜 날 간편하게 먹을 수 있는 냉동식품 추천. 맛과 조리 편의성을 중심으로 설명

위 내용은 인스타그램 릴스에서 조회수가 높은 콘텐츠들입니다. 각 콘텐츠의 제목과 간단한 내용 요약을 정리했어요. 이 콘텐츠들이 인기 있는 이유를 분석해 주세요.
감정 유도, 숫자, 궁금증 유발 요소, 공감 코드, 시각적 상상 유도, 해결책 중심 구조 등을 기준으로 살펴봐 주세요. 그리고 이런 콘텐츠들을 기반으로 내가 새로운 릴스를 기획할 때 참고할 만한 제목 구조나 대본 전략이 있다면 제안해 주세요.

1. 아침 공복에 이거 하나만 했더니 한 달에 4kg 빠졌어요
내용 요약: 아침 공복에 가벼운 유산소 루틴을 소개. 일상에서 쉽게 실천 가능하다는 점 강조.
  - 감정 유도: 운동이 귀찮거나 실패했던 사람들의 좌절, 체중 감량 욕구를 동시에 자극
  - 숫자: '한 달', '4kg' → 시간과 결과 모두 구체적으로 제시해 실현 가능성 부여
  - 궁금증 유발: '이거 하나만', '했더니' → 결과를 먼저 보여주고 방법 숨김 → 클릭 유도
  - 공감 코드: 아침 운동에 대한 부담, 바쁜 일상에서 실천 가능한 방법을 찾는 니즈
  - 시각적 상상 유도: '공복 루틴', '4kg 빠진 모습'은 자연스럽게 결과를 상상하게 함
  - 해결책 중심 구조: 제목에서 바로 해결책 제시 → '나도 할 수 있겠다'는 믿음 전달

2. 요리하기 싫을 땐 이거 하나만 꺼내세요
내용 요약: 바쁜 날 간편하게 먹을 수 있는 냉동식품 추천. 맛과 조리 편의성 강조.
  - 감정 유도: '요리하기 싫다'는 감정은 피로감, 귀찮음, 지침 등 현실적인 감정에서 출발
  - 숫자: 명시된 숫자는 없지만 '하나만'이라는 표현으로 최소 노력 강조
  - 궁금증 유발: '이거 하나만' → 구체적인 제품을 감춰 궁금증 자극
  - 공감 코드: 바쁘고 귀찮은 날 다들 느끼는 감정. 누구나 겪는 일상 상황으로 몰입 유도
  - 시각적 상상 유도: 냉동식품 꺼내는 상황, 전자레인지 사용 장면 등 쉽게 그려짐
  - 해결책 중심 구조: '하나만 꺼내면 된다'는 제안으로 문제 해결을 아주 간단하게 제시

이런 콘텐츠를 기반으로 한 제목 구조 & 메시지 전략 제안
제목 구조 아이디어
  - OO만 바꿨는데 진짜 이렇게 달라졌어요
  - 이것만 있어도 오늘은 괜찮아졌어요

벤치마킹할 영상의 제목과 내용을 입력했더니 챗GPT가 각 요인별로 분석하면서 더 나은 콘텐츠 아이디어를 제공해 주었습니다. 이 예시처럼 챗GPT에게 질문하면 단순한 아이디어를 내놓는 게 아니라 **콘텐츠 전략을 해석해 주는 업무 파트너** 역할을 합니다. 처음엔 익숙하지 않겠지만 딱 한 번만 따라 해보면 앞으로 콘텐츠를 기획할 때에도 내가 작성한 제목과 잘나가는 계정의 제목이 어떤 차이가 있는지 쉽게 분석할 수 있을 거예요. 제미나이, 클로드 등 어떤 생성형 AI를 써도 상관없습니다.

4단계 시청자의 궁금증을 기반으로 릴스 대본 써보기

이번에는 벤치마킹한 콘텐츠를 따라 가상의 콘텐츠 제목을 정하고 대본까지 직접 써 볼 거예요. 처음부터 완벽하게 쓰려고 욕심 낼 필요는 없어요. **제목 → 도입부**(3초) **→ 전개 → 핵심 팁 → 마무리** 흐름만 따라가면 충분합니다.

여기서 포인트는 앞서 챗GPT가 알려 준 인기 요소를 제목에 활용해 보는 거예요. 인기 요소를 토대로 구조를 짜면 훨씬 더 반응 좋은 콘텐츠를 만들 수 있어요. 이때 제목과 도입부에는 반드시 **'감정 유도'와 '궁금증 유발', '구체성'**을 포함합니다.

- 감정 유도: '귀찮을 때', '하기 싫을 때' 등 누구나 공감하는 상황
- 궁금증 유발: '이것만', '하나만', '했더니' 등 결론을 숨기는 말투
- 구체성: 3분, 4kg, 공복 등 숫자와 조건을 명확히 제시
- 해결책 중심: 쉽게 따라 할 수 있는 방법을 먼저 보여 주는 구조

다음은 릴스 대본을 쓸 때 작성해야 하는 항목을 정리한 예시입니다.

제목	한 달에 4kg 뺀 루틴, 아침 공복에 이거 하나만 했어요
도입부 멘트 (초반 3초)	살 빼고 싶은데 운동은 너무 싫죠? / 근데 이거 하나로 한 달에 4kg 빠졌어요
전개	아침 공복에 단 10분, 딱 이 루틴만 했어요 / 숨도 차지 않고 땀도 거의 안 나는데 / 끝나고 나면 몸이 가볍게 깨어나는 느낌이었어요 / 식욕도 줄고 부기도 덜하더라고요
핵심 팁	걷기 전 스트레칭 2분, 제자리 유산소 5분, 마무리 복부 자극 동작 3분, 이 순서 그대로 매일 공복에만 해보세요 / 가장 중요한 건 지속하기 쉬운 루틴이라는 거예요
마무리 멘트	아침에 이 루틴으로 시작하면 하루 종일 컨디션이 달라져요 / 운동 싫어하는 사람에게 딱 맞는 다이어트 루틴이에요 / 이번 주부터 해보면 한 달 뒤 달라진 내 몸을 볼 수 있을 거예요

3단계의 챗GPT 답변과 바로 앞의 필수 항목 예시를 참고하여 릴스 대본을 작성해 보세요. 내용이 길지 않아도 괜찮습니다. 내 영상을 담을 메시지를 명확하게 표현하면 됩니다.

제목	
도입부 멘트 (초반 3초)	
전개	
핵심 팁	
마무리 멘트	

인기가 많은 릴스 영상을 여러 차례 탐색하고 벤치마킹하다 보면 안목이 높아지고 내 콘텐츠를 만드는 감각도 반드시 향상됩니다. 그 결과 릴스의 방향성을 정하고 브랜딩까지도 가능해집니다. 벤치마킹 4단계까지 직접 해보았다면 콘텐츠 하나를 보더라도 단순히 '좋다'에서 끝나지 않고 '왜 좋지?'를 생각하게 될 테니까요.

핵심 콕콕 퀴즈

1 인스타그램 피드와 블로그 등은 영상 매체가 아니라서 릴스 시청자가 자신이 원하는 콘텐츠를 찾기 어렵다. (O / X)

2 릴스는 도입부 3초에 시선을 사로잡는 것이 중요하다. (O / X)

정답 1 X(주제가 분명하면 타깃 시청자가 찾아온다) 2 O

팔로워가 반응하는
콘텐츠 주제 고르는 법

완성도보다 중요한 건 반응을 유도하는 포인트!

유튜브에 구독자가 있듯이 인스타그램에는 팔로워가 있습니다. 시청자는 02-1절에서 정한 인스타그램 콘셉트를 보고 앞으로 올라올 콘텐츠를 기대하는 경우 팔로우를 하죠. 따라서 초기에 빠르게 팔로워를 늘리려면 편집에 공을 쏟아 완성도를 높이기보다 반응을 얻을 수 있는 주제를 파악하고 탄탄하게 '기획'하는 것이 중요합니다. 아무리 이야기를 정성껏 담아 릴스를 올려도 시청자의 시선을 끌어당기는 포인트가 없으면 팔로워는커녕 조회수가 멈춰 있는 경우가 다반사거든요.

반스 체커보드 운동화에 그림을 하나씩 채워 넣는 영상(출처: @f.d_vouloir)

특히 릴스는 빠르게 소비되는 플랫폼이므로 편집이 화려하고 완성도 높은 영상보다 다소 투박해도 사람들이 찾는 주제를 담은 영상이 훨씬 더 사랑받습니다. 내가 말하고 싶은 주제와 사람들이 궁금해하는 주제가 다르다는 것을 인지하고 시청자를 모을 수 있는 영상을 제작하는 것이 핵심입니다.

주제를 고를 때 점검해야 할 3가지 기준

팔로워가 궁금해하는 주제를 고르는 방법은 매우 간단합니다. 02-2절에서 인기 있는 콘텐츠를 벤치마킹하며 사람들이 반응하는 주제를 분석한 결과 있죠? 그것에 다음 3가지 기준을 결합하면 됩니다.

기준 1 검색어로 쓸 수 있는 주제

실제로 검색하는 키워드를 기반으로 영상 주제를 잡아야 많은 사람에게 노출됩니다. 예를 들어 누군가 '일주일 반찬'을 검색하면 '쿠팡에서 만원으로 일주일 반찬'이라는 제목의 영상이 뜨는 거죠. 마찬가지로 '셀프인테리어'를 검색한 사람은 '우리집 셀프인테리어 오백 번 질문받은 이 공간'을 주제로 하는 영상을 발견할 수 있습니다.

핵심은 제목 안에 사람들이 실제로 검색하는 단어가 들어 있어야 한다는 겁니다. 그래야 키워드 검색을 하거나 추천 영상을 둘러볼 때 자연스럽게 노출될 수 있으니까요.

출처: @_cookduck

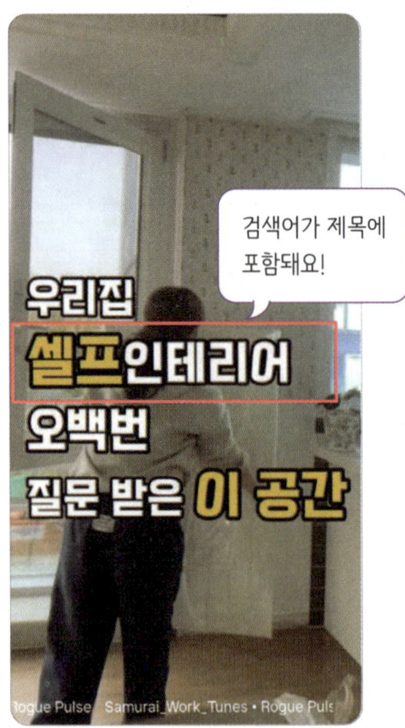

출처: @bonbon.ateller22

 시리즈로 확장할 수 있는 주제

인스타그램에서는 영상 하나로 설명이 끝나는 주제보다 **여러 에피소드로 확장하거나 내용을 연결할 수 있는 주제**일 때 시청자가 그 계정을 기억하는 정도가 훨씬 높아집니다.

예를 들어 '100일 다이어트'처럼 과정이 누적되는 시리즈를 만들 수도 있고, '밥 대신 먹으면 살 빠짐' 콘셉트로 여러 가지 저칼로리 음식 리뷰를 이어 갈 수도 있죠. 이런 소재를 영상 주제로 선정하면 시청자에게 다음 편을 향한 기대감을 갖게 할 뿐 아니라 영상의 체류 시간을 늘리고 충성도까지 높일 수 있습니다.

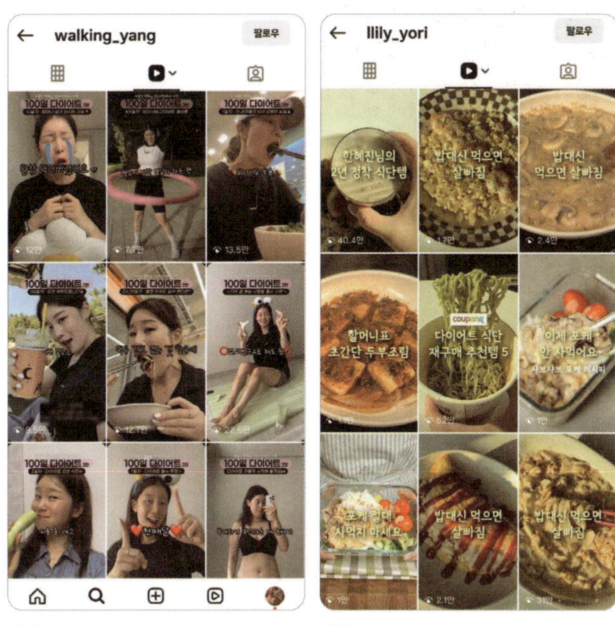

출처: @walking_yang   출처: @llily_yori

 반응을 이끌 만한 주제

릴스에서 반응을 얻으려면 시청자가 처음 몇 초 안에 손을 멈출 만한 이유가 있어야 합니다. 사람들은 길게 설명해야 하는 영상보다 "이거 뭐지?", "이거 나한테 필요한 얘기인데?" 이런 생각이 들 때 영상을 시청합니다. 그래서 주제는 단순하고 직관적일수록 좋습니다. 영상을 보는 순간 나에게 해당하는 이야기처럼 느껴야 화면을 넘기지 않아요.

예를 들어 '월급 250으로 가장 빨리 1억 모으는 방법'이라는 제목은 보고 싶다는 욕구를 바로 자극합니다. 또, '샴푸에 이것 넣어 보세요!'라는 제목은 '뭘 넣으라는 거지?' 하는 강한 궁금증을 만들죠. 이렇게 몇 초 안에 호기심을 만들어 내는 주제가 릴스를 끝까지 보게 만드는 힘이자 반응을 끌어내는 핵심 기준이 됩니다.

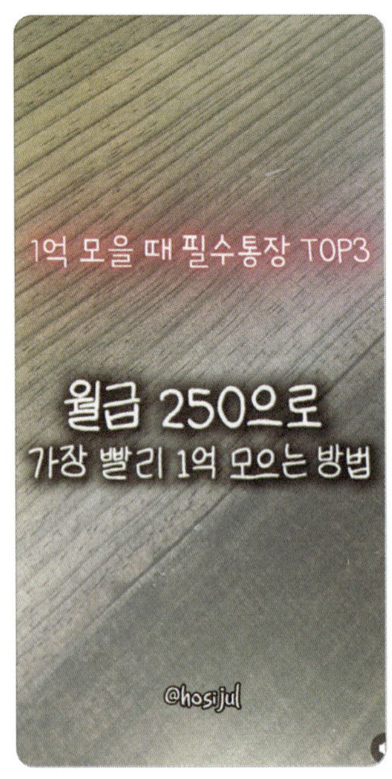

출처: @hosijul   출처: @active.senior

사람들이 반응하는 콘텐츠는 특별하거나 대단한 이야기가 아닙니다. 일상의 작은 불편을 대신 말해 주거나 지금 바로 해결하고 싶은 문제를 딱 짚어 주기만 해도 충분합니다. "맞아, 이거 나도 고민했어"라는 **공감**, "잠깐, 그건 뭐지?"라는 **궁금증**, "이렇게 하면 해결되는구나"라는 **안도감**, 이 3가지 가운데 하나만 해당해도 이미 반응을 끄는 주제를 선정하는 건 성공한 셈입니다.

다음 표에 만들고 싶은 영상 주제를 작성하고 3가지 조건에 부합하는지 점검해 보세요. OX로 표시한 뒤 그렇게 생각하는 이유까지 작성해 보면 주제를 찾는 실력을 더 빠르게 높일 수 있을 것입니다. 이런 과정이 처음에는 번거로울 수도 있지만 고민을 거듭하다 보면 분명 좋은 콘텐츠 주제를 발견할 수 있을 거예요.

주제	검색어 효용성	시리즈 확장 여부	반응 유발 가능성
㉠ 요리하기 싫은 날, 냉동식품 하나로 해결하기	O (냉동식품)	O (냉동식품의 종류가 다양하므로)	O (따라 하려고 레시피 저장할 것으로 예상)

챗GPT로 주제 반응 테스트하기

주제를 정했지만 아직 초보자인 나를 믿을 수 없다면 수많은 정보를 습득한 챗GPT에게 다음과 같이 물어보세요. 주제의 방향성을 객관적인 눈으로 점검할 수 있을 뿐 아니라 제목 구조나 형식도 빠르게 설계할 수 있습니다. 챗GPT(chatgpt.com)에 접속해서 다음과 같이 입력하면 논리적인 이유를 들어 주제의 효과를 판단하고 제목과 콘셉트까지 추천해 줍니다.

조건을 추가로 제시해서 주제의 타당성을 판단해 달라고 요청했어요!

1. 왜 이 주제가 릴스에서 잘 터질까?

1) 피로·귀찮음이라는 '보편 감정' 자극

- 일을 마치고 집에 오면 요리할 힘이 없는 날

- 냉장고 열어도 뭐 해먹을지 모르겠는 날

- 배달은 비싸고 기다리기 싫은 날

→ 이 감정은 누구나 경험해서 '나도 그런데?' 하고 바로 멈춥니다.

(… 생략 …)

5. 릴스용 제목·컨셉 추천

아래 제목들은 호기심 → 문제 해결 → 즉시성 순으로 구성해서 반응 잘 나오는 톤입니다.

챗GPT의 대답은 다르게 나타날 수 있습니다!

궁금증 유발형

- "요리하기 싫은 날, 저는 이걸로 버팁니다"

- "귀찮을 때는 그냥 이거 하나면 끝나요"

- "배달도 귀찮은 날? 이걸로 해결하세요"

- "진짜 요리하기 싫은 날 쓰는 비밀템"

- "냉장고 텅텅이어도 이건 무조건 먹습니다"

(… 생략 …)

챗GPT는 제안한 주제가 어느 정도 효용이 있다고 판단한 것 같네요! 여기서는 일단 주제가 사람들의 반응을 끌 수 있는지 여부를 판단하는 용도로만 챗GPT의 답변을 확인하고 넘어가겠습니다. 이어서 챗GPT를 이용해 본격적으로 나만의 영상 콘텐츠를 기획해 보겠습니다. 주제를 찾고 대본을 작성하는 것까지 순서대로 진행합니다.

핵심 콕콕 퀴즈

1. 운영 초기에 팔로워를 빠르게 늘리려면 반응을 얻을 수 있는 주제를 찾는 것보다는 질적으로 우수한 영상 편집 능력이 필요하다. (O / X)

2. 릴스 영상의 주제를 고를 때는 (   )(으)로 쓸 수 있고 (   ) 을/를 할 수 있어야 유리하다.

정답 1 X(사람들의 공감을 끌어내는 것이 가장 중요하다) 2 검색어, 시리즈화

챗GPT로 영상 주제 잡고
대본 작성하기

완벽한 주제를 골라서 번뜩이는 아이디어로 영상의 흐름을 구성해 낼 수 있으면 좋겠지만 초보자인 우리에겐 아직 어렵습니다. 그래서 키워드만 알려 줘도 영상을 뚝딱 기획해 주는 챗GPT를 사용해 볼 거예요. 69쪽에서 다루는 AIPRM이라는 확장 프로그램을 이용하면 더 쉽게 영상을 기획할 수 있으니 순서대로 진행해 보겠습니다.

하면 된다! } 챗GPT로 5분 만에 영상 콘텐츠 기획하기

챗GPT는 단 한 줄 아이디어로도 릴스 영상을 기획할 수 있도록 도와주는 강력한 도구입니다. 게다가 유사한 콘텐츠 예시를 입력하기만 하면 그 스타일을 그대로 학습해서 고품질 대본을 만들어 낼 수 있어요. 영상 주제, 시청자 타깃, 톤과 어조, 형식까지 모두 반영할 수 있어서 마치 프로 크리에이터가 직접 쓴 듯한 결과물이 나옵니다.

챗GPT
로고

💜 실습에서 사용하는 프롬프트는 이지스퍼블리싱 홈페이지의 [자료실]에서 내려받을 수 있습니다.

01 챗GPT에게 주제 추천받기

아직 주제를 정하지 못했다면 챗GPT에게 관심 있는 키워드만 입력해서 주제를 찾을 수 있습니다. 다음과 같이 프롬프트를 입력합니다.

> 내 영상 키워드: **인테리어**
> 내 영상 키워드를 주제로 릴스 콘텐츠 주제 10개만 추천해 주세요. 초보자도 만들기 쉬운 주제 위주로 알려 주고, 추가로 최신 인기 있는 트렌드의 주제로 10개 추천해 주세요.

02 대략적인 1차 대본 요청하기

챗GPT가 추천해 준 주제 가운데 하나를 골라 다음과 같이 대본을 작성해 달라고 프롬프트를 입력합니다. 그러면 챗GPT는 요청한 대로 후킹, 설명, 정리 시간을 분배하고 주어진 시간에 넣을 만한 대본을 작성해 줍니다.

03 구체적인 2차 대본 요청하기

챗GPT는 제공해 주는 정보가 자세할수록 양질의 답변을 출력합니다. 다음 항목을 채워 가며 함께 입력해 보세요.

영상 주제: **간단한 인테리어 팁**
시청자 타깃: **자취생 남성**
톤/어조: **따뜻하고 전문가답게**
형식 예시: **방 분위기, 조명 하나만 바꿔도 완전히 달라져요.**

위 주제로 인스타그램 릴스 대본을 15초 분량으로 만들어 주세요.
초반 5초는 후킹 문장으로, 중간은 설명, 마지막은 정리, CTA(Call to Action)로 구성해 주세요.

[후킹 - 0~5초]
혼자 사는 방, 뭔가 허전하게 느껴지지 않나요?
사실 조명 하나만 바꿔도 분위기가 완전히 달라집니다.
[설명 - 5~12초]
전구색 무드등은 좁은 공간에 따뜻한 느낌을 더해줘요.
하얀 형광등 대신 은은한 조명을 켜보세요.
자기만의 공간이 훨씬 편안하게 느껴질 거예요.
[정리 + CTA - 12~15초]
작은 조명 하나로 하루의 끝이 달라집니다.
이런 인테리어 팁, 저장해 두면 꼭 쓰게 돼요.

챗GPT가 추천한 주제 또는 내가 지금 만들어 보고 싶은 주제 하나를 골라 한 줄로 정리한 뒤, 챗GPT에게 프롬프트를 입력해서 얻은 결과물을 정리하여 대본 구조를 기록해 보세요. 챗GPT는 내가 생각하지 못한 문장을 제안해 주니 우리는 여러 가지 제안 가운데 마음에 드는 걸 선택하기만 하면 됩니다.

주제 선정하기

 *냉동식품 추천, 다이어트 루틴, 간단한 인테리어 팁 등*

마음에 드는 대본 구조

⑩ *[시작] 이거 안 보면 손해예요, [중간] 왜냐하면 ○○ 때문이에요, [마무리] 그러니까 지금 바로 ○○해 보세요*

[시작]

[중간]

[마무리]

❤ 내가 자주 보는 릴스 계정의 말투나 자막을 관찰해 보는 것도 좋습니다. 어떤 방식으로 시작하고 어떤 순서로 정보를 제공하는지 흐름 단위로 정리해 두면 다음 콘텐츠를 기획할 때 유용하게 써먹을 수 있습니다.

한 번에 완벽하게 만들지 않아도 됩니다. 몇 번만 따라 해보면 자신이 원하는 말투나 흐름이 자연스럽게 나오거든요. 그중에 마음에 드는 표현이나 구성 방식을 골라서 내 콘텐츠에 맞게 살짝 바꾸기만 하면 나만의 대본을 완성할 수 있습니다.

이처럼 챗GPT만 사용해도 모든 작업을 할 수 있습니다. 다만 매번 상황에 맞게 프롬프트를 구상하는 것이 어렵다면 이미 전문가들이 만들어 둔 프롬프트를 그대로 가져다 쓸 수 있는 AIPRM을 사용해 보세요.

이미 만들어 둔 프롬프트를 갖다 쓰자! — AIPRM

AIPRM^{AI Prompt Repository Manager}은 챗GPT와 클로드^{Claude} 같은 AI에서 사용
자가 특정 작업을 할 수 있도록 설계한 수천 개의 프롬프트 템플릿으로
생산성 향상을 돕는 크롬 확장 프로그램입니다. AIPRM에는 상황별로 바
로 갖다 쓸 수 있는 프롬프트가 템플릿으로 저장되어 있기 때문에 프롬프
트를 쓰기 위해 고민하는 과정을 축약할 수 있습니다.

AIPRM
로고

💜 AIPRM은 '에이아이피알엠' 이라고 읽습니다.

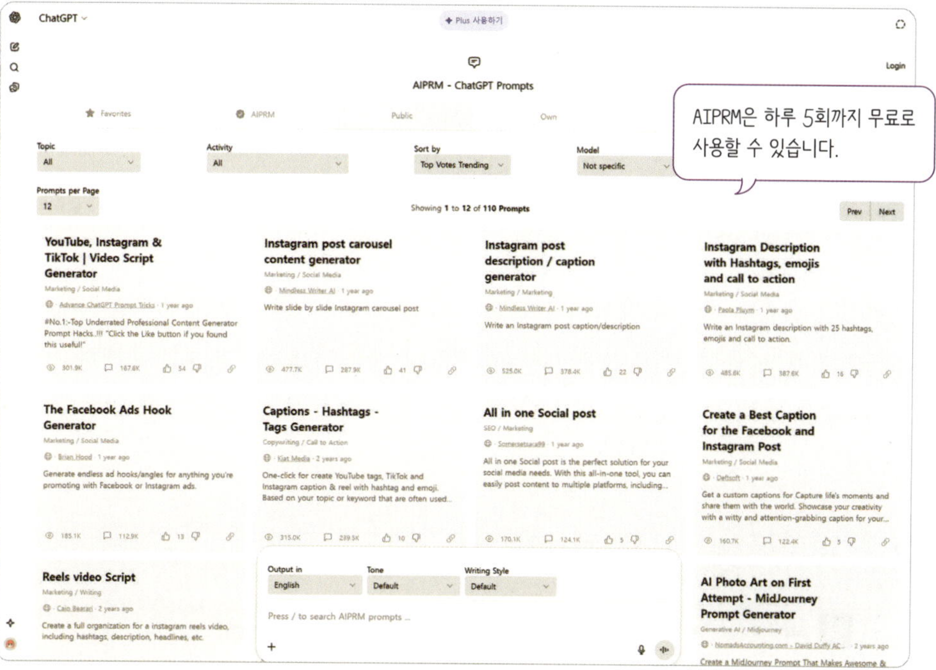

AIPRM 확장 프로그램을 설치하면 나타나는 챗GPT 초기 화면

또한 검색 엔진 최적화^{Search Engine Optimization, SEO}에 적합한 블로그 주제와 유튜브 대본,
마케팅 카피, 이메일 양식까지 분야별로 정리되어 있어서 클릭 몇 번에 간단히 입력
만 해도 고품질 결과물을 얻을 수 있습니다. 즉, 프롬프트를 직접 다듬지 않아도 전
문가 수준의 결과물을 쉽게 뽑아낼 수 있다는 게 AIPRM의 큰 장점입니다.
여러분의 막막함을 조금이라도 덜 수 있도록 주제를 찾고 구조를 잡는 데 도움되는
AIPRM을 활용해 보겠습니다.

하면 된다!} AIPRM 확장 프로그램 설치하기

AIPRM을 사용하기 위해 크롬 브라우저에 설치해 보겠습니다.

01 크롬을 실행하고 화면의 오른쪽 위에서 [⋮ → 확장 프로그램 → Chrome 웹 스토어 방문하기]를 선택합니다.

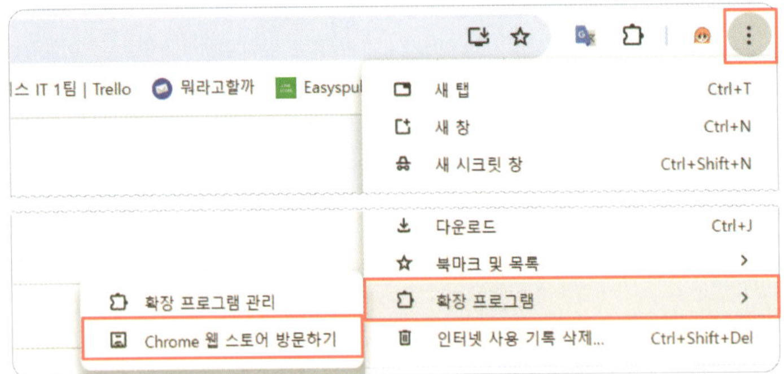

02 Chrome 웹 스토어 페이지가 나타나면 ❶ 화면 위쪽 가운데에서 AIPRM for ChatGPT를 입력해 검색 결과 가운데 맨 위에 있는 AIPRM 로고를 선택한 후, ❷ [Chrome에 추가]를 클릭합니다. ❸ 팝업 창이 나타나면 [확장 프로그램 추가]를 클릭합니다.

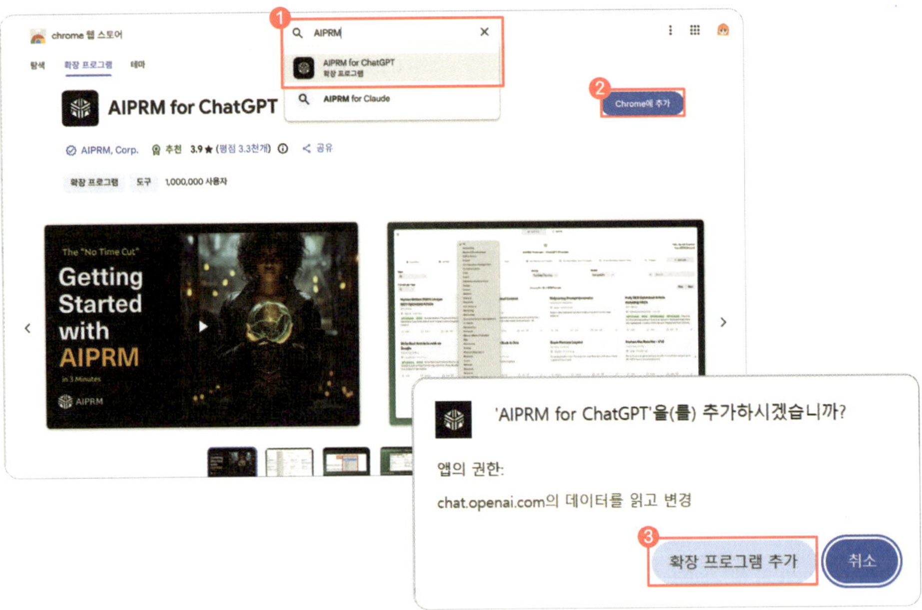

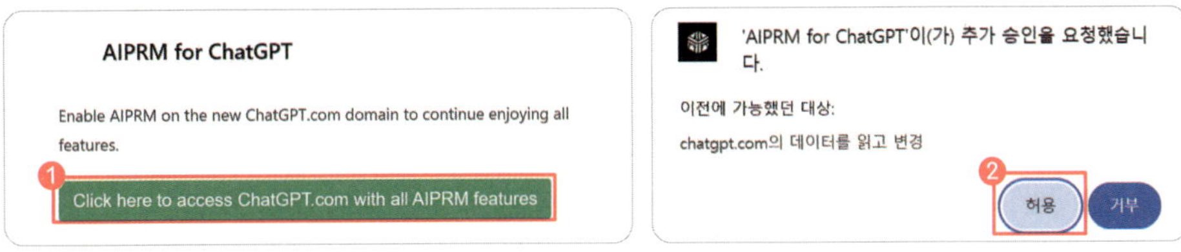

💜 화면이 자동으로 넘어가지 않으면 직접 챗GPT(chatgpt.com)에 접속합니다.

04 오픈AI와 AIPRM의 계정을 연결 하는지 묻는 창이 나타나면 [Cancel] 을 클릭합니다. 이제 챗GPT를 실행하 면 AIPRM이 바로 실행됩니다.

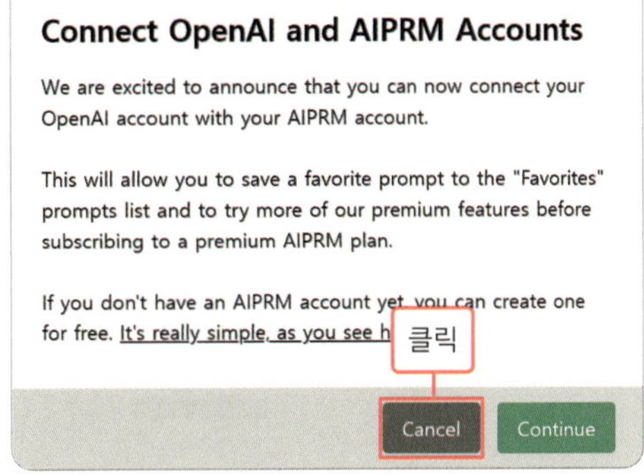

하면 된다!} AIPRM으로 1분 만에 콘텐츠 기획하기

AIPRM을 이용해서 릴스로 올릴 영상 주제를 발굴하고 대본까지 작성해 보겠습니다.

01 프롬프트 템플릿 검색하기

챗GPT 화면이 다음과 같이 바뀝니다. 앞서 설치한 AIPRM이 실행된 화면이라고 보 면 됩니다. 오른쪽 검색 창에 Instagram을 입력합니다.

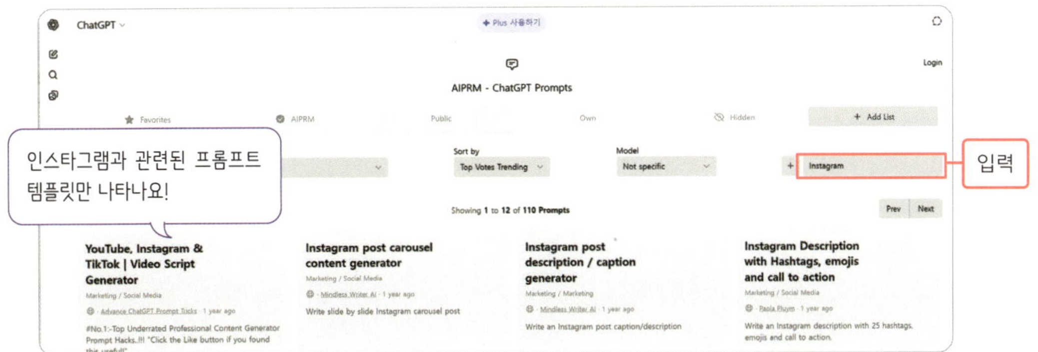

 인스타그램 페르소나 설정하기

내 인스타그램을 팔로우할 가상의 인물로 페르소나^{persona}를 구체적으로 설정해 보겠습니다. 나이, 직업, 관심사, 고민, 소비 습관까지 실제 인물처럼 그려 내면 됩니다. ❶ 검색 창에 Buyer Persona Legend를 입력하고 ❷ 나타나는 항목을 선택합니다. ❸ 명령어의 안내에 맞게 프롬프트를 작성합니다. 여기서는 주방용품을 소개하는 인스타그램을 팔로우하는 페르소나 10개를 알려 줘라고 입력한 뒤 Enter 를 누릅니다.

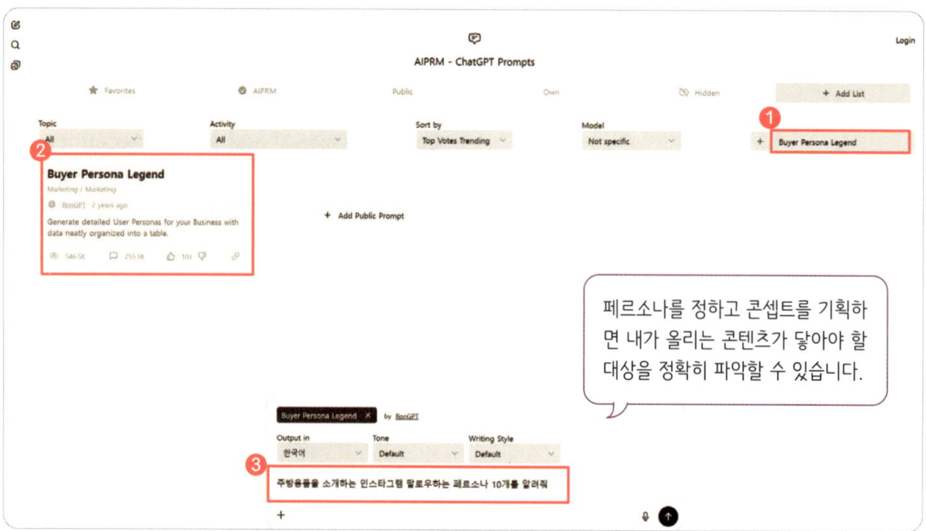

 결과로 제시된 페르소나를 떠올리며 내 콘텐츠의 시청자 대상을 파악하고 그에 맞는 콘텐츠 주제를 계획할 수 있습니다.

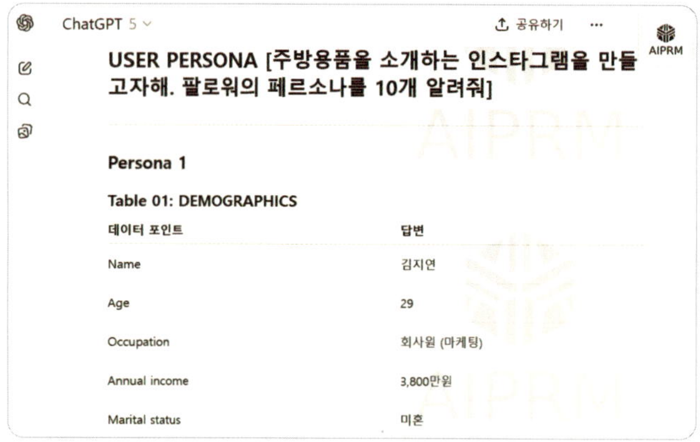

데이터 포인트	답변
Name	김지연
Age	29
Occupation	회사원 (마케팅)
Annual income	3,800만원
Marital status	미혼

04 인스타그램 한 달 콘텐츠 계획하기

이번에는 한 달치 콘텐츠를 미리 계획해 보겠습니다. ❶ 오른쪽 검색 창에 Instagram Post Schedule을 입력하고 ❷ 해당 항목을 선택합니다. ❸ 마찬가지로 명령어를 작성합니다. 여기서는 주방용품을 소개하는 인스타그램이야. 콘텐츠 캘린더 30개 만들어 줘. 1일 1포스팅이야라고 입력하고 Enter 를 누릅니다.

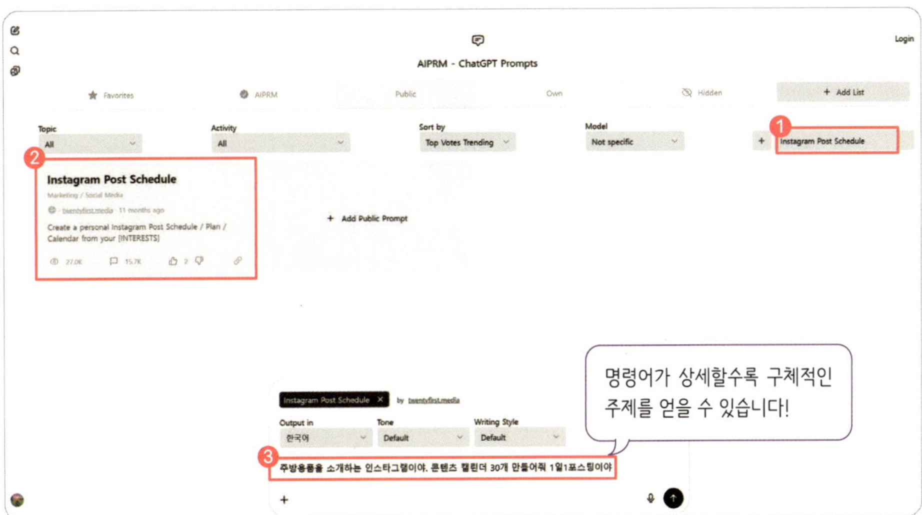

05 프롬프트 템플릿을 이용해 인스타그램 한 달치 콘텐츠를 효과적으로 계획했습니다.

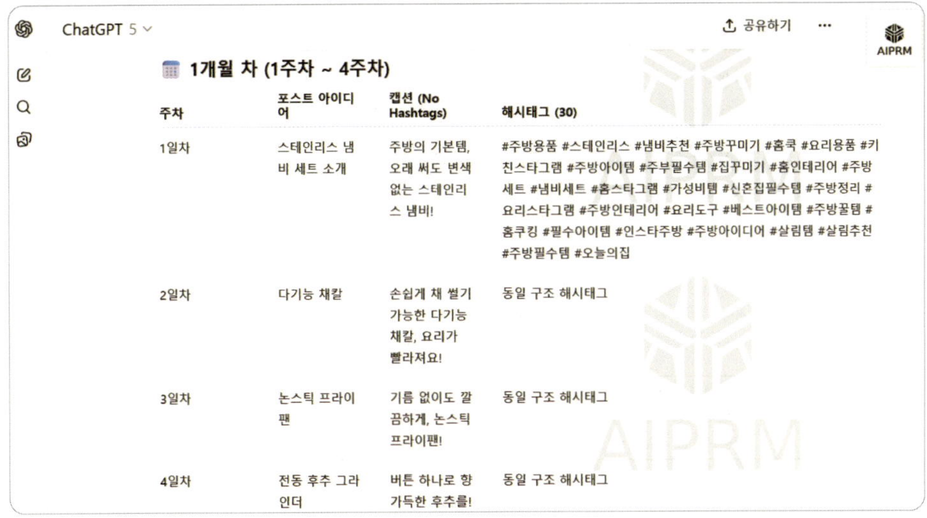

📅 1개월 차 (1주차 ~ 4주차)

주차	포스트 아이디어	캡션 (No Hashtags)	해시태그 (30)
1일차	스테인리스 냄비 세트 소개	주방의 기본템, 오래 써도 변색 없는 스테인리스 냄비!	#주방용품 #스테인리스 #냄비추천 #주방꾸미기 #홈쿡 #요리용품 #키친스타그램 #주방아이템 #주부필수템 #집꾸미기 #홈인테리어 #주방세트 #냄비세트 #홈스타그램 #가성비템 #신혼집필수템 #주방정리 #요리스타그램 #주방인테리어 #요리도구 #베스트아이템 #주방꿀템 #홈쿠킹 #필수아이템 #인스타주방 #주방아이디어 #살림템 #살림추천 #주방필수템 #오늘의집
2일차	다기능 채칼	손쉽게 채 썰기 가능한 다기능 채칼, 요리가 빨라져요!	동일 구조 해시태그
3일차	논스틱 프라이팬	기름 없이도 깔끔하게, 논스틱 프라이팬!	동일 구조 해시태그
4일차	전동 후추 그라인더	버튼 하나로 향 가득한 후추를!	동일 구조 해시태그

 릴스 대본 작성하기

이어서 릴스 대본을 작성해 보겠습니다. ❶ 검색 창에 Reels video Script를 입력하고 ❷ 해당 항목을 선택합니다. ❸ 명령어를 다기능 채칼(주방용품)을 소개하는 주제로 릴스 대본을 만들어 줘라고 작성한 뒤 Enter 를 누릅니다.

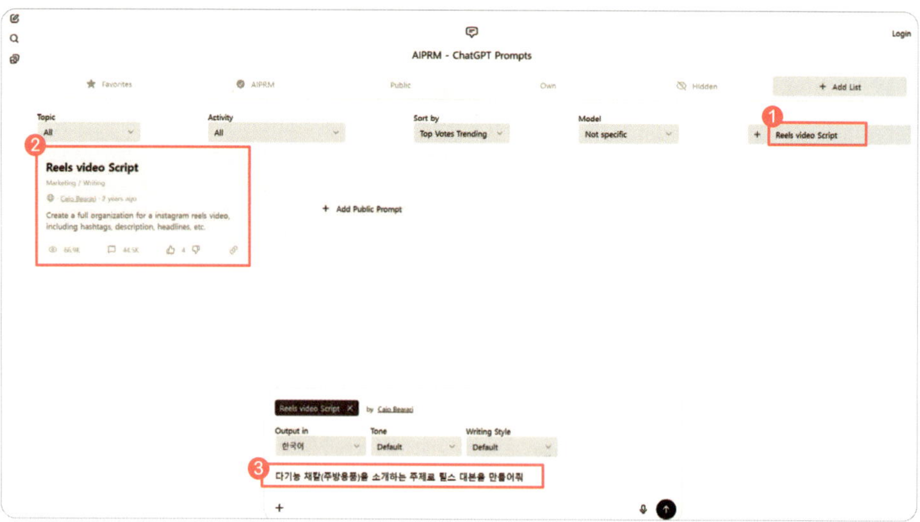

07 결과를 살펴보니, 프롬프트 템플릿으로도 충분히 설득력 있고 효과적인 릴스 대본을 제작할 수 있다는 걸 알 수 있습니다.

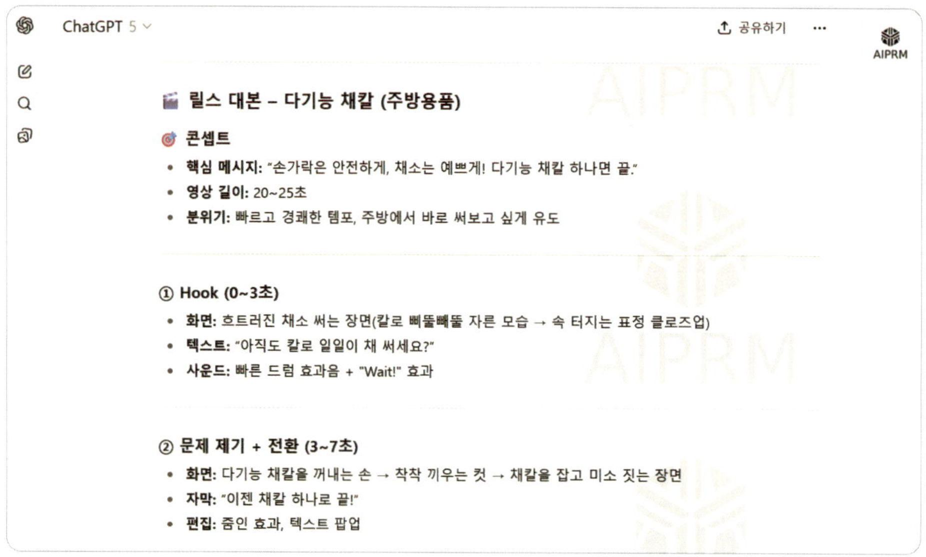

AIPRM을 더 이상 사용하지 않는다면 비활성화하거나 삭제해서 중단할 수 있습니다.

1. 확장 프로그램을 설치할 때와 마찬가지로 크롬 브라우저의 화면 오른쪽 위에서 [⋮ → 확장 프로그램 → 확장 프로그램 관리]를 선택합니다.

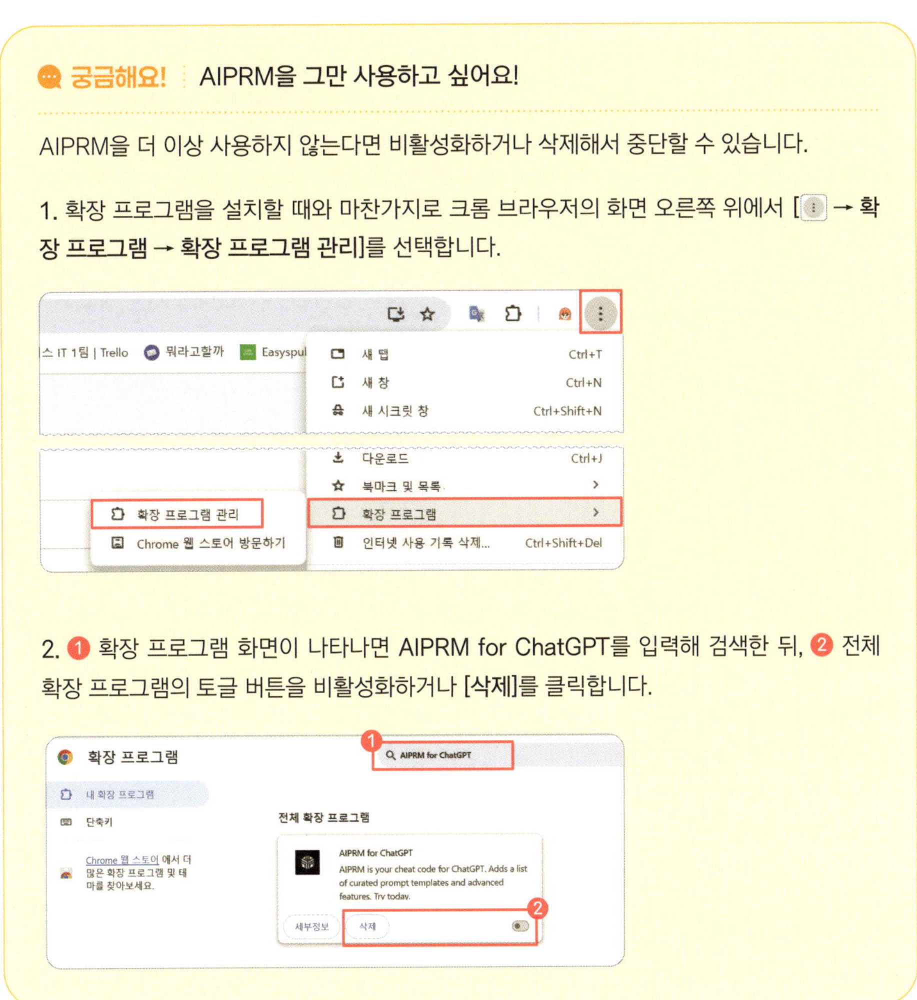

2. ❶ 확장 프로그램 화면이 나타나면 AIPRM for ChatGPT를 입력해 검색한 뒤, ❷ 전체 확장 프로그램의 토글 버튼을 비활성화하거나 [삭제]를 클릭합니다.

추천! 인스타그램 전용 프롬프트 템플릿 15가지

AIPRM에서 사용할 수 있는 인스타그램용 프롬프트 템플릿 15가지를 소개합니다. 영문명으로 검색하면 해당 프롬프트 템플릿을 바로 사용할 수 있습니다.

운영/기획용 3가지

기능	프롬프트 템플릿 영문명(검색어)
인스타그램 게시물 일정 만들기	Instagram Post Schedule
클릭 한 번으로 월별 콘텐츠 캘린더 받기	Get Monthly Content Calendar In 1 Click
1분 안에 로고 만들기	Create a Logo in 1 min

콘텐츠 제작용 7가지

기능	프롬프트 템플릿 영문명(검색어)
릴스 영상 대본 만들기	Reels video Script
인스타그램 카드뉴스 콘텐츠 생성하기	Instagram post carousel content generator
인스타그램 게시물 설명/캡션 생성하기	Instagram post description / caption generator
해시태그, 이모티콘 및 행동 촉구(CTA), 캡션	Instagram Description with Hashtags, emojis and call to action
캡션, 해시태그, 태그 생성하기	Captions - Hashtags - Tags Generator
유튜브, 인스타그램, 틱톡 등 영상 대본 생성하기	Video Script Generator
인스타그램 캡션과 후크 및 해시태그 생성하기	Instagram Captions w/ Hooks & Hashtags

♥ CTA란 Call To Action의 줄임말로 행동 유도를 뜻합니다. 웹 사이트, 광고, 이메일 등에서 사용자가 '지금 구매하기', '무료 체험 신청', '더 알아보기', '회원 가입' 등과 같은 특정 행동을 하도록 유도하는 문구나 버튼을 말합니다. CTA는 비즈니스 목표 달성을 위해 고객의 즉각적인 반응을 이끌어 내는 중요한 마케팅 요소입니다.

전략/글쓰기 도구 5가지

기능	프롬프트 템플릿 영문명(검색어)
인스타그램 구매자(팔로워) 페르소나 설정하기	Instagram BUYER Persona: The Ultimate Guide
구매자(팔로워) 페르소나 레전드	Buyer Persona Legend
사람이 직접 작성한 것 같은 검색 엔진 최적화 글쓰기	Human Written |100% Unique |SEO Optimised Article
키워드 전략 세우기	Keyword Strategy
클릭 한 번으로 완전한 책 쓰기	Write a Complete Book in One Click

AIPRM에서 제공하는 프롬프트를 활용하면 아이디어를 따로 고민하지 않아도 단 한 번 클릭으로 완성도 높은 결과물을 빠르게 얻을 수 있습니다. 비슷해 보이는 템플릿이 있어도 작성자에 따라 차이가 있으니 그중에서 선택해 자유롭게 활용하면 됩니다.

지금까지 릴스 콘텐츠를 기획하는 방법을 살펴보았습니다. 03장에서는 02장에서 정한 주제를 바탕으로 영상 콘텐츠로 제작할 때 유의해야 할 점을 알아보고, 아이디어를 바탕으로 영상을 직접 만들어 보겠습니다.

핵심 콕콕 퀴즈

1 (   )을/를 정하고 콘셉트를 기획하면 내가 올리는 콘텐츠가 닿아야 할 대상을 정확히 파악할 수 있다.

2 AIPRM은 인스타그램 콘텐츠를 기획하는 데 유용한 프롬프트 템플릿을 제공한다. (O / X)

정답 1 페르소나 2 O

도파민을 공략하는
10가지 카피 유형 – 177선

흔히 '도파민 터진다' 하는 자극적인 카피로 시청자의 유입과 체류 시간을 늘리는 영상을 볼 수 있습니다. 여기에서 소개하는 제목 카피 177가지를 적극 사용해 보세요.

💬 궁금증 유발

001. 왜 아무도 이걸 말하지 않을까?

002. 알고 나면 멈출 수 없어요

003. 지금까지 몰랐다면 당신만 손해

004. 이 2가지 차이, 알고 있었나요?

005. 이게 진짜 효과가 있을까?

006. 어제와 오늘, 뭐가 달라졌을까요?

007. 진짜 문제는 따로 있어요

008. 대부분은 이걸 먼저 착각합니다

009. 당신은 어느 쪽인가요?

010. 이 질문에 답할 수 있나요?

011. 이걸 보면 왜 멈출 수 없을까?

012. 나만 이런가요?

013. 이 장면, 뭐가 이상한지 맞혀 보세요

014. 이 소리, 뭔지 아세요?

015. 당신이라면 어떻게 하시겠어요?

016. 과연 이게 진짜일까요?

017. 당신이 모르고 있던 사실

018. 생각보다 더 가까이 있습니다

019. 지금 보는 게 전부가 아닙니다

020. 다 아는 것 같은데, 정작 모르는 이것

⭐ 반전/의외성

021. 상상한 것과 완전히 다를걸요

022. 처음엔 평범했어요. 그런데…

023. 이럴 줄은 몰랐죠

024. 기대를 배신하는 순간

025. 진짜 웃긴 건 지금부터예요

026. 완전히 틀렸습니다

027. 믿었던 게 무너졌습니다

028. 소름 돋을 준비 되셨나요?

029. 예상하지 못한 장면입니다

030. 반전은 끝나지 않았어요

031. 이럴 수가?

032. 갑자기 분위기 반전

033. 전혀 다른 결과가 나왔습니다

034. 오히려 그게 문제였어요

035. 결과는 단 한 줄입니다

036. 눈으로 보고도 믿기 어렵습니다

037. 알고 보면 전혀 다른 이야기

💡 호기심/긴장감

038. 절대 따라 하지 마세요 ☐
039. 지금 공개하면 안 되지만… ☐
040. 위험할 수 있습니다 ☐
041. 이 장면은 삭제될 수 있습니다 ☐
042. 공개 금지 영상 ☐
043. 삭제하기 전 마지막 공개 ☐
044. 말릴까 말까 고민했어요 ☐
045. 숨기고 싶었던 이야기 ☐

046. 지금 아니면 다시 못 봐요 ☐
047. 차마 말하지 못했던 장면 ☐
048. 위험하지만 유익합니다 ☐
049. 한 번 보면 절대 잊히지 않아요 ☐
050. 삭제될 수 있으니 저장해 두세요 ☐
051. 이건 잠시 후 지웁니다 ☐
052. 나중에 후회하지 않도록 지금 보세요 ☐

🔍 비교/대조

053. 이건 되고, 이건 안 됩니다 ☐
054. 전과 후, 이렇게 달라졌습니다 ☐
055. 5만 원짜리 vs 50만 원짜리 ☐
056. 어떤 차이인지 바로 보여 드릴게요 ☐
057. 진짜 효과 있는 건 따로 있어요 ☐
058. 저가 vs 고가, 승자는? ☐
059. 단순하지만 확실한 차이 ☐
060. 뭐가 다를까요? ☐
061. 아는 사람과 모르는 사람의 차이 ☐
062. 이거 하나로 이렇게까지 바뀐다고? ☐

063. 전에는 몰랐어요. 지금은 달라요 ☐
064. 차이가 너무 확실하죠 ☐
065. 직접 비교해 봤습니다 ☐
066. 단 1초 만에 알아차릴 수 있어요 ☐
067. 이걸 보면 안 바꿀 수 없어요 ☐
068. 이 차이, 놓치지 마세요 ☐
069. 보기만 해도 다릅니다 ☐
070. 어느 쪽이 더 나은가요? ☐
071. 같은 조건, 다른 결과 ☐
072. 당신의 선택은? ☐

⏱️ 시간 제한/긴급성

073. 오늘 안 보면 후회합니다 ☐
074. 지금 아니면 안 됩니다 ☐
075. 마감 직전입니다 ☐
076. 단 24시간만! ☐
077. 이제 곧 사라집니다 ☐
078. 아직 남아 있을 때 보세요 ☐
079. 곧 종료됩니다 ☐
080. 이 영상, 지금만 공개 ☐
081. 지금 안 보면 못 봐요 ☐

082. 재생산 절대 불가 ☐
083. 단 1시간만! ☐
084. 눈 깜짝할 새에 사라집니다 ☐
085. 시간이 없습니다 ☐
086. 이미 늦었을 수도 있어요 ☐
087. 이번이 마지막이에요 ☐
088. 잠깐만 기다려 주세요. 곧 끝납니다 ☐
089. 지금 시작해도 늦지 않아요 ☐
090. 3, 2, 1… 지금이 기회예요 ☐

👍 인정 욕구/심리 자극

091. 이걸 아는 사람은 소수입니다 ☐
092. 선택받은 사람만 보는 콘텐츠 ☐
093. 아무나 이걸 발견하지 않아요 ☐
094. 지금 보는 당신, 눈썰미 인정 ☐
095. 감각 있는 사람은 알아봅니다 ☐
096. 똑똑한 사람만 이걸 씁니다 ☐
097. 차이를 만드는 사람들의 습관 ☐
098. 아는 사람만 아는 이야기 ☐
099. 이런 건 타고나는 줄 알았죠? ☐

100. 센스 있는 사람은 다 이렇게 합니다 ☐
101. 당신은 어느 쪽인가요? 평범 vs 탁월 ☐
102. 이걸 보면 시선이 달라져요 ☐
103. 남들은 아직 모를걸요 ☐
104. 아는 사람만 저장하는 콘텐츠 ☐
105. 이 정도는 알고 있어야죠 ☐
106. 당신이라면 바로 알아차릴 거예요 ☐
107. 이걸 본 당신은 이미 한발 앞서 있어요 ☐

📢 결핍/놓치면 손해

108. 이거 안 보면 손해예요 ☐
109. 다들 이걸 놓치고 있어요 ☐
110. 나만 몰랐던 거 실화냐 ☐
111. 이거 모르고 지나쳤던 순간 ☐
112. 지금도 늦지 않았어요 ☐
113. 늦게 알면 무조건 후회합니다 ☐
114. 이거 하나 빠져서 망했어요 ☐
115. 그냥 지나가면 후회합니다 ☐
116. 이런 기회, 또 있을까? ☐
117. 안 봐도 되는 사람은 없습니다 ☐

118. 이거 빠지면 효과 없습니다 ☐
119. 대부분 여기서 놓칩니다 ☐
120. 지금 안 챙기면 늦어요 ☐
121. 다음번은 없을지도 몰라요 ☐
122. 이거 없이도 된다고요? ☐
123. 꼭 필요한데 아무도 말 안 해줘요 ☐
124. 당신은 빠졌나요? ☐
125. 이 한 가지로 달라집니다 ☐
126. 그동안 손해 보고 있었어요 ☐

☑ 실험/테스트

127. 이걸 몸에 바르면 어떻게 될까? ☐
128. 7일 동안 이거만 해봤어요 ☐
129. 진짜 되는지 실험해 봤습니다 ☐
130. 한 번 써보고 놀랐습니다 ☐
131. 말도 안 되는 테스트, 시작합니다 ☐
132. 이 조합, 누가 해봤을까요? ☐
133. 직접 해봤어요. 결과는 놀라움 ☐
134. 상상도 못한 결과가 나왔습니다 ☐
135. 단 3일간 실험해 봤습니다 ☐
136. 이것만 바꿨는데 완전히 달라졌어요 ☐

137. 도전! 이건 안 될 줄 알았는데… ☐
138. 진짜로 변할까요? 테스트 시작 ☐
139. 조건은 같고, 결과만 다릅니다 ☐
140. 10분만 투자했는데 이게? ☐
141. 극단적인 실험을 해봤습니다 ☐
142. 이 조합, 절대 따라 하지 마세요
　　　(근데 해봤어요) ☐
143. 완전 비과학 실험, 결과는? ☐
144. 이거 왜 안 하는 거죠? 실험 완료 ☐
145. 단순 비교 실험, 충격 결과 ☐

💜 감정 자극 — 분노/감동/웃음

146. 보고 울 뻔했어요 ☐
147. 이건 웃고 넘어갈 수 없습니다 ☐
148. 눈물주의, 정말 감동입니다 ☐
149. 나도 모르게 울었어요 ☐
150. 이건 화가 날 수밖에 없어요 ☐
151. 너무 감동해서 말이 안 나옵니다 ☐
152. 이런 영상은 꼭 남겨야죠 ☐

153. 울컥했다면 당신도 사람입니다 ☐
154. 말도 안 되는 사연입니다 ☐
155. 어이없는데 웃겨요 ☐
156. 한 사람의 이야기입니다 ☐
157. 맘 약한 사람은 보지 마세요 ☐
158. 기분 좋아지는 영상입니다 ☐

🎁 몰래 보기/비밀 공개

159. 이건 아무한테도 말하지 마세요 ☐
160. 몰래 보여 드립니다 ☐
161. 이 영상, 비밀입니다 ☐
162. 알고 보니 이런 비밀이 ☐
163. 이런 건 원래 숨겨야죠 ☐
164. 나만 알고 싶은 꿀팁 ☐
165. 소문 나기 전에 봐두세요 ☐
166. 진짜 이건 공유 금지 ☐
167. 본 사람만 아는 세계 ☐
168. 숨겨 왔던 노하우를 알려 드립니다 ☐

169. 이건 원래 비공개인데요 ☐
170. 왜 아무도 알려 주지 않았을까요? ☐
171. 유출 주의, 원래 공개하지 않습니다 ☐
172. 내부자만 아는 이야기 ☐
173. 몰래 찍은 장면입니다 ☐
174. 이건 처음 공개합니다 ☐
175. 잘 보면 진짜 중요한 게 숨어 있어요 ☐
176. 숨은 메시지를 찾았나요? ☐
177. 다음에 다시 못 볼지도 몰라요 ☐

제시된 카피 177가지에는 호기심을 자극한다는 공통점이 있습니다. 콘텐츠에 어울리는 카피를 선별하고 특히 후킹이 필요한 1~3초에서 적극 사용해서 시청 지속 시간을 늘리는 효과를 경험해 보세요.

유입에서 팔로우로!
시선 집중 릴스 만들기

"편집을 배운 적이 없는데 가능할까요?", "릴스를 만들려면 대단한 전문 기술이 필요하나요?" 아니에요. 이런 생각들이 시작을 자꾸 미루게 만듭니다. 릴스는 어렵고 복잡한 기술을 쓰는 것보다 반응을 이끌어 낼 수 있는 감각이 더 중요한데요. 지금부터 하나씩 따라 하기만 해도 자연스럽게 감각을 키울 수 있습니다. 03장을 따라 하고 나면 릴스를 완성하는 경험을 얻을 수 있을 거예요. 일단 영상을 만들어 올려 보겠습니다.

스마트폰 하나로 릴스 영상 만들기

이제는 브루^{Vrew}나 런웨이^{Runway} 같은 AI만으로도 충분히 영상을 만들 수 있습니다. 별도로 촬영하지 않고 아이디어만으로 콘텐츠를 완성할 수 있다는 큰 장점이 있죠. 하지만 여느 숏폼 영상과 달리 **릴스만큼은 직접 촬영하는 것을 추천**합니다. 인스타그램에서는 보통 공감을 이끌어 내서 팔로우하게 만드는데, 사람은 결국 다른 '사람'의 모습에 더 깊이 반응하기 때문이에요. 릴스를 넘기다가 시선이 멈추는 순간을 떠올려 보세요. 누군가가 직접 말하는 장면, 방 안에서 커피를 내리는 모습, 여행에서 작은 숙소를 보여 주는 장면처럼 실제로 촬영했다는 느낌이 드는 영상은 시청자가 더 오래 머무르게 만듭니다.

AI로 만든 영상(출처: @easyspub_it)　　직접 촬영한 영상(출처: @haebbi_home_ @askhole_official)

그렇다고 거창할 필요도 없어요. 예시와 마찬가지로 스마트폰으로 찍은 짧은 컷, 흔들리는 화면, 조금 어색한 구도가 오히려 몰입감을 높여 줍니다. 왜냐하면 거기엔 진짜 나와 비슷한 일상이 담겨 있거든요.

정보성 영상은 '좋은 정보네!' 하고 사람이 잠시 모일 수는 있지만, 나 또는 내가 경험하는 것과 관련된 영상이 공감과 신뢰를 보다 깊게 형성합니다. 그것이 영상의 분위기를 완전히 바꿔 놓습니다. 따라서 AI로 대부분을 완성하더라도 그 안에 **짧은 한 컷이라도 내가 직접 찍은 장면을 넣으면 시청자에게 훨씬 더 강한 인상을 남길 수 있습니다.** 영상에 나를 보여 주는 장면을 담기로 결심했다면 촬영을 시작해 보세요.

함께 쓰면 좋은 촬영 보조 장비 3가지

여기서 소개하는 촬영 보조 장비는 필수는 아니에요. 릴스를 찍겠다고 고가의 장비를 마련하는 것보다 **장면을 하나하나 담는 것이 더 중요해요.** 지금 손에 쥐고 있는 스마트폰만으로도 충분합니다. 게임 속 아이템처럼 상황에 따라 고려해 볼 수 있는 도구라는 관점으로 가볍게 촬영 보조 장비를 살펴보세요.

준비물	설명	관련 이미지
스마트폰	대부분의 최신 스마트폰이면 충분합니다. 아이폰, 갤럭시의 최신 기종은 4K까지 지원하고 색감도 전문 카메라 못지 않게 훌륭하거든요.	
삼각대	필수는 아니지만 손이 자유로워야 하거나 일정한 구도를 잡고 촬영하고 싶을 때 필요해요. 삼각대가 없다면 책, 컵 등을 활용해서 스마트폰을 고정해도 상관없습니다. 혼자 촬영할 때는 타이머 기능을 함께 사용하면 더 편리해요.	
조명	조명이 없다면 낮 시간대 자연광을 활용해도 됩니다. 커튼으로 빛을 부드럽게 조절하는 것도 좋은 방법이에요. 만약 실내 조명이 너무 어둡거나 밤에 촬영해야 한다면 미니 LED 조명이나 링 라이트 정도만 준비해 보세요.	
마이크	스마트폰 내장 마이크를 사용해도 되지만 주변 소음이 많은 장소에서는 마이크를 사용하는 게 좋아요. 외장 마이크가 없다면 따로 녹음한 후, 영상을 편집할 때 삽입해서 볼륨을 키워도 됩니다. 요즘은 1만 원대 핀 마이크 제품도 다양해서 부담 없이 활용할 수 있어요.	

촬영 장소를 고르는 방법

촬영 장소는 어디가 좋을까요? "공간이 예쁘지 않은데 괜찮을까?", "스튜디오처럼 깔끔해야 할까?" 고민하는 분들이 많은데요. 오히려 릴스는 현실감 있는 공간, 진짜 내가 있는 곳이 더 매력적으로 느껴지기도 합니다. 추천하는 장소는 **평소에 자주 머무는 공간**이에요. 특히 집은 조명이 따뜻하고 내가 편하게 움직일 수 있어서 자연스럽고 설득력 있는 장면을 만들기에 매우 유리해요.

촬영 장소를 정할 때에는 다음 3가지 기준에 부합하는지 점검해 보세요.

❶ 자연광이 잘 들어오는가?
창가, 베란다, 밝은 실내라면 조명이 없어도 영상이 선명하고 따뜻해 보입니다.

❷ 배경이 너무 어수선하지 않은가?
벽이나 테이블, 커튼 등 배경이 복잡하면 시선을 분산시키므로 단순하면서도 정돈된 상태로 정리해야 합니다.

❸ 내가 편하게 움직일 수 있는 공간인가?
촬영하면서 긴장하지 않고 자연스럽게 말하거나 손을 자유롭게 움직일 수 있는 장소여야 합니다. 불편한 장소에서 찍으면 어색함이 느껴질 수밖에 없어요.

당장 내가 가장 편하게 느끼는 장소에서 셔터를 눌러 보세요. 책상 앞, 침대 옆, 햇살 드는 창가 근처나 책장을 배경으로 장소를 고른 뒤, 5초짜리 짧은 컷 하나만 찍어 보아도 좋습니다.

출처: @333_.ring

출처: @catch.speed.

출처: @louismong_shibainu

촬영 장소를 정했다면 바로 촬영에 들어가 보겠습니다. 갤럭시 스마트폰을 사용하든 아이폰을 사용하든 상관없으니 여러분이 가지고 있는 기기에 따라 실습을 선택해서 진행하세요.

하면 된다!} 갤럭시 스마트폰으로 촬영 준비하기

갤럭시 스마트폰을 사용한다면 이 실습을 따라 영상 촬영 준비를 해보세요. 비율은 릴스 화면에 딱 맞는 [9:16]으로 선택하고 해상도는 고화질로 설정하면 됩니다. 그리고 구도가 틀어지지 않도록 수직/수평 안내선까지 나타내 보겠습니다.

01 갤럭시 촬영 비율과 해상도 설정하기

❶ 갤럭시 카메라 앱을 열고 [동영상]을 선택합니다. ❷ 화면 비율은 ❸ 릴스에 최적화된 사이즈인 [9:16]으로 설정하고, ❹ 해상도(크기)와 프레임(FPS)은 각각 ❺ [FHD]와 ❻ [60]으로 선택합니다.

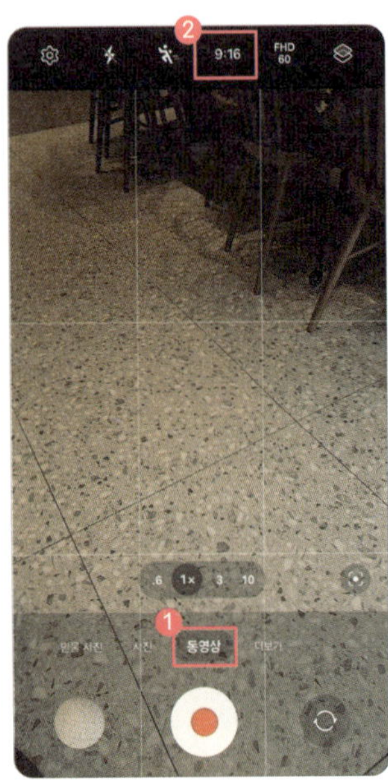

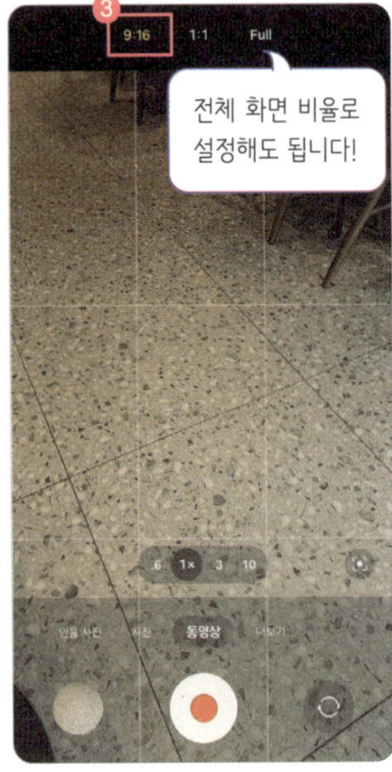

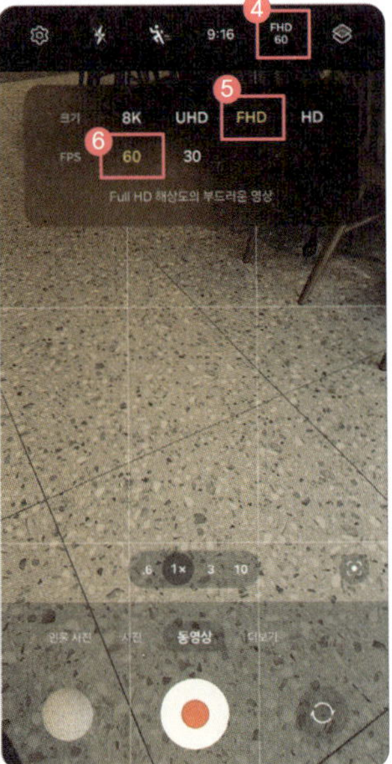

02 안내선 표시하기

❶ [카메라 설정 ■]을 누르고 카메라 설정 창이 나타나면 ❷ [수직/수평 안내선]을 활
성화하여 카메라 화면에 안내선을 표시합니다.

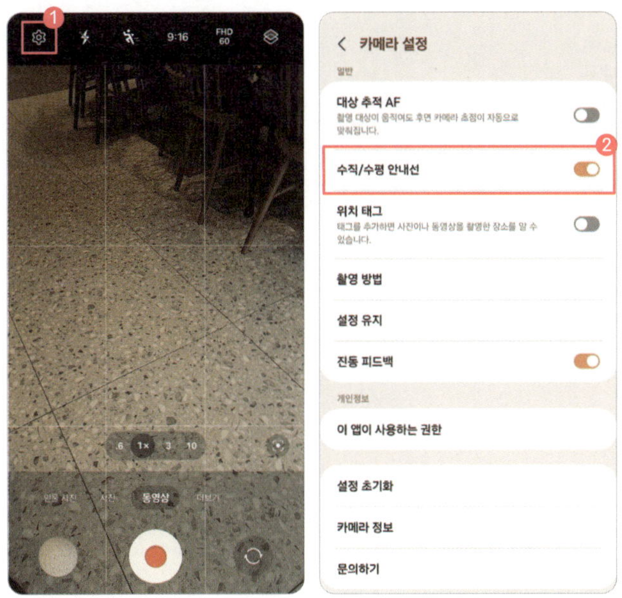

안내선에 맞춰서 피사체를 조정하고 구도를 잡으면 촬영하기에 훨씬 수월합니다. 특
별한 이유가 있을 때 외에는 중요하게 표현할 부분을 안내선의 중간 부분에 위치하
도록 조정해서 촬영하면 됩니다.

하면 된다!} 아이폰으로 촬영 준비하기

아이폰도 갤럭시와 마찬가지로 촬영 비율과 해상도를 설정하고 화면에 격자를 표시해 보겠습니다.

♥ 아이폰에서는 안내선을 격자라고 합니다.

01 아이폰 촬영 비율과 해상도 설정하기

❶ 아이폰 카메라 앱을 열고 [비디오]로 전환합니다. ❷ 화면의 왼쪽 위에서 해상도를 [HD]로, 프레임을 [60]으로 설정합니다.

♥ 해당 부분을 누르면 해상도와 프레임을 선택할 수 있습니다. 해상도는 HD와 4K, 프레임은 24, 30, 60 중에 고를 수 있습니다.

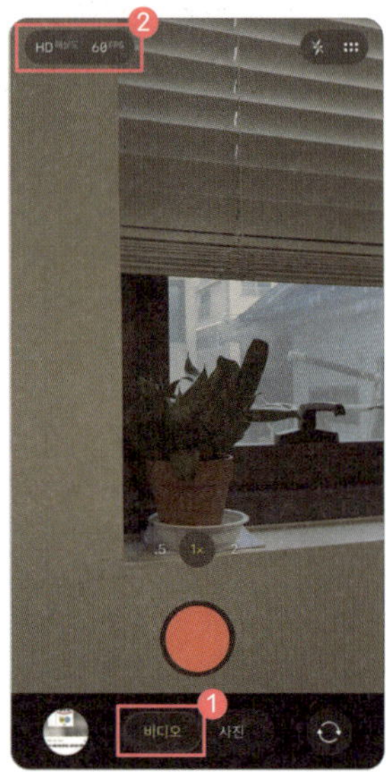

02 격자 표시하기

❶ 설정 앱에 들어가 [카메라]를 탭하고 ❷ [격자]를 활성화하면 카메라 화면에 격자가 나타납니다.

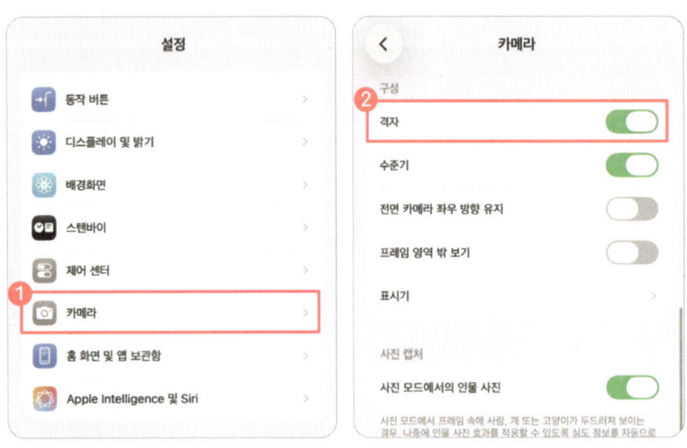

카메라 설정을 마쳤다면 릴스 영상 소스로 사용할 장면을 하나씩 촬영해 보세요. 이
때 숏폼 특성상 화면 전환이 자주 일어나야 지루함이 덜하기 때문에 같은 상황이라
도 여러 방향으로 찍어 두길 추천합니다.

하면 된다!} 에디츠로 영상 편집하기

소스로 사용할 영상을 모두 촬영했다면 인스타그램에서 출시한 편집 앱
에디츠Edits로 영상을 편집해 보겠습니다. 에디츠에는 자막 넣기, 컷 편집,
음악 삽입, 영상 전환, 섬네일 만들기까지 릴스 편집에 필요한 모든 기능
이 모여 있어서 필요한 만큼만 빠르게 편집할 수 있답니다. 또, 모든 기능
을 워터마크 없이 무료로 사용할 수 있고 인스타그램에 바로 업로드할 수 있다는 장
점도 있습니다.

에디츠
로고

01 에디츠 앱 설치하기

구글 플레이스토어 또는 애플 앱 스토어에서 ❶ 에디
츠를 검색한 뒤 ❷ [설치]를 탭합니다.

💜 스토어에 검색되지 않는다면 영어 Edits로 검색해 보세요.

02 에디츠 앱을 실행한 다음 ❶ 연결된 인스타그램 계정을 선택하고 ❷ [Edits 가입하기]를 탭합니다.

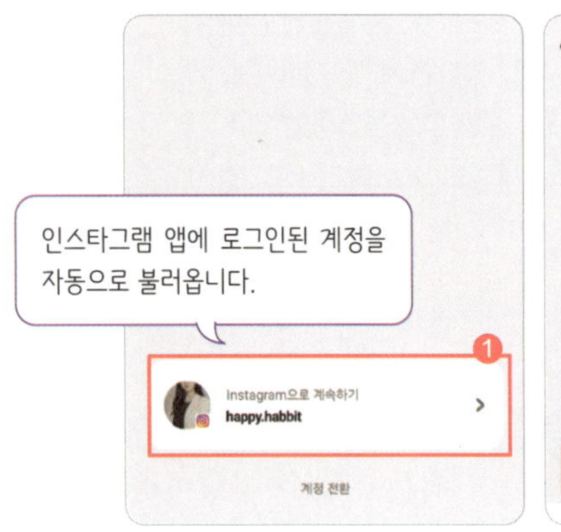

03 편집할 영상 선택하기

첫 프로젝트 만들기에서 [+ → 갤러리]를 탭합니다.

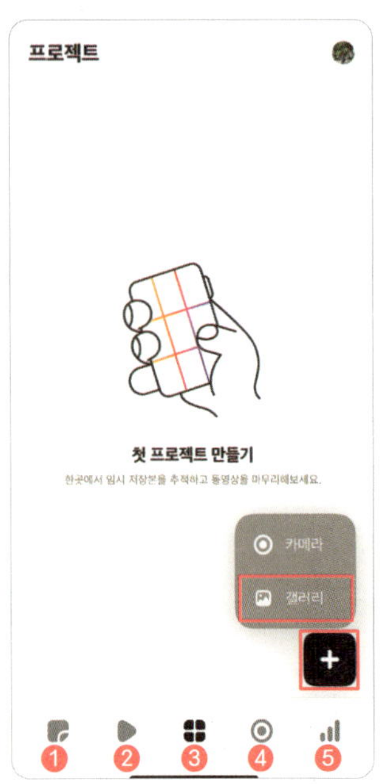

❶ [아이디어]: 릴스 아이디어를 적어 두거나 저장한 영상을 확인할 수 있습니다. 메모장처럼 아이디어를 정리한 뒤 색상별로 분류할 수도 있어요.

❷ [영감 얻기]: 요즘 인기 있는 릴스 영상을 탐색하는 공간입니다. 트렌디한 음악을 빠르게 찾고 내 영상으로 바로 가져올 수도 있어요.

❸ [프로젝트]: 갤러리 또는 카메라 롤에 있는 영상을 불러와 편집을 시작할 수 있습니다. 기존 영상을 릴스로 만들고 싶을 때 이 공간을 열어 시작합니다.

❹ [카메라]: 영상을 직접 촬영하고 바로 편집할 수 있습니다.

❺ [인사이트]: 내 계정에 올린 릴스 영상의 조회수와 좋아요, 댓글, 저장 등 반응을 확인할 수 있습니다. 어떤 릴스가 시청자에게 효과적인지 분석할 수 있어요.

04 ❶ 편집할 영상을 선택하고 ❷ [완료 ✔]를 탭합
니다.

💜 기존에 촬영해 둔 영상을 사용하지 않고 바로 촬영해서 편집하려면 03
단계에서 [카메라 ◉]를 선택하면 됩니다.

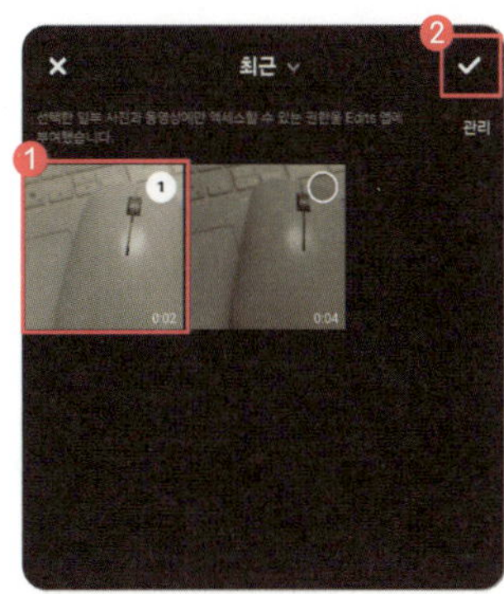

> 💬 **궁금해요!** 영상을 여러 개 만들어 두면 헷갈릴 것 같아요!
>
> 편집이 끝났다면 나중에도 쉽게 찾을 수 있도록 프로젝트 이름을 변경해 두는 것이 좋아요.
> ❶ 화면 왼쪽 위에서 프로젝트명 오른쪽의 🔽을 탭하고 ❷ [이름 변경]을 선택하면 영상 이름
> 을 바꿀 수 있습니다. ❸ 새로운 프로젝트 이름을 입력하고 ❹ [완료]를 탭해서 저장합니다.
>
> 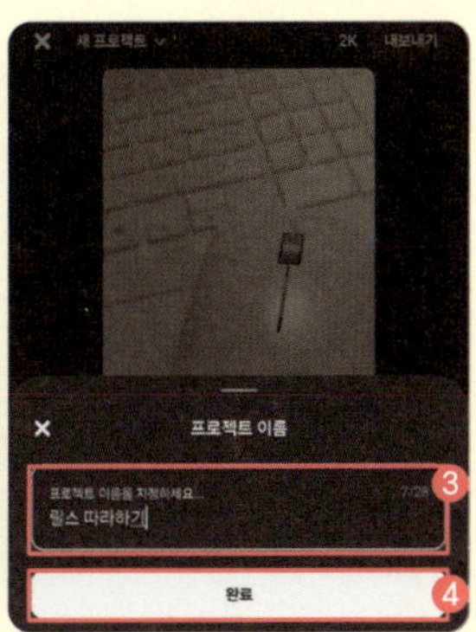

05 오디오 삽입하기

❶ 편집 화면 아래쪽에서 [오디오 🎵]를 탭한 다음 ❷ 영상 분위기에 어울리는 배경
음악을 선택하고 ❸ [다음 ▶]을 탭합니다. ❹ 배경음악을 영상에 사용할 구간을 지
정하고 ❺ [완료]를 탭합니다.

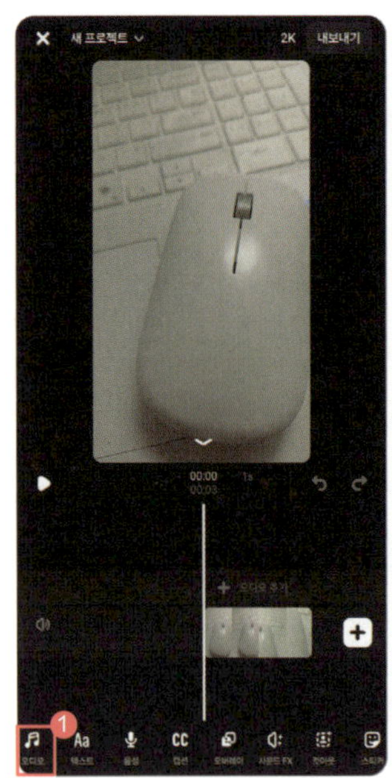

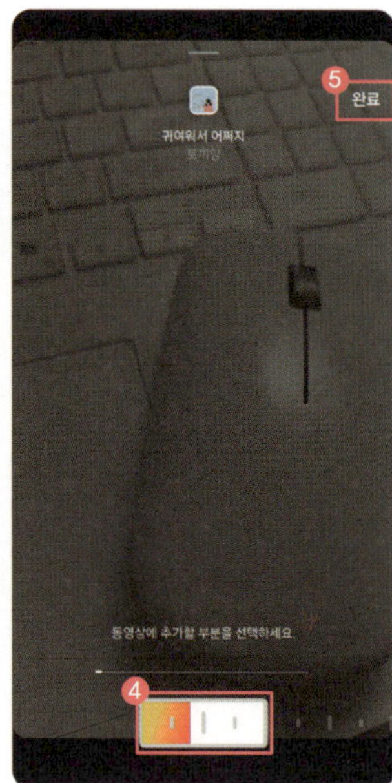

06 컷 편집하기

❶ 컷 편집할 위치에 인디케이터를 맞춘 뒤 ❷ [분할 🔁]을 눌러 영상을 나눕니다. ❸ 불필요한 클립(분할한 영상)을 선택하고 ❹ [삭제 🗑]를 눌러 제거합니다.

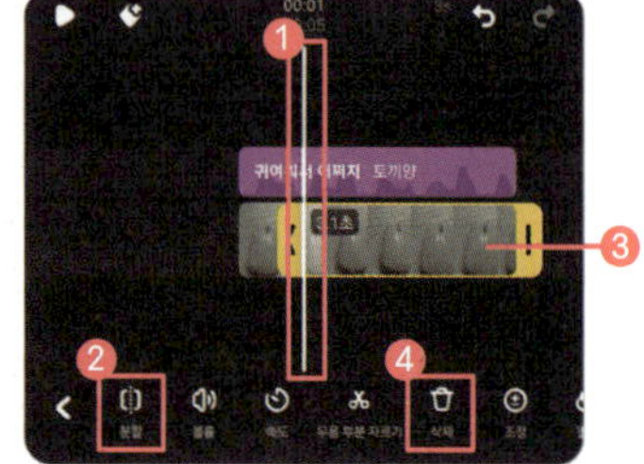

07 영상의 밝기, 채도, 대비 조절하기

❶ 편집할 클립을 선택한 뒤 ❷ 아래쪽 메뉴를 오른쪽으로 밀어 [조정 ⊙]을 선택하세요. ❸ 밝기, 대비, 채도, 온도 등을 조절해서 영상의 전체 분위기를 내 스타일에 맞게 바꿀 수 있어요. 모든 클립에 똑같이 적용하고 싶다면 [모든 클립에 조정 사항 적용]을 탭합니다. ❹ 모두 조절했으면 [완료 ✅]를 누릅니다.

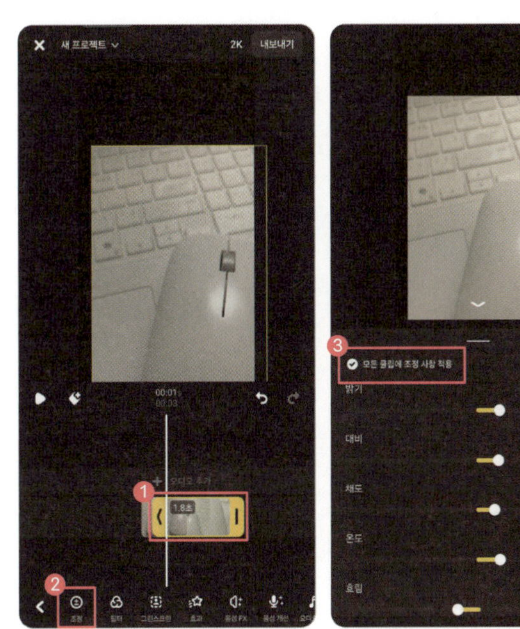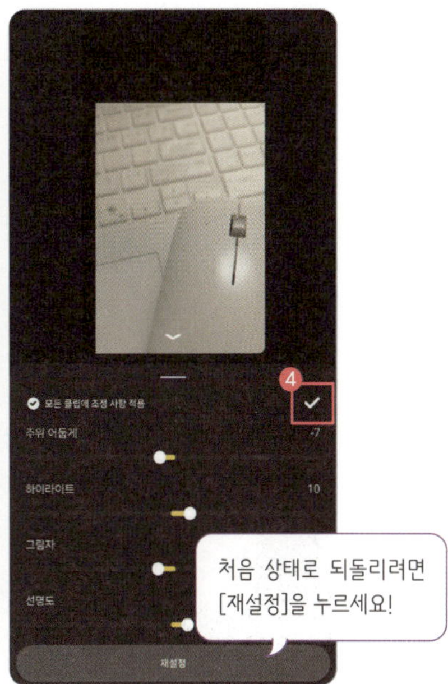

08 텍스트 추가하기

이번에는 텍스트를 추가해 보겠습니다. ❶ 빈 화면을 탭해서 선택한 영상 클립을 해제합니다. ❷ 텍스트를 추가하고 싶은 시점에 인디케이터를 맞춘 다음 ❸ 아래쪽 메뉴에서 [텍스트 **Aa**]를 탭합니다. ❹ 추가하고 싶은 텍스트를 입력하면 화면에 글자가 나타납니다.

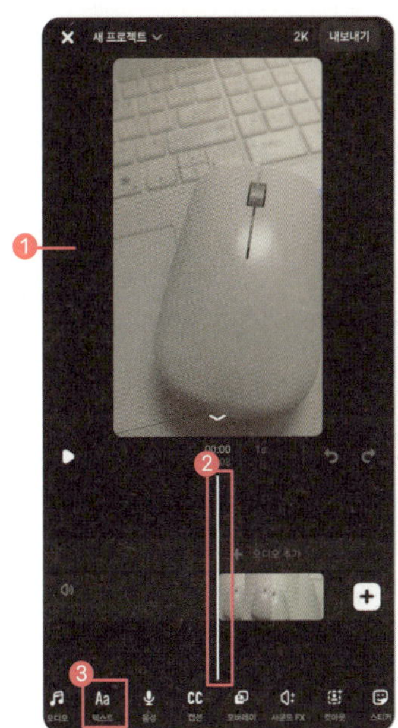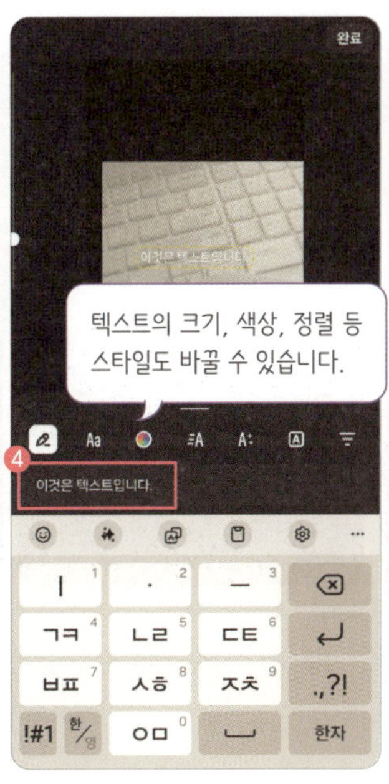

09 스티커 추가하기

① 스티커를 추가하고 싶은 위치에 인디케이터를 놓고 ② [스티커 ]를 탭합니다.
③ 영상에 삽입할 스티커를 선택하고 ④ 적절한 위치에 배치합니다.

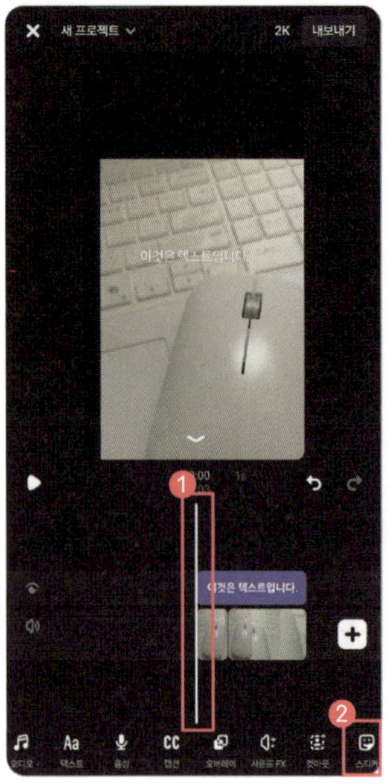

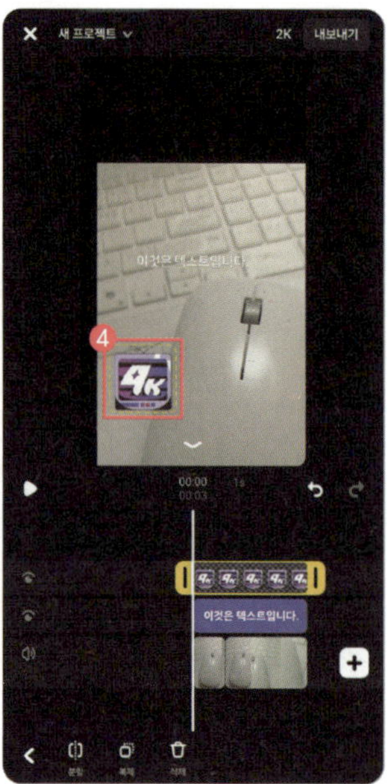

💬 **궁금해요!** | **다양한 편집 효과를 넣고 싶어요!**

에디츠로 기본 편집은 가능하지만 조금 더 많은 효과를 삽입하고 싶다면 **블로(VLLO)**를 사용하는 것이 좋습니다. 블로를 이용하면 모션 자막, 트랜지션, 효과음, 음성 녹음 자막 변환 등 편집 효과를 무료로 적용할 수 있습니다.

블로 로고

💜 블로로 영상을 편집하는 방법은 이지스퍼블리싱 홈페이지의 [자료실]에서 확인할 수 있습니다.

모션 자막

배속

효과음

 인스타그램에 릴스 영상 올리기

❶ 화면 오른쪽 위에서 [내보내기]를 탭합니다. ❷ [Instagram에 공유하기]를 탭하면 인스타그램이 열리는데 ❸ 그 상태에서 [공유하기]를 누르면 릴스 영상이 내 계정 피드에 바로 올라갑니다.

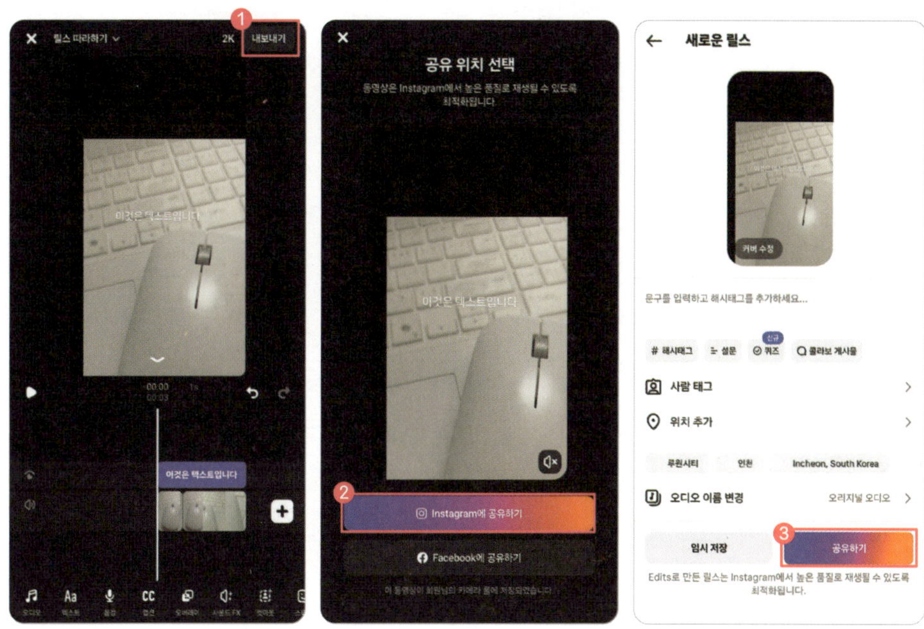

기본 영상 제작 방법을 알아보았으니 이제부터는 더 나은 편집점을 잡는 노하우를 배워보겠습니다. 영상의 주제를 잘 골랐는데 잘 보여 주지 못해 영상이 스킵되어 버리면 너무 속상하니까요!

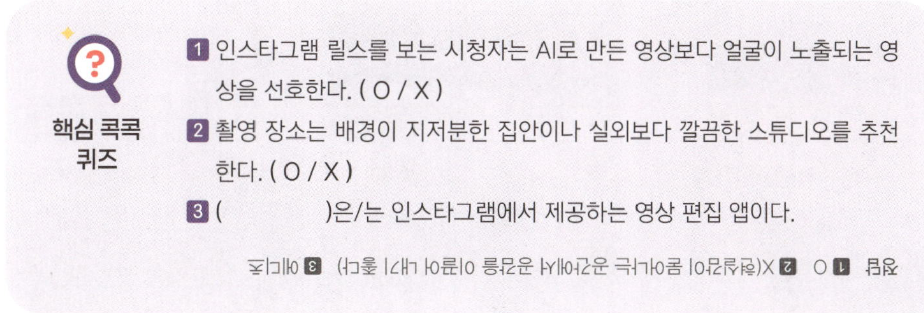

핵심 콕콕 퀴즈

❶ 인스타그램 릴스를 보는 시청자는 AI로 만든 영상보다 얼굴이 노출되는 영상을 선호한다. (O / X)

❷ 촬영 장소는 배경이 지저분한 집안이나 실외보다 깔끔한 스튜디오를 추천한다. (O / X)

❸ (   )은/는 인스타그램에서 제공하는 영상 편집 앱이다.

정답 ❶ O ❷ X(집이나 실외라도 콘셉트에 맞는 깔끔한 배경이면 좋다) ❸ 에디츠

이탈 방지!
시선 붙잡는 3초 후킹 정공법

영상의 성패를 좌우하는 건 초반 3초!

몇 시간 동안 공들여 콘텐츠를 만들어도 시청자는 고작 3초 만에 영상을 계속 봐야 할지를 판단해 버립니다. 따라서 영상을 끝까지 봐야 하는 이유를 이 시간 내에 명확하게 전달해야 시청자를 영상에 붙잡아 둘 수 있습니다.

그러려면 '릴스에 어떤 장면을 넣는 게 예쁠까?', '어떤 편집 효과를 써야 할까?'를 고민하기보다 '영상으로 누구에게 무슨 메시지를 전하고 싶지?'에 신경 써야 합니다. 예쁘게 편집한 영상이라도 초반에 호기심이 들지 않으면 사람들은 바로 넘기는 것이 현실이기 때문이죠.

출처: @dong_hani12

출처: @dayoff_mag

출처: @ggul_pigg

예시처럼 영상이 시작되자마자 '청첩장 모임 이렇게 하지 마세요', '짱구 덕후라면 놓치면 안 될 팝업스토어', '입구 인형 무조건 뽑는 법' 등 영상을 봐야 하는 목적을 맨 앞단에 보여 준다면 그 주제에 관심 있는 사람들은 손을 멈추고 영상을 시청합니다. 결국 섬네일이자 제목이며 콘텐츠 본문 역할을 하는 **영상의 첫 3초에 영상 전체를 아우르는 핵심 메시지를 담아야 합니다.**

초반 3초를 잡으려면 다음 3가지를 명심하고 점검하세요.

- 이 영상의 '타깃'이 누구인지 정확히 알 것
- 타깃 시청자에게 '가장 필요한 문장 하나'를 만들 것
- 그 문장을 영상이 '시작하면서 동시에' 보여 줄 것

저는 이 과정을 릴스 메시지 공식처럼 이용합니다. 이 공식만으로도 영상의 조회수와 체류 시간을 완전히 뒤바꿀 수 있습니다. 그래서 릴스를 기획할 때 항상 이 질문부터 자신에게 던집니다. "이 영상에서 가장 중요한 메시지는 무엇인가요?" 여기에 답하는 순간 내 콘텐츠가 누군가의 손가락을 멈추게 만들 수 있습니다.

다음은 모두 예비 신혼부부를 타깃으로 하는 릴스 영상입니다. 타깃은 같아도 각자 전하고 싶은 내용을 하나의 문장으로 정리해서 시작하자마자 보여 주는 것을 확인할 수 있습니다.

출처: @yurr.wedding

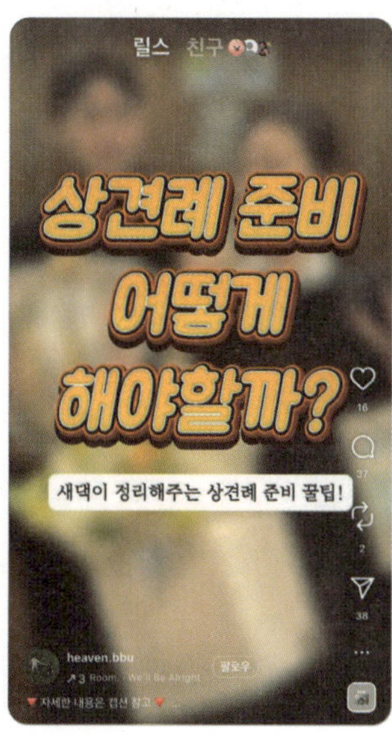

출처: @heaven.bbu

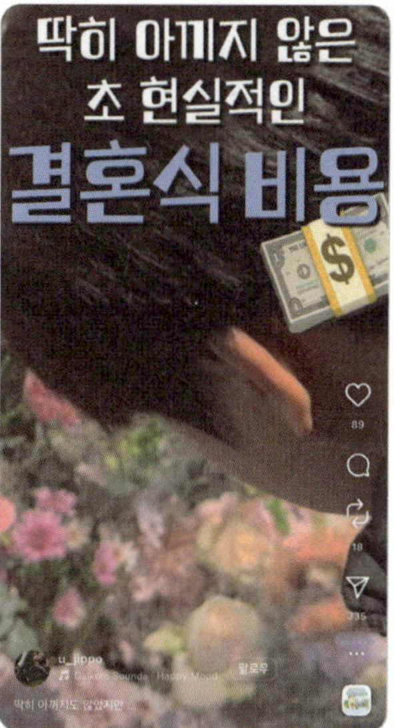

출처: @u_jippo

바로 적용할 수 있는 초반 3초 유형 7가지

그렇다면 어떤 유형의 영상이 사람들의 시선을 초반부터 빼앗을까요? 다음 7가지 유형을 예시와 함께 살펴보겠습니다.

유형 1 어그로형 — 자극적인 한마디로 눈길 끌기

"이거 절대 따라 하지 마세요", "이 영상, 보고도 안 믿어져요"는 어그로aggro형 도입 문장의 대표적인 예입니다. 사람은 평범한 정보 보다 **위험, 충격, 반전, 의심**이 담긴 말에 더 빠르게 반응하는데요. 특히 "절대 따라 하지 마세요", "진짜 큰일 납니다" 같은 표현은 뇌가 중요한 걸 놓칠 수 있다고 느끼게 만듭니다.

♥ 어그로는 게임 용어에서 유래한 줄임말로 자극을 뜻하는 aggravation의 축약형입니다. 일부러 자극적인 말이나 행동을 해서 사람들의 주의와 관심, 공격을 불러일으키는 것을 말합니다.

예를 들어 헬리퀸 님의 릴스에서는 영상을 시작한 지 3초 안에 "가족한테 그냥 돈 보내면 진짜 큰일 나!", "요즘 누가 내 돈으로 자기 계발을 해?" 등의 문장이 등장하면서 주목을 강하게 이끌어 냅니다. 지니 님은 "이거 사기 아니야?"라는 도입으로 부업 이야기를 시작하는 영상을 올리기도 합니다.

시청자를 영상에 끌어들이는 가장 강력한 유형이에요!

출처: @itshailey__quinn   출처: @luckygenieeee

이처럼 어그로형 멘트는 정보보다 **감정을 먼저 자극**하는데요. 분노, 공감, 위기감 같은 감정은 시청자의 뇌를 순간적으로 멈추게 하며 영상 조회수와 시청 시간을 늘리는 효과를 가져옵니다.

이때 어그로형이 단순히 튀기 위한 수단이 아니란 걸 이해하고 넘어가야 합니다. 어그로형 멘트는 수많은 콘텐츠 속에서 시청자의 손을 멈추게 만드는 필살기입니다. 영상을 시작한 후 첫 3초 안에 멈추는 행위 없이는 클릭도, 시청도 일어나지 않습니다. 말 한마디로 승부를 보는 어그로형 도입은 릴스에서 가장 강력하게 작동합니다.

유형 2 궁금증 유발형 — 질문으로 생각하게 만들기

"릴스 알고리즘, 진짜 중요한 건 뭘까요?", "왜 이 영상만 터질까요?"와 같은 콘텐츠는 궁금증 유발형 구조를 띱니다. **"뭔데?", "왜지?"라는 질문이 먼저 떠오르게** 만들어 시청자가 끝까지 영상에서 눈을 떼지 못하게 하는 방식입니다.

예를 들어 멘피디 님은 "똑똑한 크리에이터들은 다 하고 있어요"라는 말로 궁금증을 유도하는데요. 해외 영상에서도 이 구조는 자주 활용됩니다. @finaldraftclo의 릴스 영상에서는 첫 3초 동안 천, 실, 스케치, 줄자 등의 제작 도구가 들어 있는 상자가 흔들리는 장면을 보여 주며, 이후에는 무엇이 나올지 궁금하게 만듭니다. 또, @thelifechurchmemphis는 가방 속 물건이 카메라 앞으로 튀어나오듯 영상을 구성하여 편집 방법과 관련된 호기심을 유발합니다.

출처: @menpd_insta

출처: @finaldraftclo

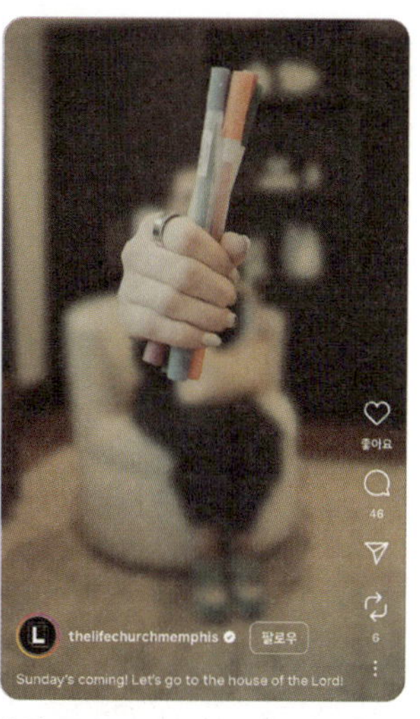

출처: @thelifechurchmemphis

궁금증 유발형 영상에서는 정보를 한 번에 다 보여 주지 않고 일부만 제시한 채 질문을 던집니다. 정답을 바로 알려 주기보다 시청자의 머릿속에 의문을 남겨서 결국 영상을 끝까지 보게 만드는 전략입니다.

비포 애프터형 — 전후 비교하기

비포 애프터before after형은 변화된 결과를 먼저 보여 주고, 그 변화 과정을 설명하며 시청자가 체류하도록 유도합니다. 사람들은 성공적인 결과에 끌리고 '나도 이렇게 될 수 있을까?'라는 가능성을 상상하며 영상에 머무릅니다.

한 성형외과에서 운영하는 @soonplusps_official 계정은 눈에 띄는 성형 전후 사진과 함께 '남자 눈성형 레전드'라는 문구로 시청자의 관심을 끌어냈습니다. 시청자는 '나도 이렇게 바뀔 수 있을까?'라는 생각으로 영상을 계속 보게 되죠. @how__cozy 계정을 운영하는 코지 님은 '출산 한 달 전, 아기방 이렇게 정리했어요'라는 제목 아래 완성된 공간을 먼저 보여 주고 이어서 정리 과정을 설명합니다. 이런 전개 방식은 시청자가 원하는 결과를 먼저 보여 주어 바로 행동하고 싶게 만들고, 동시에 시청자가 영상을 끝까지 시청하도록 이끌어 줍니다. 메이크업 계정인 @so_you.luv의 영상에서는 화장 전후 모습을 비교하는 장면을 첫 3초 안에 보여 주며 동일 인물이 맞는지 의심될 정도로 뛰어난 화장 기술을 직관적으로 전달합니다. 뷰티에 관심 있는 시청자라면 어떤 방법이었는지 궁금해서 끝까지 시청할 것입니다.

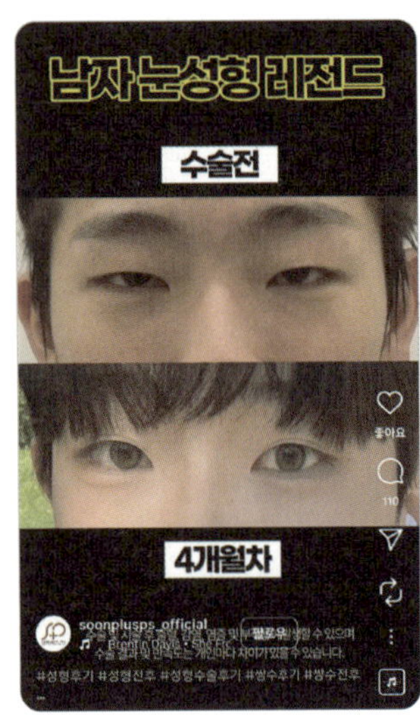

출처: @soonplusps_official

출처: @how__cozy

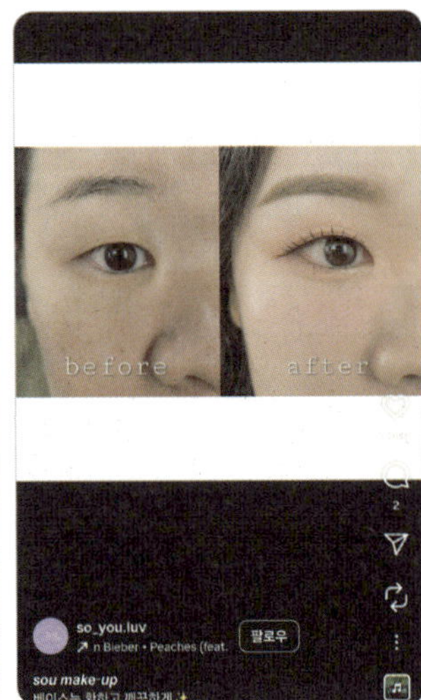

출처: @so_you.luv

유형 4 **공감형 — 공감대를 빠르게 만들어 내기**

"아침에 눈 떴는데 5분만 더 자고 싶다는 생각부터 들었어요"처럼 영상 도입부를 공감형으로 만들면 자극적으로 표현하거나 과장하지 않아도 시청자의 현재 상황과 닮은 한 줄로 시선을 멈추게 합니다. **우리가 자주 겪는 피곤한 아침, 반복되는 일상, 소소한 번아웃 같은 순간을 구체적인 상황으로 표현**하면 공감과 몰입은 자연스럽게 따라옵니다.

기린과자 님은 챗GPT와 밀접하게 지내는 상황을 '요즘 나와 ChatGPT 공감'이라는 제목으로 풀어 비슷한 일상을 살아가는 시청자의 공감을 끌어냅니다. 운동 계정을 운영하는 조선 대장장이 님은 '일 끝나고 피곤해서 헬스장 가기 싫은 친구에게'라는 문장으로 퇴근 후 작심삼일의 흔들림을 유쾌하게 표현하며 일상 패턴이 비슷한 시청자와 감정을 나눕니다. 마지막으로 유머 관련 소식을 전하는 @silver_.52 계정은 '매일 아침마다 드는 생각: 벌써 아침이라고요?'라는 자막으로 모두가 겪어 봤을 일상의 피로를 콕 짚어 내어 짧은 순간에 공감과 몰입을 이끌어 냅니다.

출처: @kirin.cookie

출처: @kor.blacksmith

출처: @silver_.52

공감형은 정보를 전달하기보다 **'이거 나도 겪었어'라는 경험을 시청자와 공유**합니다. 시청자의 일상과 겹치는 순간을 보여 주는 것만으로도 영상을 끝까지 보게 하는 힘을 발휘합니다.

 결과 강조형 — 결과를 먼저 보여 주고 방법은 숨기기

결과 강조형은 시작하자마자 완성된 결과를 보여 줍니다. 그러곤 결과물을 어떻게 만들었는지 알고 싶다면 댓글을 달거나 영상을 끝까지 보거나 설명란을 봐야 하도록 구성합니다. 시청자가 결과물을 향한 궁금증과 욕구를 느끼도록 만들어 지속해서 시청하게 유도하는 것이죠.

@rrishijain 계정은 AI로 만든 언박싱 영상을 먼저 보여 준 뒤 "이 영상을 만드는 방법이 궁금하다면 prompt라고 댓글을 달아 주세요"라고 유도하며 무려 5,277개의 댓글 참여를 이끌어 냈습니다. @learnwithkayo 계정을 운영하는 카요 다니엘 님은 스마트폰 화면이 바뀔 때마다 탁자 위의 물건이 바뀌는 시각 효과를 보여 준 뒤 "이 영상 만드는 방법, 알고 싶다면 댓글 달아 주세요"라고 행동 지침을 연결합니다. 끝으로 루앙데이 님의 릴스 영상에서는 '내 목소리로 움직이는 AI 만드는 방법'이라는 제목과 함께 AI로 구현한 결과 영상을 먼저 보여 주고, 콘텐츠에 관심 있는 시청자에게 댓글을 달도록 후속 행동을 유도합니다.

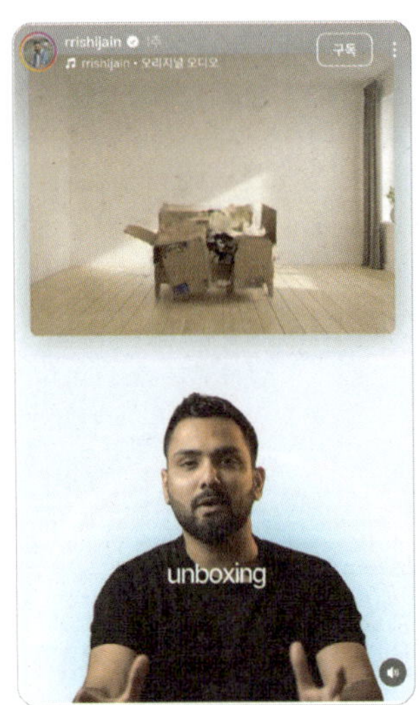

출처: @rrlshijain

출처: @learnwithkayo

출처: @ruang.day

이런 결과 강조형 영상에서는 정보보다 결과를, 설명보다 완성본을 먼저 보여 줍니다. 특정 기술을 먼저 보여 주어 시청자의 목표를 제시해 준 뒤 궁금증, 댓글 참여, 저장 등 행동을 자연스럽게 유도하는 것이 중요합니다.

사람들은 보통 정보를 습득하는 영상보다 지금 내가 겪는 문제를 다루는 영상에 더 민감하게 반응합니다. 문제 제시형 유형은 시청자가 느끼는 불편함을 짚어 주며 영상에 몰입하도록 유도하고 공감되는 내용으로 이어 나갑니다.

유하핏 님의 릴스 영상은 도입부에 "골반, 허리가 뻐근하다면"이라는 문구를 넣어 많은 사람들이 공감할 만한 신체의 불편함을 언급합니다. 바로 이어지는 영상에서는 골반과 허리를 시원하게 푸는 동작을 보여 주며 시청자에게 곧바로 해결할 수 있다는 기대감을 갖게 하죠. 그리고 메디쌤 님은 "이게 안 되면 다리 굵어져요"라는 문장으로 무심코 지나쳐 온 문제를 경고하듯 제시하며 꼭 알아야 할 정보를 이 영상에서 제공한다는 인식을 시청자에게 강하게 심습니다.

출처: @yuha_fit

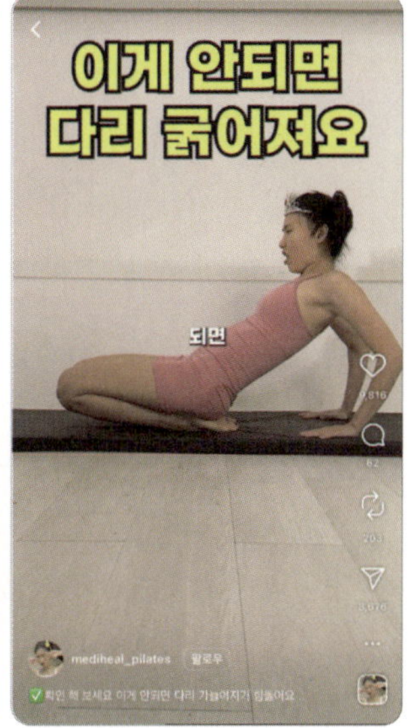

출처: @mediheal_pilates

문제 제시형은 불편함을 드러내고 해결할 실마리를 예고해서 시청자의 손가락을 멈추게 합니다. 특히 건강, 뷰티, 루틴, 습관, 자세 교정 등 실생활과 밀접한 콘텐츠에 효과적인 도입 방식입니다.

"지금 신청하면 1년에 60만 원 돌려받을 수 있어요", "7월 안에 등록하면 교육비 전액 지원됩니다"와 같이 혜택 강조형은 영상이 시작되자마자 눈에 띄는 이득을 먼저 던집니다. 사람들은 손해보다 놓치는 혜택에 더 민감하게 반응하는 편입니다. 그래서 지원금, 할인, 무료 정보 등 당장 도움되는 내용을 초반에 보여 주면 시청자는 자세한 내용을 알기 위해 영상을 끝까지 보게 됩니다.

다음 예시처럼 "나라에서 부모님에게 1,000만 원을 줍니다"라는 제목으로 혜택을 바로 제시하며 시청자의 호기심을 끌고 누구나 궁금해할 주제로 클릭을 유도하거나 "7월에 놓치면 안 되는 120만 원 나옵니다"라는 문장으로 긴 설명 없이도 사람들의 시선을 붙잡고 기대감을 만들 수도 있습니다.

출처: @dongdong.buildings   출처: @beauty_ceo_mentor

이 유형의 핵심은 지금 이 영상을 보면 얻는 게 있다는 인식을 시청자에게 심어 주는 데 있습니다. 이때 혜택을 먼저 말하고 자세한 설명은 뒤에서 전달하세요. 시청자는 놓치는 혜택이 있을까 봐 영상을 끝까지 확인할 것입니다.

초반 3초 안에 시청자가 영상에 매료되도록 만드는 영상 구성 방법 7가지를 살펴보았습니다. 일단 넘기던 손을 멈추게 하는 것만으로도 큰 수확을 거두는 셈이니 콘텐츠 유형에 따라 선택해서 시도해 보길 바랍니다.

이어서 시선을 붙잡은 시청자가 진성으로 내 팬이 되도록 하는 영상 구성 방법을 알아보겠습니다.

핵심 콕콕 퀴즈

1 영상 초반 (   )초 내에 시선을 사로잡는 것이 중요하다.

2 (어그로형 / 문제 제시형)은 위험, 충격, 반전, 의심이 담긴 멘트를 도입부에 언급하여 뇌를 자극하는 영상 유형이다.

3 혜택 강조형 영상은 지원금, 할인, 무료 정보 등을 (초반 / 후반)에 언급하여 시청자에게 기대감을 부여한다.

정답 1 3 2 어그로형 3 초반

팬을 만드는 스토리텔링 기법

"내 영상은 사람들이 왜 끝까지 안 볼까?", "처음 3초는 괜찮은 거 같은데 중간에 왜 나가 버릴까?" 답은 간단합니다. 이야기에 감정선이 부족했을 거예요. 사람은 감정을 따라 움직이기 때문에 아무리 유익한 정보를 담은 예쁜 영상이라도 확 와닿지 않으면 관심을 갖지 않습니다.

그러나 **스토리텔링**을 가미하면 달라집니다. 예를 들어 누군가의 진심 어린 고백처럼 느껴지는 영상은 이상하게도 끝까지 보게 됩니다. 이렇게 남은 여운은 정확하게 설명하기 어렵지만 호기심과 공감을 불러오고 '좋아요'를 누르게 합니다. 그러다 보니 어떤 메시지를 전할 건지보다 어떤 감정을 느끼게 하고 싶은지를 더 중요하게 생각해야 합니다.

정보 중심의 영상

여운을 남기는 영상(출처: @_sohee.e)

감정을 건드리는 스토리텔링 구조 3가지

텍스트도 깔끔하게 잘 넣었고, 자막 타이밍도 딱 맞고, 음악도 최신 유행 곡을 삽입해서 영상의 완성도는 높은데 이상하게 전달력이 약해 보일 때가 있습니다. 아마 십중팔구 스토리의 뼈대가 약한 경우가 많을 거예요. 영상이 시청자의 마음에 닿도록 도와줄 스토리텔링 구조 유형 3가지를 알아보겠습니다.

유형1 반전형 — 예상 밖의 전환 일으키기

영상을 보는 사람이 다음에 어떤 일이 일어날지 궁금해하도록 반전을 암시하는 말을 던집니다. 반전은 엄청나게 대단할 필요는 없고 다음과 같은 흐름만 있어도 시청자는 감정이 변합니다.

> • 망했다 → 버텼다 → 바뀌었다
>
> 예 "처음엔 망했다고 생각했어요. 그런데요 …"

출처: @ddrecipe

예시에서는 처음에 "큰일났어요"라며 리조또를 만들어야 하는데 재료가 없다고 문제 상황을 던집니다. 그래서 대체 재료를 사용했는데 결론적으로는 아이가 너무 잘 먹는다고 반전을 제시합니다. 만약 엄마들이 이 영상을 발견한다면 음식 레시피는 물론 아이가 좋아했는지 결과가 궁금해서 끝까지 보게 되고, 다양한 육아 정보를 제공하는 이 계정을 팔로우하게 될 거예요.

 공감형 — 내 이야기처럼 들리도록 질문하기

공감을 일으키는 질문을 던지면 사람들은 보통 영상 속 내용이 자신과 관련됐다고 받아들입니다. 그 순간부터 시청자는 관찰자가 아닌 참여자가 됩니다. 똑같은 정보라도 누가 말하느냐보다 어떻게 연결해 주느냐가 더 중요하다는 걸 잊지 마세요.

> 예 "저만 이런가요?", "혹시 요즘 이런 생각 드시나요?"

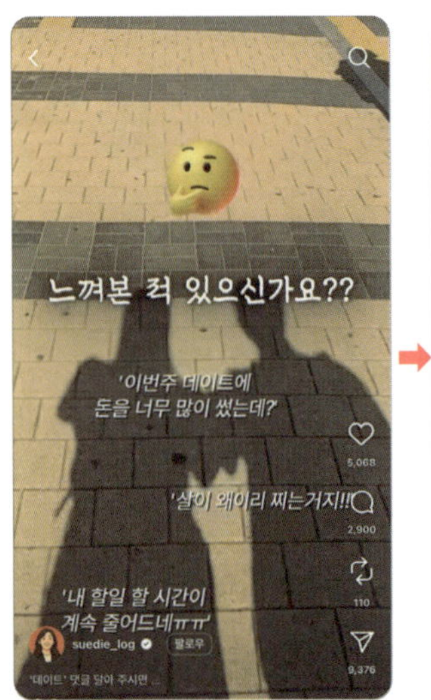

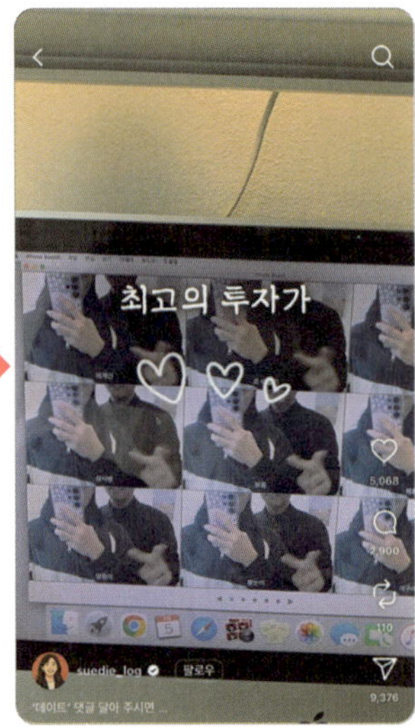

출처: @suedie_log

데이트 비용 때문에 고민하는 커플에게 공감을 일으켜서 영상에 몰입할 수 있도록 구성한 예시입니다. 시청자가 지금 겪는 문제를 해결하기 위해 영상을 끝까지 볼 수밖에 없는 마음을 이용한 것이죠.

 과정형 — 변화의 흐름 표현하기

사람은 누군가가 달라지는 과정을 궁금해합니다. 과거와 현재를 나란히 보여 주거나 그 과정을 담기만 해도 영상에 생명력이 생깁니다. 변화를 보이는 영상은 '나도 해볼까?' 하는 작은 용기를 건네주기 때문에 시청자의 감정을 건드릴 수 있습니다.

> 예 "이전엔 이런 모습이었어요. 그런데 지금은요…", "매일 똑같은 하루였는데 어느 순간부터 조금씩 달라지더라고요"

출처: @yeoun_ji_

거창한 연출 없이도 감정이 동요할 수 있는 스토리만 있다면 기억에 남는 영상으로
만들 수 있습니다. 잘 만든 스토리 하나가 100개의 효과음을 이깁니다.

브랜딩에 효과적인 스토리텔링 구조 4가지

계정의 브랜딩을 강화하고 싶을 때에는 조회수와 관계없이 미래 고객에게 계정의 특
성을 각인하는 게 중요합니다. 이때 단순히 정보만 전달하는 것보다 가치관과 감정선
을 살린 영상이 기억에 더 잘 남습니다. 요즘에는 릴스 알고리즘이 '많이 노출되는 영
상'보다 '사람들이 반응하고 기억하고 다시 찾는 영상'을 더 밀어주기도 하고요.
그래서 팔로워를 진정한 팬으로 만들려면 콘텐츠 속 내가 어떤 생각을 하고 어떤 기
준으로 살아가는지 느낄 수 있도록 해야 합니다. 어떤 유형의 콘텐츠가 나를 잘 전달
해 줄 수 있는지 예시와 함께 알아보겠습니다.

유형 1 경험 공유형 — 과거의 실패 경험 공유하기

내가 겪은 이야기와 비슷한 주제는 기억에 남기 좋습니다. 경험 공유형 영상의 대표
적인 종류에는 브이로그나 루틴 영상, 제품 후기, 자기계발 이야기 등이 있습니다.
이런 유형의 영상은 다음 순서로 전개됩니다.

- 문제 → 실패 → 깨달음 → 변화 → 현재

유의할 점은 진심이 드러날 때 신뢰가 피어나기 때문에 잘난 척하는 것보다 **흠이 있는 나로 시작해서 공감대를 생성**해야 한다는 것입니다. 초반에 "사실 저도 초반에는 아무것도 몰랐어요", "한때는 완전히 방향을 잃고 방황했어요", "이렇게 바꿨더니 생각보다 많이 달라졌어요" 등 어려움을 겪은 상황을 표현하는 멘트를 던지면 시청자와 심리적 거리를 크게 좁힐 수 있습니다.

출처: @__hibeen

유형 2 비교 추천형

제품/서비스를 고르는 기준을 보여 주는 비교 추천형에는 리뷰 콘텐츠나 제품 추천 영상, 언박싱 영상 등이 있습니다. 여러 가지 **제품/서비스 가운데 하나를 선택하는 상황을 두고 그 기준에 따른 비교 설명을 곁들이는 형식**이죠.

> • 선택 상황 → 고민 요소 → 기준 공개 → 실제 비교 → 결정

이때 시청자에게는 제품/서비스의 정보보다 선택한 사람의 가치관이 더 큰 영향을 미칩니다. "A와 B 중에서 저는 B를 선택했어요", "전 이런 기준으로 골라요. 이번에도 마찬가지예요", "광고 아니고요. 제가 진짜 돈 주고 산 겁니다" 등과 같이 선택한 이유를 궁금하게 만들어서 시청 지속 시간까지 늘릴 수 있습니다.

출처: @onu_design__

출처: @yonkyeong_ai_cheat

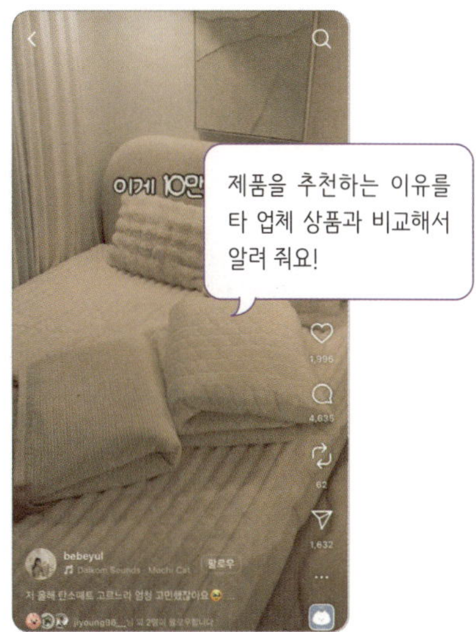

출처: @bebeyul

 문제 해결형

상대의 문제를 내 경험으로 풀어내는 구조입니다. 경험 공유형과 비슷하지만 **시청자의 문제를 바로 해결**해 주는 뉘앙스가 강합니다. 사용법 안내나 꿀팁 모음, AI와 같은 툴 소개처럼 **정보성 콘텐츠**가 이에 해당합니다. 문제 상황을 향한 공감에서부터 내가 경험하고 해결한 방법을 소개하며 영상을 전개하죠.

> • 공감 → 나의 경험 → 해결법 제시 → 실행 모습 → 결과

문제 해결형은 공감대를 형성하는 것부터 시작합니다. "저도 아침마다 멍했는데 이거 하나 바꾸고 완전 달라졌어요", "저만 그런 줄 알았는데 이거 진짜 효과 있었어요", "저도 처음엔 못 했어요. 그래서 이렇게 했죠"처럼 시청자의 문제 상황을 해결할 수 있는 방향으로 전개합니다. 이 유형도 경험 공유형과 마찬가지로 전문가처럼 보이는 것보다 "나도 겪었어요"라는 멘트와 함께 친한 친구처럼 알려 줘야 신뢰감과 정을 더 많이 얻을 수 있습니다.

출처: @mirae_jip

유형4 브랜드 철학형 — 남들과 다른 가치관 담기

브랜드 철학형은 짧은 이야기 안에 내 가치관을 담아내는 콘텐츠 유형으로, 짧은 에세이형 릴스나 감성 브이로그, 인터뷰 톤 영상이 대표적입니다. 내면의 갈등과 외부 시선을 대비해서 표현하고 그에 대항하는 올곧은 태도를 보여 주죠.

> • 내면의 갈등 → 외부 시선 → 나의 태도 → 고수하는 이유 → 여운

"누군가는 왜 그렇게 사냐고 하지만, 저는 이게 좋더라고요", "속도보단 방향이 중요하다고 생각했어요", "결국 저는 '기록'이 남는 삶을 선택했어요" 등 남들과 다르지만 의견을 소신 있게 전달하여 영상을 사람들의 기억에 남길 수 있습니다. 강한 주장보다 공감할 수 있는 생각과 근거는 시청자를 설득하는 힘이 됩니다.

출처: @nomadic_family

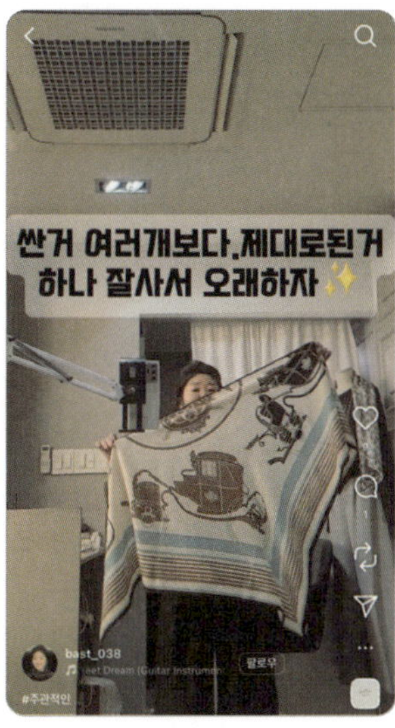

출처: @bast_038

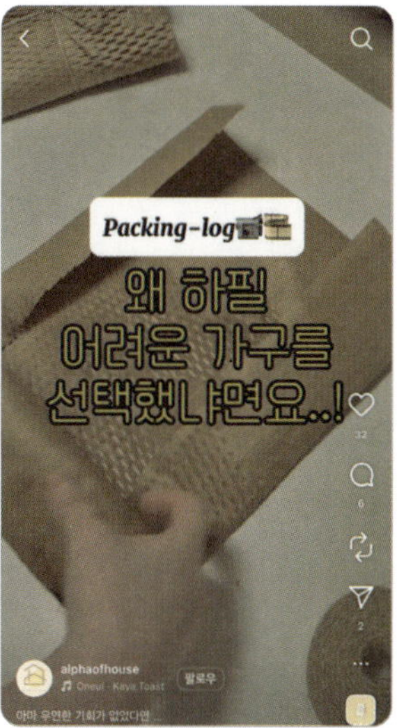

출처: @alphaofhouse

이 4가지 유형을 반복해서 사용하면 시청자는 계정의 정체성을 분명하게 인식합니다. 같은 주제를 다뤄도 브랜딩된 계정의 영상은 더 오래 더 자주 소비됩니다. 즉, 어떤 콘텐츠를 만드는지보다 어떤 이야기를 반복하는지에 따라 계정이 브랜딩되는 것이죠. 오늘 영상 하나를 만들더라도 '나다운 이야기'인지부터 먼저 점검해 보세요. 그 순간부터 영상은 브랜드가 됩니다.

내 계정의 캐릭터를 찾아보자

그렇다면 여러분은 어떤 이야기를 반복할 건가요? 사람들이 여러분을 어떤 이미지로 기억했으면 하나요? 이 질문에 해당하는 답을 다음 표에 체크 표시하며 찾아보세요.

1단계 나의 감정 키워드 찾기 — 콘텐츠의 감정 톤

☐ 공감 (예) 저도 이런 상황이 많았어요)　　☐ 위로 (예) 그럴 수밖에 없었던 거예요)

☐ 도전 (예) 안 되던 걸 붙잡고 버텼어요)　　☐ 자조 (예) 망했어요, 근데 웃기더라고요)

☐ 냉정 (예) 현실은 이렇습니다)　　☐ 희망 (예) 다시 해볼 수 있어요)

☐ 열정 (예) 진심으로 해봤더니 이렇게 됐어요)

□ 짧고 임팩트 있게 말한다   □ 주변 이야기를 곁들여 말한다

□ 비유를 자주 쓴다   □ 직설적이다

□ 사연처럼 풀어서 말한다   □ 유머가 많다

□ 진지하고 논리적이다

3단계 사람들에게 보이고 싶은 모습 생각하기

사람들이 내 계정을 보고 어떤 생각이 들기를 바라는지 빈칸에 적어 보세요. 예를 들어 실생활에 필요한 정보나 제품을 공유하고 싶다면 '좋은 걸 소개할 때 진심인 사람'과 같이 적을 수 있고, 과거의 아픔을 뒤로하고 꿋꿋이 살아가는 의지를 보여 주고 싶다면 '실패를 웃으며 말하는 사람'으로 적을 수도 있겠죠.

사람들이 나를 보면 ＿＿＿＿＿＿＿＿＿＿＿＿ 사람이라고 기억하면 좋겠다.

내 콘텐츠에서는 ＿＿＿＿＿＿＿＿＿＿＿＿ (이)라는 메시지를 전하고 싶다.

4단계 콘텐츠 키워드에 감정과 캐릭터 입히기

앞서 소개한 스토리텔링 구조에 맞춰 콘텐츠 주제에 따라 적합한 캐릭터/감정 키워드와 스토리 구조를 작성하는 단계입니다. 다음 예시를 참고해도 좋고 여러분만의 스타일로 해석해서 작성해 봐도 좋습니다.

콘텐츠 주제	캐릭터/감정 키워드	스토리 구조
자기 계발 루틴	위로, 현실적인	실패 → 패턴 찾기 → 변화 포인트
제품 추천	진심, 비교 기준	선택 고민 → 내 기준 공개 → 솔직한 평가
브이로그	감성, 자조	일상 → 소소한 문제 → 나만의 해석
정보 콘텐츠	도전, 공감	막막함 → 내가 써본 과정 → 정리된 팁

다음 표에 작성해 보세요.

내 콘텐츠 주제	캐릭터/감정 키워드	내 스토리 구조

핵심 콕콕 퀴즈

1 (　　　　)을/를 일으키는 질문을 던지면 시청자는 영상 속 내용이 자신과 관련 있다고 받아들인다.

2 브랜딩을 강화하려면 내가 아는 정보를 전달해서 계속 찾아오도록 하는 것이 감정으로 설득하는 것보다 유리하다. (O / X)

3 콘텐츠 주제에 따른 (　　　　)와/과 (　　　　)을/를 명확히 하는 것이 중요하다.

정답 1 공감 2 X(정보 전달보다 감정을 건드릴 때 기억에 더 잘 남는다) 3 캐릭터, 스토리 구조

눈에 띄는 섬네일 & 캡션 만들기

섬네일로 유입 늘리고 캡션으로 행동 유도하자!

손을 멈추게 하는 한 장의 이미지, 섬네일^{thumbnail}은 콘텐츠의 첫인상입니다. 이는 동시에 수많은 릴스 가운데 계정의 콘텐츠를 누르게 만드는 힘이기도 하죠. 섬네일은 릴스를 재생할 때에는 보이지 않지만 프로필 피드나 검색 결과에서 가장 먼저 노출됩니다. 특정 영상을 보고 흥미를 느낀 시청자가 계정의 피드를 열면 여러 섬네일이 한눈에 보이고 그 느낌으로 계정을 판단하게 됩니다. 어쩌면 영상의 본문보다 섬네일의 영향력이 크다고 볼 수도 있습니다.

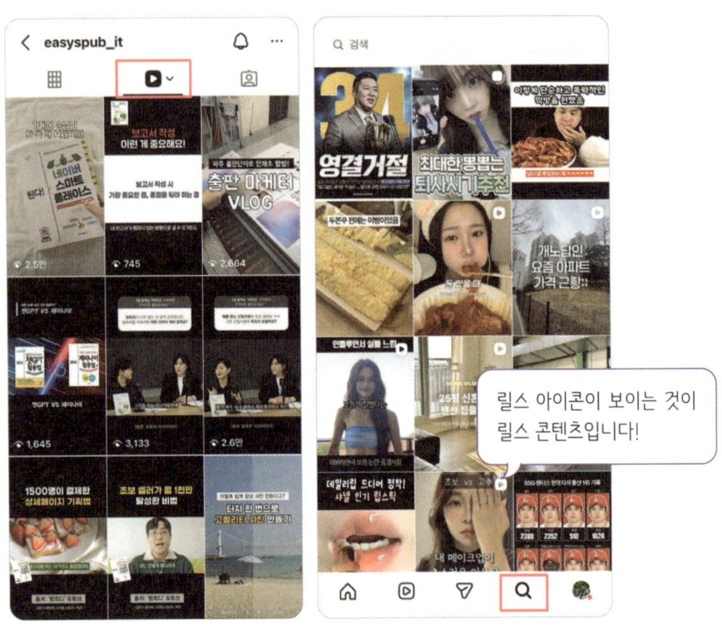

계정 피드에 보이는 릴스 섬네일   [탐색] 탭에 보이는 콘텐츠 섬네일

섬네일 이미지가 시청자의 관심사 위주로 일관되게 구성되어 있다면 그 계정은 더 오래 머무르고 싶은 공간이 됩니다. 여기에서 받은 인상은 팔로우로 이어지죠. 특히 최근에는 해시태그뿐 아니라 키워드 검색도 강화되고 있어서 인스타그램에서도 정보를 얻기 위해 검색하는 빈도가 늘고 있는데요. 이때에도 검색 결과에는 섬네일이 가장 먼저 보입니다. **섬네일을 보고 계정으로 유입**할 수도 있고 스쳐 지나갈 수도 있어서 그 중요도가 점점 더 높아지고 있습니다.

'퇴사후직업'을 검색한 경우　　　'AI활용법'을 검색한 경우

그리고 짧은 영상에 담기 어려운 정보는 **캡션**^{caption}이라는 본문 영역에 노출하는데요. 오히려 영상을 만드는 일에 힘을 빼고 캡션을 자세하게 달아 시청 유지 시간을 늘리기도 합니다.

실제로 조회수가 높은 릴스 영상은 의외로 캡션에서 반응을 얻는 경우가 많습니다. 사실 릴스의 캡션은 단순한 설명이 아니라 **검색 노출, 맥락 보강은 물론 행동 유도**까지 가능한 공간이거든요. 텍스트에 포함된 키워드가 검색 알고리즘에 활용되기도 하고, 간결한 문장 하나가 시청자의 이해도를 높이는 기능도 합니다. 무엇보다 행동 유도 한 줄이 댓글, 저장, 링크 클릭으로 이어 주는 역할을 하므로 캡션이 있는 콘텐츠와 없는 콘텐츠는 반응률, 저장률, 탐색 유입에서 분명한 차이를 만들어 냅니다.

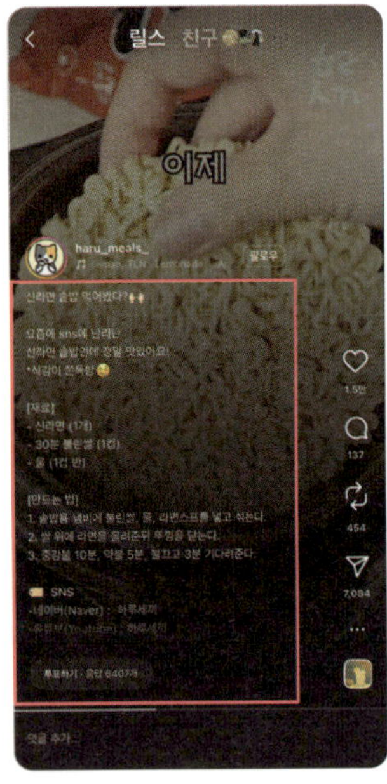
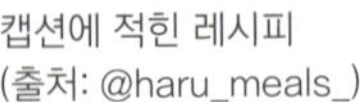

캡션에 적힌 레시피
(출처: @haru_meals_)

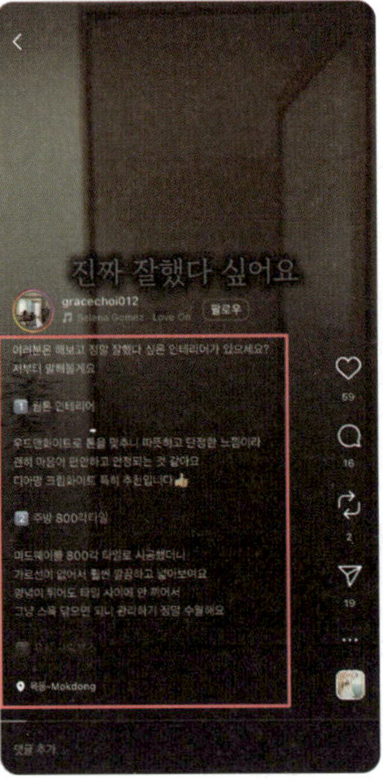

캡션에 적힌 인테리어 팁
(출처: @gracechoi012)

캡션을 보도록 유도하는 자막
(출처: @voyages_avec_moii)

그러므로 릴스를 제대로 전달하고 싶다면 영상 안팎을 함께 설계해야 합니다. 섬네일이 유입을 만들고 캡션이 연결을 만듭니다. 이 둘은 별것 아닌 것처럼 보이지만 노출은 물론 전환율에도 아주 큰 차이를 만듭니다.

섬네일 & 캡션 벤치마킹 3단계

잘 만든 콘텐츠는 섬네일과 캡션이 의도적으로 짝을 이루고 있습니다. 다른 계정의 섬네일과 캡션을 벤치마킹하면서 시선을 붙잡은 섬네일의 특징은 무엇인지 알아보고, 반응을 불러온 캡션은 어떤 스타일인지 3단계에 걸쳐 분석해 보겠습니다.

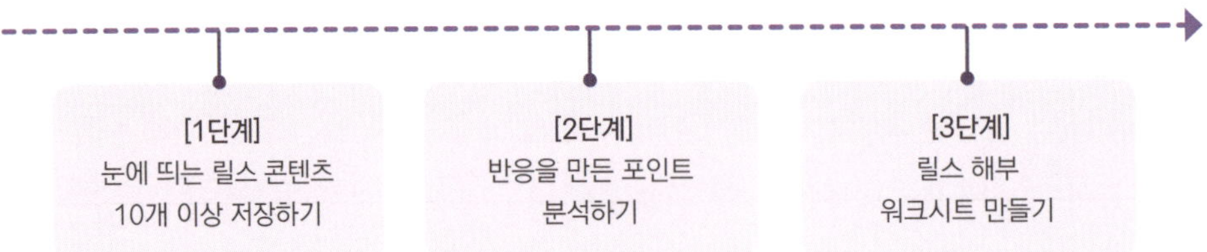

[1단계]
눈에 띄는 릴스 콘텐츠
10개 이상 저장하기

[2단계]
반응을 만든 포인트
분석하기

[3단계]
릴스 해부
워크시트 만들기

내가 구상한 주제 또는 내 타깃이 관심 가질 만한 키워드를 인스타그램에서 검색합니다. [탐색 Q] 탭에서 키워드를 직접 검색하거나 [릴스 ▶]를 누르고 천천히 내려보며 시선을 끄는 릴스를 찾아봅니다. 이때 내 눈에 예쁘다는 감각만으로 판단하지 말고 사람들이 많이 반응한 콘텐츠를 중심으로 살펴보기 바랍니다.

탐색 탭에서 '커피'를 검색한 화면　　릴스 탭을 누르면 바로 나타나는 영상
　　　　　　　　　　　　　　　　　　　(출처: @minji_sson)

[공유 ▽]가 많다면 '이 영상은 누군가에게 꼭 보여 줘야 해'라는 강한 인상을 남겼다는 뜻이고, [조회수 ◉]가 높다면 섬네일이 많은 사람들의 궁금증을 자극했거나 제목이 설득력 있었을 가능성이 높습니다. [댓글 ○]이 많이 달린 경우에는 공감이나 반박, 질문 등 감정적인 반응이거나 영상 속 행동 유도에 반응한 결과일 수 있습니다. 계정의 팬으로서 남긴 댓글일 수도 있죠.

중요한 건 사람들이 그 콘텐츠를 보고 넘겨 버리지 않고 반응했다는 사실입니다. 이런 콘텐츠에는 섬네일, 문장, 구성 전반에서 벤치마킹할 만한 요소가 들어 있을 가능성이 높습니다. 사람들이 실제로 멈추고, 보고, 반응한 콘텐츠를 수집하는 것이 벤치마킹 전략의 핵심입니다.

수집한 콘텐츠를 섬네일과 캡션, 영상 내용이라는 3가지 관점으로 나누어 분석합니다.

섬네일	• 어떤 문장이 눈에 들어왔고 감정을 자극했는가? 　— 궁금함, 두려움, 부러움, 공감 등 • 색상 대비, 말투, 글꼴 등 영상을 이루는 시각 요소는 영상과 잘 어울리는가?
캡션	• 영상에서 담지 못한 메시지를 보완해 주었는가? • 공감 문장, 정보 전달, 저장/공유 유도 등 CTA가 명확했는가? 　— '댓글로 알려 주세요', '프로필 링크 클릭' 등
영상 내용	• 어떤 흐름으로 전개되는가?(질문 → 경험 공유 → 결론 등) • 감정의 흐름이나 스토리텔링이 있는가? • 말투와 속도, 자막 구성 등 몰입감을 높이는 요소는 무엇인가?

시청자의 반응을 만든 요소를 기록합니다. 릴스의 섬네일, 캡션, 영상 내용 가운데 어떤 요소가 저장 행위를 이끌었는지 직접 분석해 보세요. 추측이 아니라 기록하며 내 콘텐츠에 적용할 수 있는 공식과 패턴을 찾아가 보겠습니다.

릴스 제목	섬네일이 시선을 끈 이유	기억에 남는 문장 또는 행동 유도	영상 흐름	느낀 점 또는 적용 포인트
절대 따라 하지 마세요	경고성 문장 + 빨간 배경	궁금하면 AI라고 입력하세요 → 행동 유도	3초 후 갈등 → 반전 → 감정 폭발	감정 유도형 콘텐츠 구조 참고
퇴사 후 3개월, 현실	얼굴 클로즈업 + 직설적인 문장	저도 그랬어요. 여러분은요?	경험 공유 → 현실 고백 → 질문 유도	공감 후 댓글 유도 구성 참고

릴스 해부 워크시트 예시

이런 방법으로 릴스 콘텐츠 5~10개를 분석해서 기록하다 보면 패턴이 보이기 시작합니다. 같은 주제라도 어떤 방식이 더 반응을 끌어냈는지 파악할 수 있어요. [느낀 점 또는 적용 포인트] 열에는 내 콘텐츠에 적용할 힌트를 꼭 적어 보세요.

릴스 제목			
섬네일이 시선을 끈 이유			
기억에 남는 문장 또는 행동 유도			
영상 흐름			
느낀 점 또는 적용 포인트			

♥ 추가 양식은 이지스퍼블리싱 홈페이지의 [자료실]에서 내려받을 수 있습니다.

영상을 분석할 때는 ❶ 이 영상이 언제 내 시선을 붙잡았고 ❷ 영상과 섬네일, 캡션의 메시지가 일관성 있는지, ❸ 구체적으로 어떤 구조에서 반응을 일으켰는지 고민해 보길 바랍니다. 단순히 인기 많은 콘텐츠를 저장하는 게 아니라 사람을 멈추고 반응 하게 만든 이유를 읽어 내는 눈을 키우는 과정입니다. 그럼 이제 벤치마킹 결과를 바탕으로 섬네일을 직접 만들어 보겠습니다.

하면 된다!} 미리캔버스로 섬네일 제작하기

이번 실습에서는 미리캔버스^{miricanvas}로 섬네일을 만듭니다. 미리캔버스 는 회원 가입만 하면 누구나 웹과 앱에서 템플릿을 불러와 텍스트, 이미 지, 색상 등을 손쉽게 편집할 수 있습니다. 여기서는 모바일 화면을 기준 으로 설명합니다.

미리캔버스
로고

💜 01-2절에서 로고를 제작할 때 사용한 캔바를 이용해도 좋습니다.

01 미리캔버스 앱 설치하기

구글 플레이스토어 또는 애플 앱 스토어에서 ❶ 미리캔버스를 검색하고 ❷ [설치]를 탭합니다. ❸ 앱을 실행하여 회원 가입을 하거나 [로그인]합니다.

02 릴스 템플릿 고르기

❶ 미리캔버스에 접속해서 홈 화면이 나타나면 릴스를 검색합니다. ❷ 아래쪽에 템 플릿이 여러 개 펼쳐지면 원하는 디자인 템플릿을 선택하고 ❸ 해당 템플릿 창이 뜨 면 아래쪽에서 [이 템플릿 사용하기]를 탭합니다.

03 템플릿 요소 수정하기

디자인 템플릿 에디터가 열리면 ❶ 텍스트 요소를 탭한 뒤 내용을 수정합니다. ❷ 글자색을 변경하려면 화면 아래쪽에서 [글자색]을 탭하고 ❸ 원하는 색상을 선택하면 됩니다.

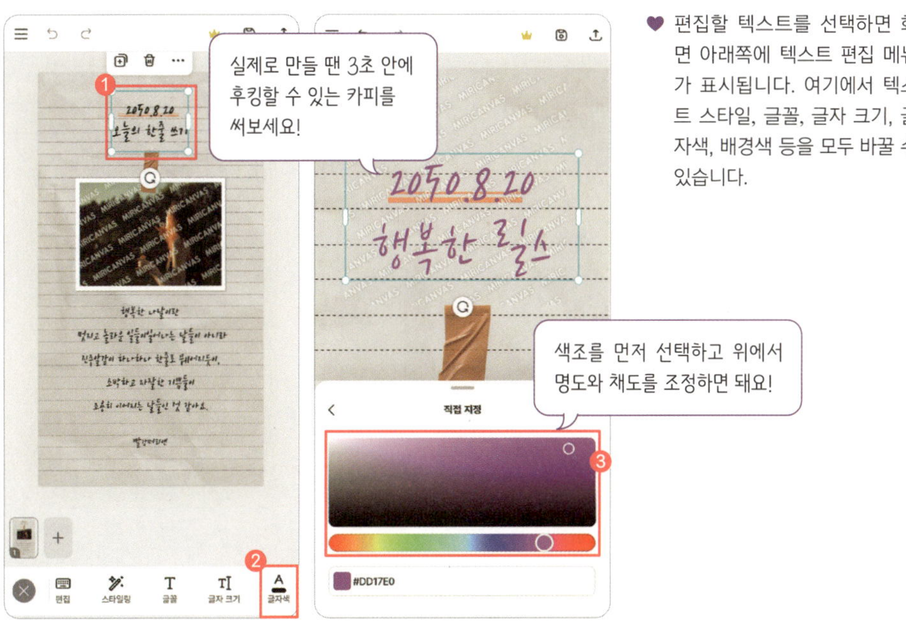

♥ 편집할 텍스트를 선택하면 화면 아래쪽에 텍스트 편집 메뉴가 표시됩니다. 여기에서 텍스트 스타일, 글꼴, 글자 크기, 글자색, 배경색 등을 모두 바꿀 수 있습니다.

04 ❶ 템플릿에서 이미지 또는 동영상을 넣을 수 있는 요소를 선택해 보겠습니다. ❷ 요소 바로 위에 나타나는 편집 도구 가운데 [업로드 ⬆]를 탭합니다. ❸ 여기서는 하단 메뉴에서 [사진]을 선택한 뒤 ❹ 하늘을 검색해서 ❺ 원하는 이미지를 선택합니다.

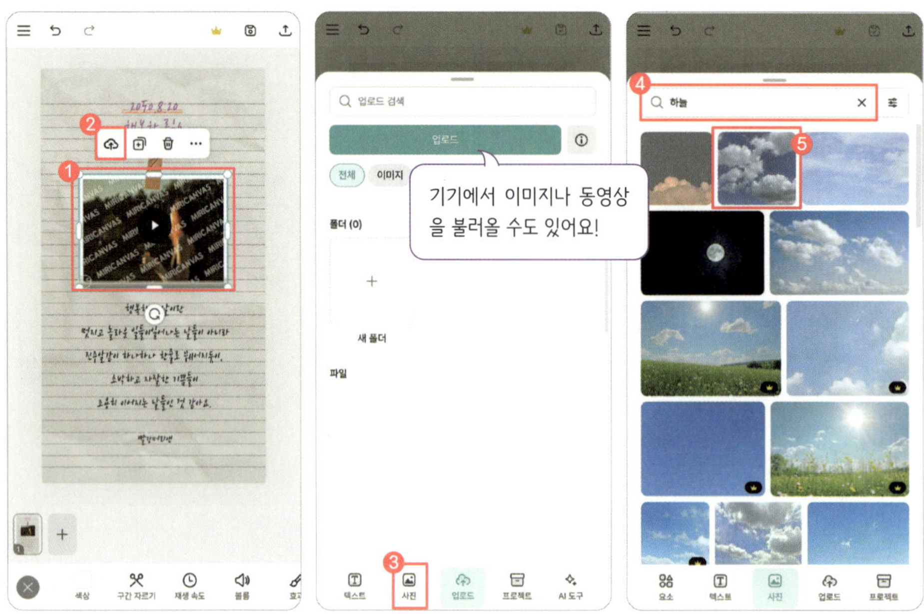

05 ❶ 선택한 이미지를 손가락으로 조금 움직이면 프레임에 맞춰 자동으로 조정됩니다. ❷ 템플릿에서 변경할 요소가 있다면 탭해서 수정할 수 있습니다. 텍스트, 색상, 크기 등을 자유롭게 편집합니다. ❸ 작업을 완료했다면 [닫기 ⊗]를 탭합니다.

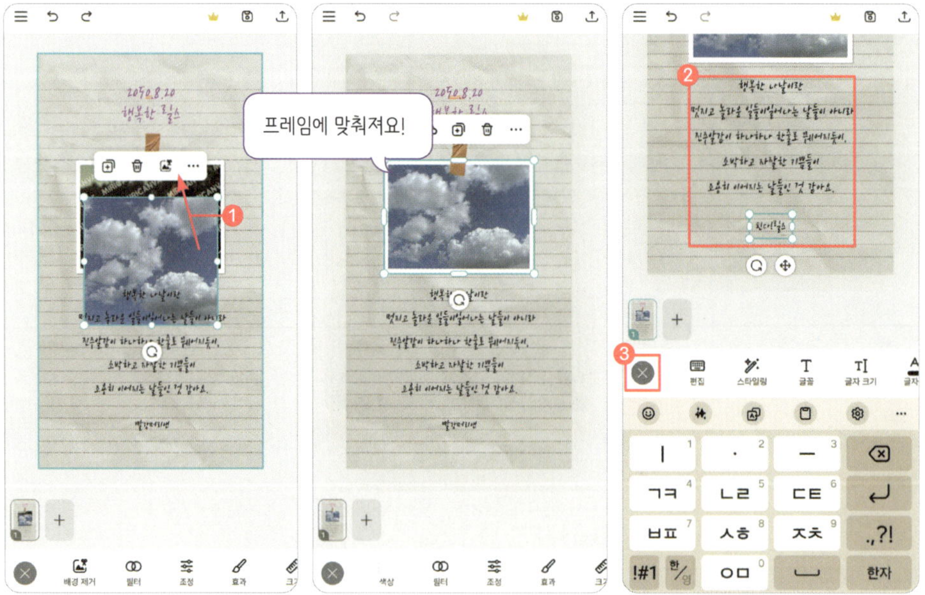

미리캔버스에서 제공하는 AI 기능을 이용하면 기존 이미지 외에 내 머릿속의 그림을 표현할 수 있습니다. ① 하단 메뉴에서 [AI 도구]를 선택하고 ② 결과물을 묘사한 뒤 ③ [생성]을 탭하면 됩니다.

06 디자인 요소 추가하기

① 하단 메뉴에서 [요소]를 탭한 뒤 ② 검색 창에서 물고기를 검색합니다. ③ 아래쪽에서 마음에 드는 요소를 선택해서 삽입하고 ④ 적절한 위치에 배치합니다. ⑤ 완료했다면 [닫기 ⓧ]를 탭합니다.

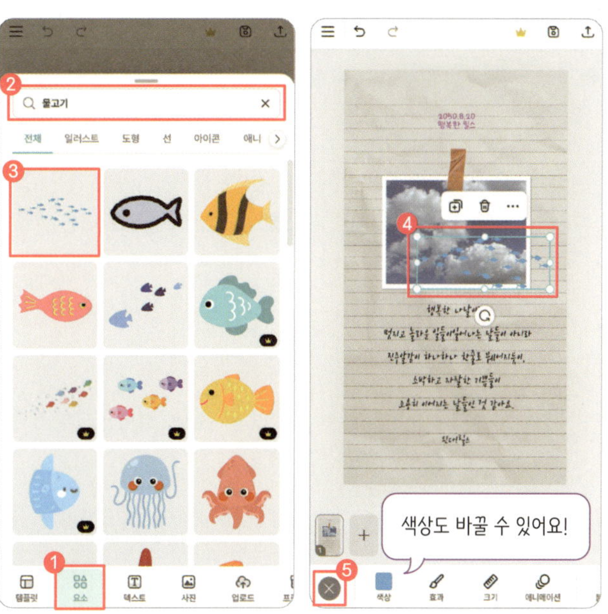

07 배경 디자인하기

❶ 아래 메뉴를 오른쪽으로 밀어서 [배경]을 탭한 후 ❷ 그래픽 배경에서 원하는 디자인의 배경을 선택해서 적용합니다.

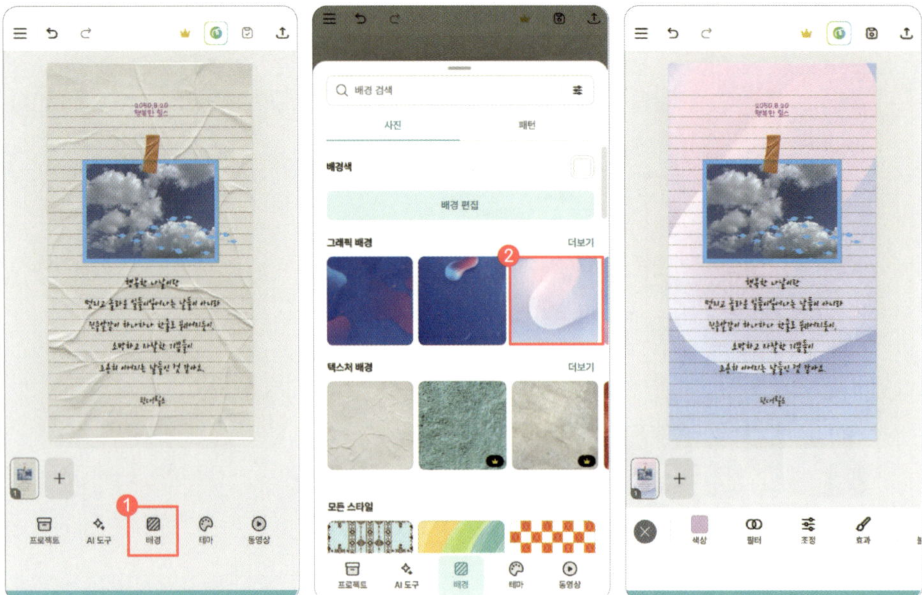

08 디자인 저장하기

❶ 작업을 마쳤다면 화면 오른쪽 위에서 [내보내기 ⬆]를 탭하고 ❷ [다운로드 ⬇]를 선택합니다. ❸ 파일 형식을 [웹 → PNG]로 선택하고 ❹ [다운로드]를 탭합니다.

💜 만약 저장되지 않는다는 메시지 창이 나타나면 미리캔버스 앱의 저장 권한을 허용으로 바꿔 주세요.

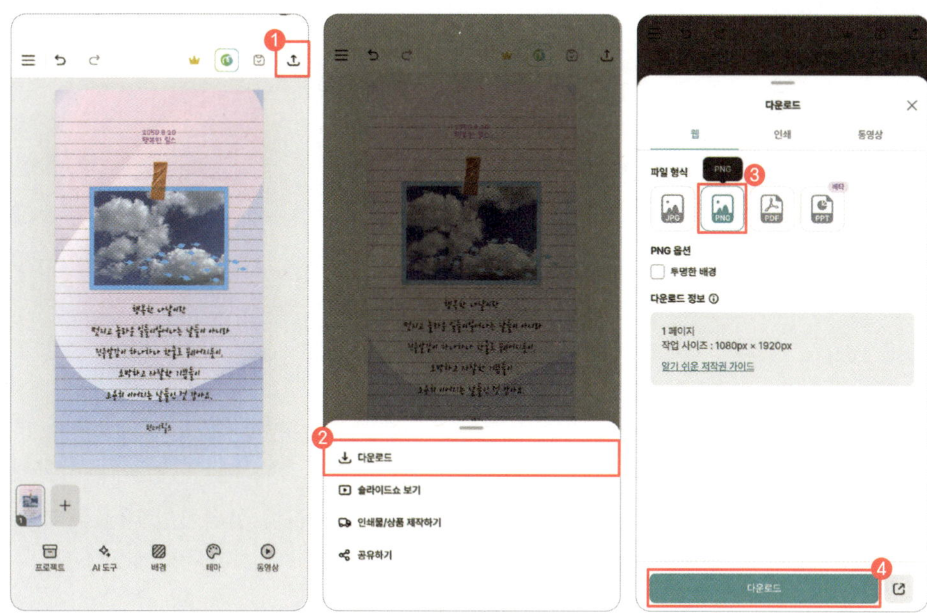

제작한 섬네일은 릴스 영상을 업로드할 때 [커버 수정]을 눌러 설정할 수 있습니다. 영상 속 한 장면을 섬네일로 만들어도 좋지만, 주제를 분명하게 전달하고 싶다면 섬네일을 적극 활용해 보길 바랍니다.

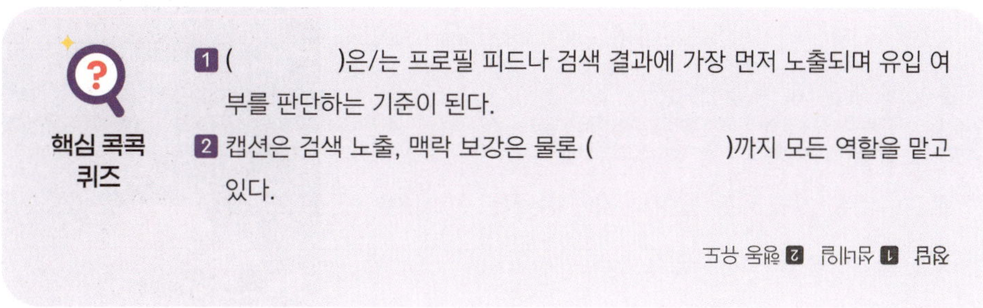

릴스 초보가 명심해야 할
7가지 편집 키워드

릴스를 처음 시작한다면 여기에서 소개하는 7가지 필수 키워드를 머릿속에 저장해 두세요. 기획 → 제작 → 편집 → 업로드의 전체 과정이 훨씬 쉬워지고 릴스를 대하는 관점이 완전히 달라질 거예요.

- 후킹
- 감정 공감
- 배경음악
- 시청각 자극
- 자막 배치
- 댓글 유도 멘트
- 트렌드 탐색

① 3초 안에 '후킹'하기

시청자는 관심이 없는 릴스가 보이면 바로 넘어갑니다. 그래서 영상이 시작되자마자 눈을 사로잡는 포인트를 넣어 주는 게 중요해요.

핵심은 영상이 시작된 후 **첫 3초**간입니다. 이 짧은 순간에 궁금증을 자극하는 말이나 장면이 있으면 시청자는 영상을 계속 봅니다. '충격주의', '친한 친구에게만 보여 주세요'와 같은 한마디만으로도 시청자의 손을 멈추게 만들 수 있습니다.

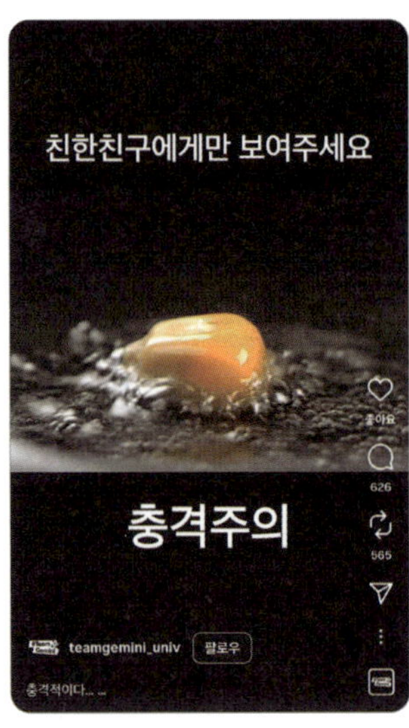

출처: @teamgemini_univ

♥ 후킹(hooking)은 후크의 모양이나 기능에서 파생되어 사람들의 흥미를 끄는 매력적인 부분을 뜻합니다.

❷ 어울리는 '배경음악' 선택하기

배경음악은 영상의 분위기를 형성합니다. 배경음악을 선택할 때 중요한 건 내 콘텐츠의 리듬감과 분위기에 맞는 노래를 고르는 것입니다. 릴스 업로드 화면에서 [배경음악 🎵]이나 [오디오 둘러보기]를 누르면 요즘 반응이 좋은 사운드를 쉽게 확인할 수 있는데, 그중에서 내 영상의 분위기와 가장 잘 어울리는 음악을 골라 보세요. 그 한 곡이 영상의 완성도를 확 끌어올려 줄 거예요.

❸ 시선이 가는 곳에 '자막 배치'하기

자막의 위치에 따라 영상의 이해도가 크게 달라집니다. 무엇보다 얼굴이나 중요한 장면을 가리지 않아야 합니다. 또한 릴스 화면 아래쪽에는 계정 이름과 제목, 아이콘 등이 있어서 그 위에 자막을 올리면 내용이 겹쳐지면서 잘 보이지 않습니다. 그래서 핵심 문장은 화면의 빈 공간이나 시선이 자연스럽게 모이는 중간 지점에 배치해야 가장 깔끔해 보입니다. 자막 위치만 잘 잡아도 영상의 메시지를 훨씬 또렷하게 전달할 수 있습니다.

물론 자막을 한곳에 고정해서 쓸 필요는 없어요. 시청자가 자막을 편하게 읽을 수 있는 지점을 선택하는 것이 핵심입니다.

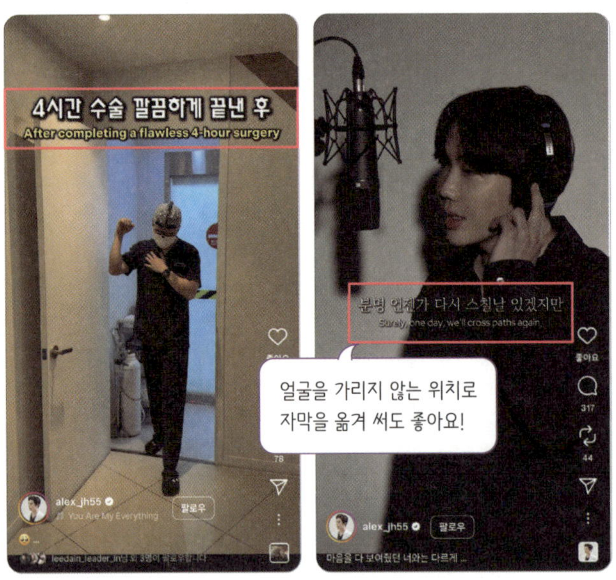
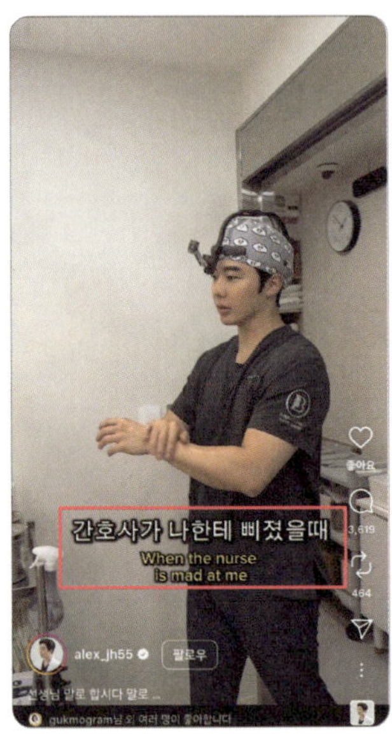

영상 구도에 따라 자막 위치를 바꿔 쓰는 모습(출처: @alex_jh55)

❹ '트렌드 탐색' 하기

사람들이 요즘 어떤 콘텐츠에 관심이 있는지 관찰하세요. 유행하는 말투와 필터, 배경음악, 패턴은 곧바로 내 콘텐츠에도 적용할 수 있어요.

인스타그램 앱에 들어가 아래쪽에서 [탐색 Q]을 탭하면 조회수가 높은 콘텐츠를 추천받을 수 있습니다.

❺ '감정 공감' 유발하기

릴스에는 설명이 짧아도 끝까지 보게 되는 영상이 있습니다. 특별한 기술이 있는 건 아니지만 사람의 마음을 움직인다는 특징이 있죠. 예를 들어 @seleno_phile_s 계정에서 "나는 네 소원을 들어주는 강아지야. 오늘 딱 하나, 뭐든 들어줄게. 뭘 원해?"라는 제목으로 올린 영상은 따뜻한 한마디로 사람들에게 감동을 전했습니다. 그 결과 댓글이 5,800개 달리고 조회수는 100만 회를 넘겼어요.

이처럼 릴스는 감정이 요동치도록 설계하면 성공 확률이 훨씬 높아집니다. 감정 공감은 거창한 문장이 아니라 시청자가 매일 느끼는 작은 순간을 대신 언급하는 데서 시작됩니다.

출처: @seleno_phile_s

❻ '시청각 자극' 더하기

릴스는 짧은 시간 안에 사람의 눈과 귀를 동시에 사로잡아야 하는 콘텐츠예요. 무엇보다 화면 전환, 손짓, 얼굴 표정 같은 시각 요소와 음악의 박자, 효과음 같은 청각 요소가 맞아떨어지면 영상이 훨씬 리듬감 있게 느껴져서 시청자의 집중력을 높이는 효과가 있습니다.

예를 들어 비 오는 날 노란 우비를 입은 작은 토끼가 손바닥만 한 우산을 꼭 쥐고 서 있는 장면을 담은 영상이라면 잔잔한 빗소리와 사뿐한 발걸음 소리 등의 청각 요소를 넣어서 몰입감을 한층 높일 수 있습니다.

출처: @allavovk_s, sunnybunny.ai

❼ '댓글 유도 멘트'로 마무리하기

영상 마지막에 시청자에게 말을 걸어 주는 문장이 하나만 있어도 참여율은 크게 달라집니다. "여러분 이야기도 들려주세요", "필요하신 분 댓글에 숫자 남겨 주세요"처럼 가벼운 멘트로 대화를 열 수 있습니다. 그리고 댓글이 늘어날수록 알고리즘이 작동하면서 해당 영상을 더 많은 사람에게 보여 줍니다. 요즘은 댓글만 남겨도 매니챗이 정보를 DM으로 자동 전달하니 시청자와 부담 없이 댓글을 주고받을 수 있습니다.

💜 DM이란 Direct Message의 줄임말로 인스타그램, 페이스북 등 소셜 미디어에서 특정 사용자에게 비공개로 보내는 개인 메시지나 쪽지를 의미합니다.

💜 자동 응답 서비스인 매니챗을 사용하는 방법은 05-3절에서 자세히 다룹니다.

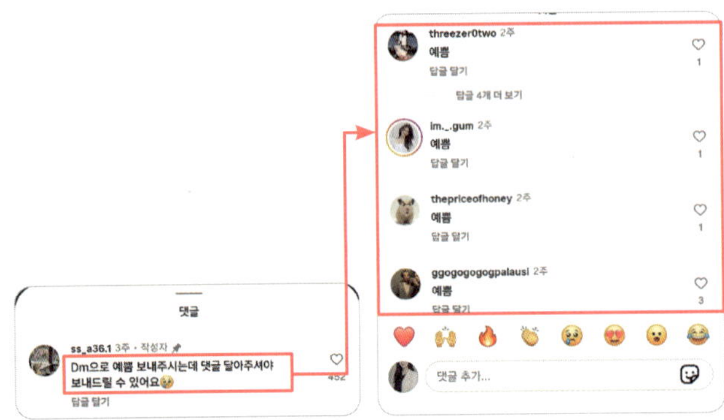

출처: @ss.a36.1

이렇게 릴스 초보를 위한 7가지 필수 키워드만 명심해도 인플루언서에 충분히 도전할 수 있어요. 처음부터 모든 걸 만족하는 콘텐츠를 만들기는 어렵겠지만, 하나둘씩 적용하다 보면 시청자를 사로잡는 계정으로 성장할 수 있을 거예요.

상위 노출을 부르는 알고리즘 공략법

인플루언서라고 해서 올리는 영상마다 조회수가 높은 건 아니에요. 팔로워 수에 관계없이 반응이 좋은 것도 있지만 미미한 것도 있죠. 비슷한 주제라도 때로는 시청자의 흥미가 조금 떨어지거나 다른 콘텐츠에 관심이 쏠리는 시기가 있기 때문입니다. 이런 기복은 누구에게나 찾아오지만 결국 다시 조회수를 회복하는 건 꾸준히 영상을 올리는 계정입니다. 04장에서는 인스타그램 릴스의 알고리즘이 어떻게 작동해서 사람들에게 영상을 전달하는지 살펴볼 거예요. 그리고 알고리즘 전략을 활용하여 상위 노출에 성공하는 현실적인 방법을 함께 찾아보겠습니다.

알고리즘에게 신뢰를 얻는 계정 최적화 노하우

릴스를 추천해 주는 알고리즘은 어떻게 작용할까?

많은 사람들이 릴스 알고리즘을 복잡한 공식이나 숨어 있는 비밀 코드처럼 생각합니다. 하지만 실체는 의외로 단순합니다. 결국 알고리즘이 하는 일은 이것 하나입니다.

> 알고리즘 = 어떤 콘텐츠를 + 누구에게 + 언제 + 얼마나 오랫동안 + 보여 줄지 결정하는 것

다음 과정을 이해하면 전략을 세워 릴스 계정을 운영할 수 있습니다. 한 번 운 좋게 뜬 계정이 아니라 지속해서 사랑받는 영상을 만드는 비법이라고 할 수 있어요.

1단계	계정 신뢰 확보	• 주제와 관련된 활동을 유지하면서 영상 업로드 패턴을 안정화합니다.
2단계	테스트 노출	• 기준 이상 → 더 많은 시청자로 범위를 확장해서 영상을 노출합니다. • 기준 미달 → 시청자 타깃을 조정하고 다시 심사합니다.
3단계	1차 반응 분석	• 반응 유지 → 영상을 장기간 노출합니다. • 반응 하락 → 영상을 노출해 주는 양을 줄입니다.
4단계	2차 확장 노출	• 팔로워 일부 + 관심사가 비슷한 소수에게 노출합니다. • 완전 시청률, 저장, 댓글 등 반응을 측정합니다.
5단계	최종 유지 또는 축소	• 영상을 더 넓은 타깃층에 배포합니다. • 반응이 계속해서 좋으면 노출 기간이 연장됩니다.

릴스 계정 운영 5단계 전략

이 5단계를 바탕으로 인스타그램의 알고리즘을 자세히 이해해 보겠습니다. 이제 어떤 영상 하나를 만들었는데 반응이 좋지 않다고 해서 좌절하는 게 아니라 원인을 분석해서 더 나은 방향으로 나아갈 수 있습니다.

신뢰할 만한 계정이 되는 것이 최우선!

알고리즘은 콘텐츠의 완성도보다 **계정이 보내는 신호**를 먼저 분석합니다. 한 계정이 일정 기간 동안 활동한 패턴과 그 결과로 발생하는 시청자 반응을 종합해서 평가하는 것이죠. 따라서 **업로드 주기**, **시청자 참여도**, **콘텐츠별 반응 지표**가 일정 기간 동안 꾸준히 유지되어야 알고리즘의 신뢰를 얻을 수 있습니다. 그리고 이 신뢰가 쌓일수록 알고리즘은 영상이 추천받을 기회를 더 많이 제공합니다.

다음은 알고리즘의 신뢰를 쌓을 때 점검해야 할 핵심 조건 3가지입니다. 여러분의 계정이 다음 3가지 항목에 해당하는지 체크 표시해서 스스로 점검해 보세요.

핵심 조건	체크(V)
릴스를 꾸준히 올리고 있는가?	
시청자와 활발하게 상호작용하고 있는가?	
완전 시청률과 저장 수, 댓글 반응이 긍정적인가?	

💜 완전 시청률이란 릴스 영상을 끝까지 시청한 비율을 말합니다.

이 3가지 조건에 전부 '예'라고 대답할 수 있어야 알고리즘이 추천 노출을 본격적으로 시작하는데, 이 시기를 **최적화 기간**이라고 합니다. 릴스를 한두 개 올린 상태에서 결과를 판단하기에는 이르고, **영상이 어느 정도 쌓여야 알고리즘이 계정의 활동 패턴을 파악하고 그때부터 추천 기회를 조금씩 늘려 줍니다.**

물론 예외도 있습니다. 어떤 계정은 영상을 한두 개만 올려도 초반에 반응이 폭발해서 바로 물살을 타기도 합니다. 완전 시청률, 저장, 댓글 같은 반응 지표가 짧은 시간 안에 크게 터지거나, 이미 다른 채널에서 형성된 팬층이 유입되어 초반부터 높은 참여를 이끌어 내는 경우이죠. 하지만 이런 사례는 드물고 보통은 일정 기간 꾸준히 업로드하고 안정된 반응을 얻으면서 신뢰를 쌓아야 합니다.

물론 영상의 완성도가 높아서 입소문을 타고 많은 시청자에게 도달하면 더할 나위가 없죠. 분명 '좋아요'도 많이 받을 수 있을 거예요. 하지만 처음부터 높은 수준의 영상을 만들려고 하면 시작하기도 전에 포기하게 됩니다. **오히려 완성도가 살짝 부족한 영상도 최적화 기간만 잘 활용하면 알고리즘을 비교적 쉽게 탈 수 있습니다.**

알고리즘은 계정 신호와 콘텐츠 신호를 함께 분석합니다. 계정 신호는 업로드 패턴, 활동 빈도, 반응 안정성을 기준으로 삼고, 콘텐츠 신호는 영상의 주제, 해시태그, 반응 데이터를 기준으로 알고리즘의 심사를 받는데요. 따라서 아무리 좋은 영상을 올려도 계정 신호가 약하면 확장되는 속도에 제동이 걸립니다. 하지만 이는 계정 신호가 강하면 초기 반응이 조금 약하더라도 테스트 기간이 더 길어진다는 반증이기도 합니다. 그러므로 **처음에는 업로드 패턴, 활동 빈도, 반응 안정성을 확보하여 계정 신호를 강하게 형성해야 초보자가 알고리즘을 타기에 매우 유리합니다.**

시청자의 반응을 측정하는 3가지 기준

계정이 신뢰를 확보하고 나면 '테스트 → 반응 분석 → 확장 노출' 단계를 거칩니다. 첫 테스트 기간에는 팔로워 일부와 관심사가 비슷한 소수 그룹에게만 영상이 노출되며, **완전 시청률과 저장, 공유, 댓글, 팔로우 전환율을 기준**으로 시청자 반응을 분석합니다. 이 항목들이 기준치보다 높게 나타난다면 사용자층을 더 확장해서 콘텐츠를 노출해 주는 것이죠.

- **완전 시청률:** 영상을 처음부터 끝까지 시청한 사람의 비율
- **상호작용률:** 좋아요, 댓글, 저장, 공유의 총합
- **팔로우 전환율:** 해당 릴스를 보고 계정을 팔로우한 비율

물론 첫 반응이 전부는 아닙니다. 콘텐츠가 첫 테스트에서 크게 주목받지 못해도 며칠 뒤 스토리에 다시 공유하거나 다른 타이밍에 재노출했을 때 반응이 좋아지는 경우가 있습니다. 이처럼 알고리즘은 한 번의 노출 기회를 넘어 여러 차례 테스트를 시도하기도 합니다.

물론 이 3가지 지표 외에도 앞서 언급한 계정의 신뢰도와 함께 주제 적합성도 알고리즘을 타는 데 큰 영향을 줍니다. 가장 먼저 신뢰할 만한 계정을 만드는 방법부터 살펴보겠습니다.

릴스를 막 시작한 상황이라면 영상의 완성도를 신경 쓰기에 앞서 알고리즘에게 내 계정은 장기로 활동할 거라는 신뢰를 심어 줘야 합니다. 이 신뢰는 단기간에 만들어지지 않습니다. 업로드 → 반응 → 관계 → 분석으로 이어지는 일련의 과정을 한 달간 꾸준히 실행하며 패턴을 데이터로 남기는 것이 핵심입니다.

1주 차 존재감 심기 — 업로드 루틴 만들기

계정이 활발하게 활동하고 있다고 인식하도록 첫 신호를 보냅니다. 일정 주기마다 콘텐츠가 쌓이면 알고리즘을 탈 수 있는 기회를 더 자주 받습니다. 조회수보다 존재감이 우선이라는 걸 명심하세요.

> ❶ 피드를 하루에 1개 이상 꾸준히 업로드하기
> ❷ 프로필 사진, 소개, 하이라이트 등 초기 세팅하기
> ❸ 주제와 맞지 않는 오래된 콘텐츠는 숨기거나 삭제해서 방향성 명확히 잡기

2주 차 반응 만들기 — 주제 관련 활동 시작하기

인스타그램에서 활동하는 계정이라는 강력한 신호를 알고리즘에 보내는 단계입니다. 작은 반응이 쌓이면서 계정 활동 신호가 강화되고 관심사 기반으로 추천될 확률이 높아집니다.

> ❶ 피드를 하루에 1개씩 업로드하는 활동 유지하기
> ❷ 매일 10분씩 같은 주제를 다루는 콘텐츠 5개 이상에 좋아요와 저장, 댓글 남기기
> ❸ 유사한 콘텐츠에 꾸준히 반응하며 '관심사에 기반한 추천'에 노출될 확률 높이기

3주 차 관계 확장하기 — 팔로워 네트워크 만들기

팔로워와 소통하면서 계정의 성장 속도를 높이는 단계입니다. 불특정 다수가 내 계정으로 자연스럽게 유입하도록 하여 네트워크를 확장하고 알고리즘의 추천 범위를 넓힐 수 있습니다.

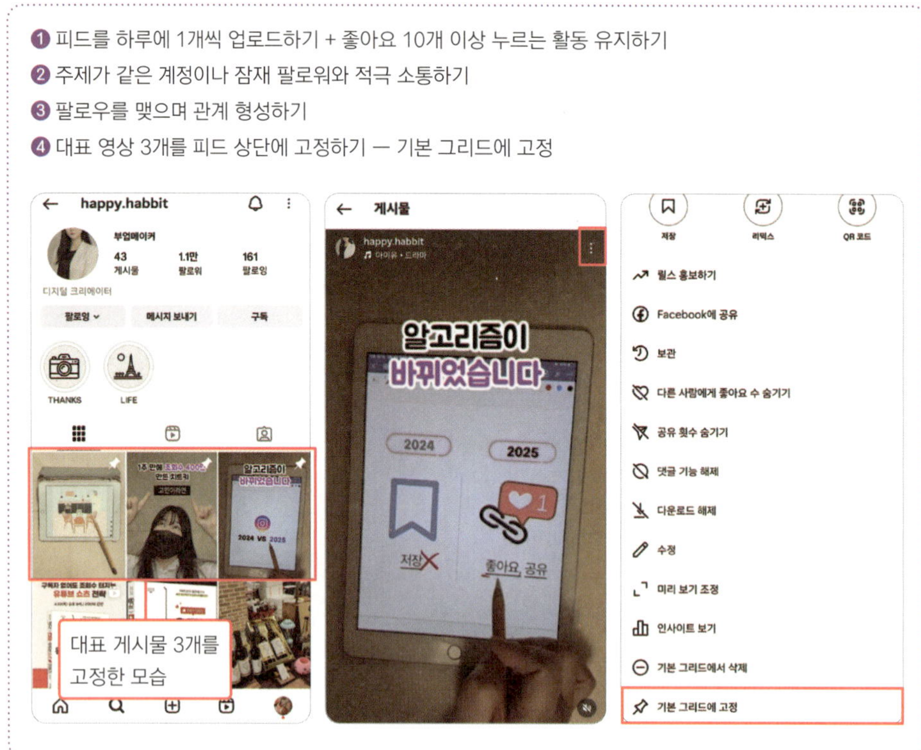

루틴 고도화하기 — 패턴 유지하며 분석하기

활동 패턴을 일관되게 유지하고 데이터를 분석해서 장기적으로 성장할 수 있는 기반을 만듭니다. 안정적으로 쌓인 데이터는 향후 타깃을 확장하고 수익화 전략을 펼치는 데 핵심 자료가 됩니다.

업로드, 반응, 네트워크 활동 모두 유지하기
반응이 좋은 콘텐츠의 유형과 시간 분석하기
분석 결과에 따라 상위 노출 및 수익화 전략 실행하기

이 4주 차 최적화 과정을 마치면 알고리즘이 신뢰할 수 있는 계정으로 설정됩니다. 그러면 평범한 내 영상도 추천 노출되는 기회가 자연스럽게 늘어나고, 이는 인플루언서로 첫발을 내딛을 수 있는 디딤돌이 됩니다.

인스타그램의 목표는 단순합니다. 사용자가 앱에서 더 오래 머물게 만드는 겁니다. 기존에 주요 콘텐츠였던 사진 피드보다 릴스가 주목받는 이유는 짧고 몰입도 높은 영상이 사용자의 체류 시간을 크게 늘리기 때문입니다. 따라서 알고리즘이 가장 선호하는 콘텐츠 역시 끝까지 시청하게 한 후 저장, 공유, 팔로우 등 행동을 이끌어 내는 영상이라고 볼 수 있습니다.

릴스 알고리즘이 작동하는 활동을 순서대로 정리하면 다음과 같습니다. 항목마다 체크 표시해 가며 계정 관리를 잘 이행하고 있는지 스스로 점검해 보세요.

실행 내용	설명	체크(V)
업로드 루틴 고정하기	매주 정해진 요일과 시간에 업로드하는 패턴을 유지합니다. ⑩ 화·목·토 오후 7시	
첫 1시간 반응 관리하기	릴스 영상을 업로드한 직후 30분 동안 댓글, DM, 좋아요에 즉각 반응합니다.	
같은 주제 영상에 반응하기	매일 10분 동안 내 주제와 동일한 릴스 5개 이상에 좋아요, 저장, 댓글을 남깁니다.	
섬네일과 영상 첫 3초 점검하기	손을 멈추게 하는 섬네일과 강렬한 초반 3초 오프닝을 구성합니다.	
재노출할 기회 만들기	반응이 좋은 릴스는 2~3일 후 스토리와 피드로 재공유합니다.	

💜 이 양식은 이지스퍼블리싱 홈페이지의 [자료실]에서 내려받을 수 있습니다.

여느 마당의 정원도 오늘 심은 씨앗이 당장 꽃을 피우지 않습니다. 그러나 하루하루 정성을 쌓다 보면 풍성한 정원으로 가꿀 수 있습니다.

릴스도 마찬가지입니다. 지금 올린 영상이 당장 터지지 않더라도 그 영상은 계속 새로운 시청자와 만날 기회를 기다리고 있습니다. 이 게임에서 오래 살아남으려면 한 번의 행운을 맞이하는 것으로 끝나는 게 아니라 꾸준함으로 기회를 만들어 가야 합니다.

핵심 콕콕 퀴즈

❶ (   )은/는 어떤 콘텐츠를 누구에게 언제 얼마나 오랫동안 보여 줄지 결정하는 것을 일컫습니다.

❷ 완성도가 부족한 영상은 아무리 최적화 기간에 올린다고 해도 알고리즘을 타기 어렵다. (O / X)

정답 ❶ 알고리즘 ❷ X(최적화 기간에 몰릴수록 타기 쉽다)

행동하게 만드는 원천!
전환율을 높이는 키워드 전략

검색되어야 발견된다! – 키워드와 해시태그

아무리 좋은 콘텐츠라도 발견되지 않으면 시청자는 '좋아요'도 '저장'도 누르지 못합니다. 영상을 올릴 땐 **사람들이 나를 직접 찾아오게 만드는 키워드**를 사용하는 것이 중요합니다. 키워드는 사전적인 의미로 '데이터를 검색할 때 특정한 내용이 들어 있는 정보를 찾기 위해 사용하는 단어나 기호'를 말하는데요. 좀 더 쉽게 말하면, 키워드는 '다이어트 식단', '브랜딩 전략'처럼 관련된 내용을 찾고 싶어서 검색 창에 직접 입력하는 핵심 단어입니다.

인스타그램에서는 '해시태그'라는 단어를 많이 쓰던데,
해시태그와 키워드는 어떤 차이가 있나요?

키워드가 검색할 때 입력하는 개념이라면 **해시태그**는 인스타그램 내부에서 콘텐츠를 분류하고 탐색할 수 있도록 하는 표지판입니다. 예를 들어 사용자가 [#다이어트], [#브랜딩] 등 해시태그 부분을 탭하면 관련된 게시물이 모인 페이지로 이동합니다.

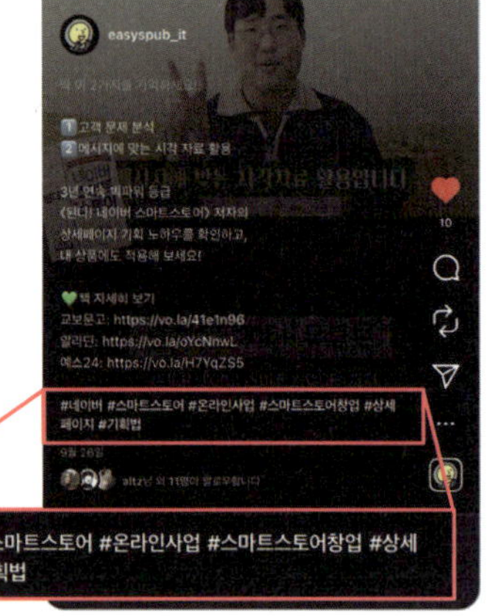

해시태그를 탭하면 검색
페이지로 넘어갑니다.

#네이버 #스마트스토어 #온라인사업 #스마트스토어창업 #상세
페이지 #기획법

해시태그와 키워드를 비교하면 다음과 같습니다.

구분	해시태그	키워드
설명	인스타그램에서 콘텐츠를 분류하고 탐색할 때 검색하는 단어	사람들이 찾는 소재를 정리한 단어
사용 방법	해시태그를 선택하면 관련 게시물이 모인 페이지로 이동합니다.	사람들이 검색 창에 직접 입력합니다.
예시	#다이어트, #브랜딩	다이어트 식단, 브랜딩 전략

인스타그램은 키워드와 해시태그를 같은 개념으로 인식하므로 # 기호를 붙이거나 뺐을 때 노출 결과가 거의 동일합니다. 키워드를 입력할 때 앞에 # 기호를 붙여도 상관없다는 뜻입니다. 지금까지 해시태그와 키워드의 개념과 차이를 알아보았으니, 이제 사람들이 진짜 사용하는 키워드는 무엇인지 살펴보겠습니다.

행동을 이끄는 언어, 전환형 키워드

요즘에는 당장 해결해야 할 문제가 있을 때 대부분 인터넷에서 '검색'을 합니다. 문제의 해결책이 담긴 콘텐츠를 찾으면 사람들은 시청 유지, 구독, 댓글, 저장 등을 행동으로 옮기는데, 이런 행위가 이어지는 순간을 '전환'이라고 합니다. 다시 말해 키워드를 통해 콘텐츠를 접하는 사람들은 처음부터 목적이 있어서 검색했기 때문에 전환율이 높은 편이며, 이때 사용하는 키워드를 전환형 키워드라고 합니다.

다음 키워드 가운데 가장 높은 전환을 이끌어 내는 것은 무엇일까요?

> 맛집 서울역맛집 브런치 파스타맛집 카페추천

보통 '맛집', '브런치'처럼 범위가 넓은 단어를 사용할 때 많은 사람을 이끌어 낼 것이라고 생각합니다. 하지만 실제로는 '서울역맛집'처럼 목적과 상황이 분명한 키워드일 때 전환을 일으킵니다. '맛집'은 가볍게 참고할 목적으로 검색하는 키워드인 데 반해 '서울역맛집'을 검색하는 사람은 당장 약속이 있거나 이동할 장소를 급하게 정해야 할 가능성이 매우 높거든요. 결국 구체적인 니즈를 해결해 주는 키워드가 훨씬 더 선택받을 확률이 높고 결과적으로 전환율도 높게 형성됩니다. 따라서 **영상에 반응하도록 유도하는 전환형 키워드를 영상의 주제이자 제목으로 선택**하는 것이 무엇보다 중요합니다.

그렇다면 전환형 키워드는 어떻게 구상할 수 있을까요? 다음 5가지 유형은 팔로워와 저장 수가 폭발적으로 증가하고 높은 시청 유지율을 만들어 내는 전형적인 전환형 키워드의 핵심 구조입니다.

유형1 카테고리 확장형 — 관심사를 수평으로 넓히기

취미나 관심사는 단독 콘텐츠로만 끝내기엔 아쉽습니다. 기본 키워드가 '다이어트'라면 '식단', '운동', '스트레칭', '수면 루틴'까지 연결할 수 있고, '사진'이라면 '카메라', '구도', '보정', '감성 장소'로까지 영역을 확장할 수 있습니다. 이 흐름에 맞춰 키워드를 늘려 나가면 내 콘텐츠가 더 많은 사람에게 닿을 수 있고 계정 체류 시간도 훨씬 길어집니다.

'다이어트'에서 키워드를 확장한 경우

'사진'에서 키워드를 확장한 경우

유형2 문제 해결형 — 필요한 순간에 찾기

이 유형은 전환형 키워드 가운데 가장 강력합니다. 해결 방법을 검색한다는 건 이미 절반은 준비되어 있다는 뜻이거든요. 이런 키워드를 검색하는 사람들은 지금 당장 문제를 끝내야 하는 상황이므로 이 키워드로 유입한 경우 '시청 → 저장 → 재방문 → 팔로우' 순서로 전환이 빠르게 이루어집니다.

> ⑩ #팔뚝살빼는법 #급찐급빠 #붓기빼는법

♥ 표준 규범은 '부기'이지만 사람들이 많이 사용하는 '붓기'를 태그에 넣어야 검색에 잘 걸립니다. 이처럼 잘못된 표현이라도 사람들이 검색할 만한 키워드를 이용하는 것이 좋습니다.

#급찐급빠를 검색한 화면

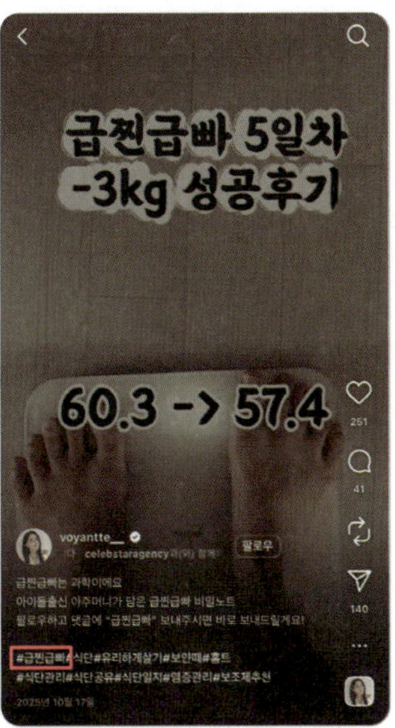

해시태그로 #급찐급빠를 사용한 릴스(출처: @voyantte__)

유형3 행동 유도형 — 지역과 목적 결합하기

앞서 예로 든 '서울역 맛집'은 '맛집'이라는 목적과 함께 특정 장소를 밝힌 키워드예요. 이 키워드를 검색한다는 건 이미 이동 동선이 정해져 있어서 찾은 가게로 바로 이동할 가능성이 큽니다. 다시 말해 이는 일반적으로 콘텐츠를 진지하게 보고, 저장하고, 공유하는 등 전환형 액션을 취할 확률이 매우 높은 유형입니다.

> ⑩ #서울역감성카페 #강남브런치맛집

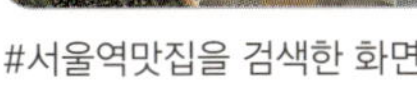

#서울역맛집을 검색한 화면

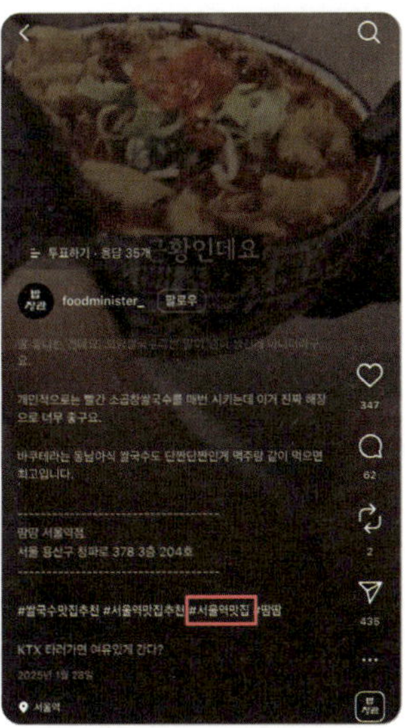

해시태그로 #서울역맛집을 사용한 릴스(출처: @foodminister_)

숫자를 보면 대개 '내가 하면 어떨까?' 하고 구체적으로 비교하고 상상하게 됩니다. 상상을 행동으로 이어 가려고 마음먹을 때 콘텐츠에 대한 몰입도가 폭발적으로 올라가면서 시청자가 자신의 계정에 저장할 확률이 높아집니다.

예 #일주일반찬 #5분요리 #5분운동

#일주일반찬을 검색한 화면

캡션에 '일주일반찬'을 넣은 릴스(출처: @nari_table_)

유형 5 타깃 특화형 — 시청자 공감대 형성하기

영상을 휙휙 넘기던 사람도 자신과 관련된 내용을 발견하는 순간 손이 저절로 멈춥니다. '자취생', '직장인', '초보자'와 같은 키워드는 시청자에게 '이거 나에게 필요한 내용이네' 하는 공감대를 자극하기 때문이에요. 이처럼 타깃이 분명한 키워드는 저장, 재방문, 팔로우로 이어지는 전환율이 매우 높은 편입니다.

예 #자취생요리 #직장인점심메뉴 #사진초보팁

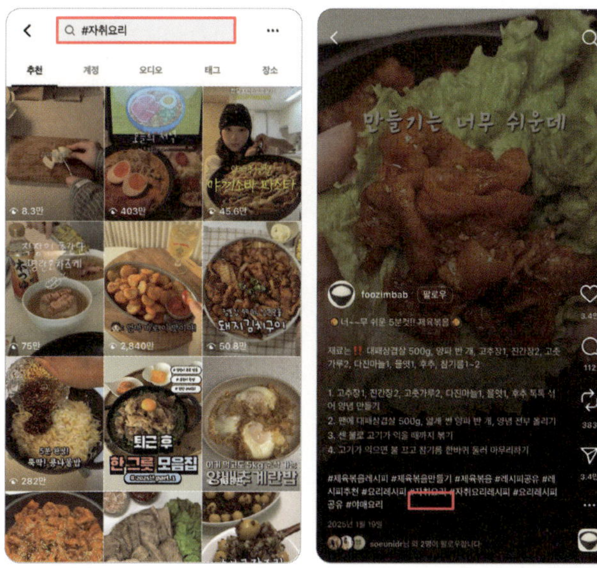

#자취요리를 검색한 화면	해시태그로 #자취요리를 사용한 릴스(출처: @foozimbab)

내 콘텐츠에 적합한 전환형 키워드 설계하기

지금까지 배운 내용을 참고하여 내 콘텐츠가 노출되고 반응을 얻을 수 있는 키워드를 설계해 보겠습니다. 아무 단어나 떠오르는 대로 적는 게 아니라, 내 타깃이 어떤 상황에서 어떤 단어를 검색할지 상상하며 적어 보세요.

1단계 큰 주제 적기

우선 내 계정에서 다루는 전체 주제를 하나로 정의합니다. 내 콘텐츠가 가장 많이 다루는 큰 영역을 한 단어로 적으면 됩니다.

> 예 다이어트, 홈트레이닝, 요리, 자취요리 등

2단계 전환형 키워드 만들기

앞에서 살펴본 전환형 키워드의 구조 유형 5가지를 유념하며 내 타깃이 검색할 법한 키워드를 선정합니다. 정리된 단어를 쓰는 게 아니라 사람들이 정말 필요해서 검색하는 말을 떠올리는 게 중요합니다.

카테고리 확장형	(예) 다이어트 → 필라테스, 요가, 다이어트, 운동
문제 해결형	(예) 다이어트 → 급진급빠, 살빠지는법
행동 유도형 (지역 + 목적)	(예) 감성카페 → 서울역감성카페
목표형 (숫자 + 기간 + 결과)	(예) 다이어트 → 1주일3키로감량
타깃 특화형	(예) 요리 → 자취방요리

이 2단계만 순서대로 따라 해보면 내 계정에 어울리는 전환형 키워드를 쉽게 추출할 수 있습니다. 영상 주제에 따라 적합한 키워드를 해시태그로도 활용해 보길 바랍니다. 이어서 내가 올린 콘텐츠가 반응을 잘 얻고 있는지 분석하는 방법을 살펴보겠습니다.

핵심 콕콕 퀴즈

❶ (　　　　)은/는 인스타그램 내부에서 콘텐츠를 분류하고 탐색할 수 있도록 돕는 표지판이고, (　　　　)은/는 사람들이 검색할 때 사용하는 단어를 말합니다.

❷ 전환형 키워드는 목적이 분명한 사람들이 검색하기 때문에 영상 속 내용을 즉시 행동에 옮기는 경우가 많다. (O / X)

정답 ❶ 해시태그, 키워드 ❷ O

인사이트 분석으로
채널 방향성 잡기

인사이트를 분석해야 하는 이유

인스타그램의 **인사이트**는 내 계정의 성과를 데이터로 분석해 주는 공식 도구입니다. 인사이트에서는 '좋아요'의 개수 외에도 내 콘텐츠가 어떻게 소비되고 있고, 누가 보고 있는지, 어떤 시간대에 활발한지를 세부적으로 파악할 수 있습니다.

인사이트는 **크리에이터 계정이나 프로페셔널 계정**에만 제공됩니다. 전환하기 전의 데이터는 기록되지 않으므로 계정을 만들고 바로 전환해 두길 바랍니다. 이렇게 해야 향후 콘텐츠 성과를 정확히 추적할 수 있을뿐더러 어떤 영상이 반응을 얻었고 계정 방향성이 올바르게 잡혔는지 판단하는 데 필요한 기초 데이터가 쌓이기 때문입니다. 숫자는 감정보다 정직하고 데이터는 성장할 수 있는 방향을 가장 명확하게 보여 주므로 인사이트 데이터를 적극 활용하길 권장합니다.

♥ 일반 계정에서 프로페셔널 계정으로 전환하는 방법은 01-2절에서 다뤘습니다.

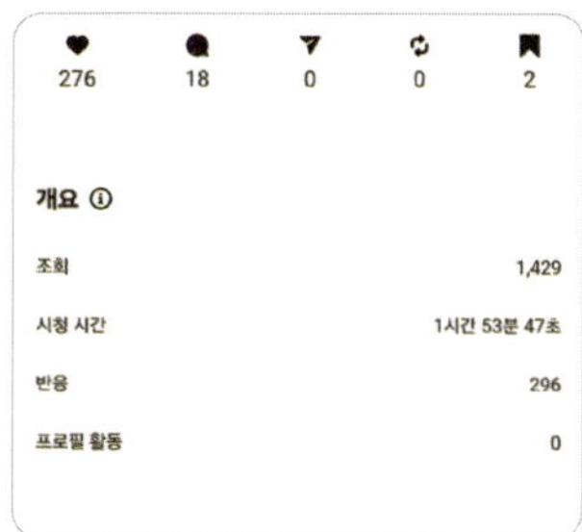

계정을 분석한 데이터를 볼 수 있는 인사이트 화면

인사이트는 크게 2가지로 나뉩니다. 내 계정 콘텐츠의 성과를 한눈에 확인하는 **전체 콘텐츠 인사이트**와 게시물을 각각 분석할 수 있는 **개별 콘텐츠 인사이트**입니다. 두 인사이트를 해석하는 방법과 이 데이터를 콘텐츠 전략에 적용하는 방법을 자세히 살펴보겠습니다.

전체 콘텐츠 인사이트

인스타그램 앱에서 **[설정 및 활동 ☰ → 인사이트]**를 탭하면 인사이트 데이터를 볼 수 있는 화면이 나타납니다. 이 화면에서는 조회수와 반응, 새 팔로워, 내가 공유한 콘텐츠, 그리고 광고 인사이트까지 확인할 수 있습니다.

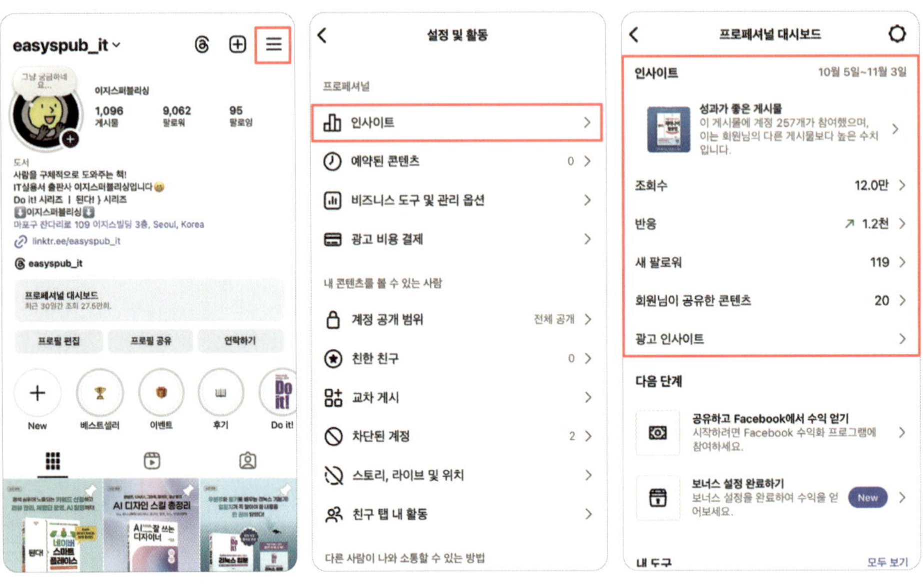

전체 콘텐츠 분석 데이터를 확인할 수 있는 화면

개별 콘텐츠 인사이트

한편 개별 콘텐츠 인사이트는 내 계정에서 분석하고 싶은 영상을 선택한 뒤 **[인사이트 보기]**를 탭하면 확인할 수 있습니다. 이 화면에서는 조회수, 좋아요, 댓글, 공유, 저장 같은 기본 지표와 함께 시청 시간, 그리고 이 콘텐츠를 통해 계정으로 유입된 데이터도 확인할 수 있습니다.

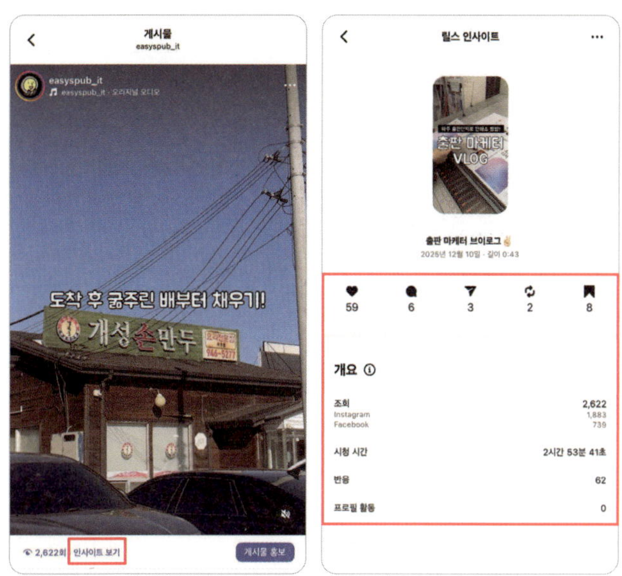

게시물 개별 인사이트를 확인할 수 있는 화면

인사이트에서 발견할 수 있는 항목을 어떻게 활용해야 내 계정이 성장하고 릴스 영상의 조회수도 드높일 수 있을까요? 이어서 인사이트를 똑똑하게 활용하는 방법을 자세히 살펴보겠습니다.

계정의 성장 방향을 잡는 인사이트 분석 방법 5가지

인사이트 분석은 "조회수가 올랐다!", "팔로워가 늘었다!"처럼 단순히 숫자의 등락을 확인하는 행위가 아니라, 계정이 어떤 방향으로 나아가야 할지를 결정하는 전략 책입니다. 특히 조회수, 반응, 팔로워 구성, 행동 유도 지표를 통합해서 살펴보면 성장 동력이 되는 콘텐츠 스타일을 객관적으로 파악할 수 있습니다.

방법 1 조회수 인사이트로 신규 유입 여부 판단하기

[조회수]에서는 영상이 팔로워와 비팔로워에게 도달한 횟수를 확인할 수 있습니다. 만약 조회수 대부분이 기존 팔로워에서 발생하고 있다면 새로운 시청자를 확보하기 위해 **콘텐츠 유형을 바꾸거나 호기심을 자극하는 주제를 시도**하는 전략을 펼쳐야 합니다.

 반응 인사이트로 행동 유도 분석하기

좋아요, 댓글, 저장, 공유 등을 총괄하는 [반응] 지표는 시청자가 영상에 얼마나 적극적으로 반응했는지를 보여 줍니다. 조회수에 비해 반응 지표가 현저히 낮다면 **콘텐츠 말미나 캡션에 행동을 유도하는 문구**를 더해 시청자가 움직이도록 유도해야 합니다. 반대로 반응률이 높다면 현재 콘텐츠가 시청자를 충분히 설득하고 있다는 뜻이므로 같은 패턴의 콘텐츠를 더 강화하면 됩니다.

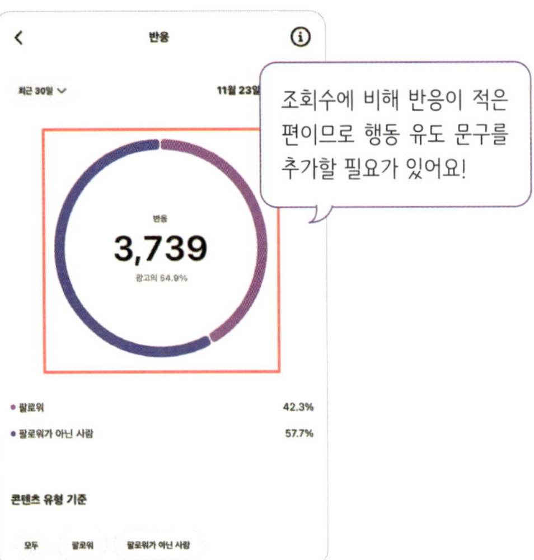

 팔로워 인사이트로 핵심 타깃 정의하기

[팔로워]에서 꼭 확인해야 할 지표는 '새 팔로워'입니다. **새로 유입된 팔로워의 국가, 도시, 성별, 연령, 활동 시간대를 확인**하면 내 계정의 핵심 타깃이 명확해집니다. 신규 팔로워가 관심 있어 할 주제를 파악하는 데 활용할 수 있습니다.

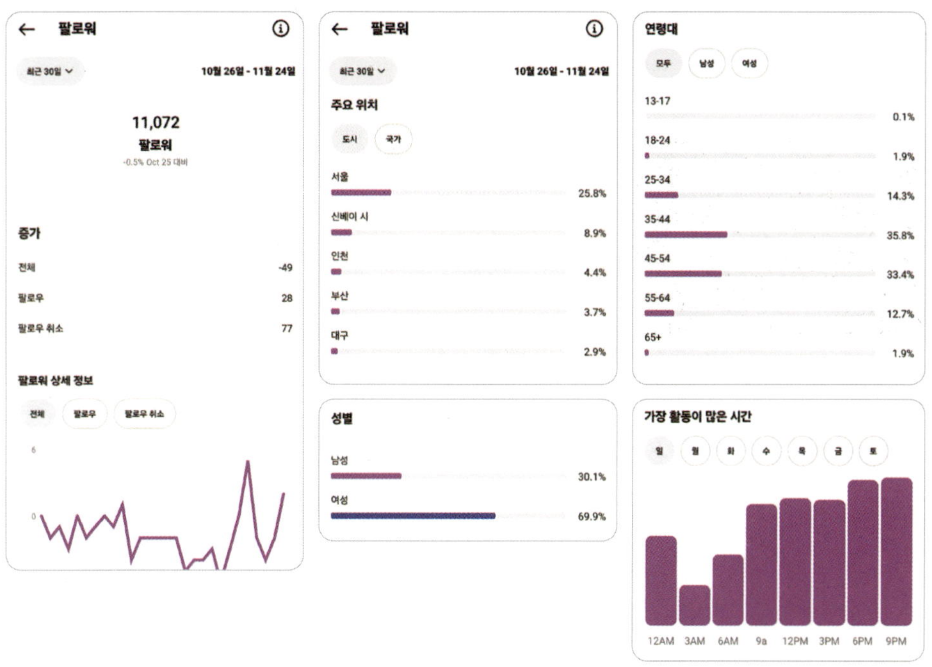

 개별 콘텐츠 인사이트로 영상의 강약점 분석하기

특정 콘텐츠의 조회수, 시청 시간, 첫 3초 유지율, 반응 데이터를 분석하면 해당 영상이 어떤 이유로 잘 됐는지 아니면 부진했는지를 이해할 수 있습니다. 특히 첫 3초 유지율이 낮다면 이탈률이 높다는 뜻이므로 오프닝 카피를 강화하고, 반응이 낮다면 행동 유도 문구를 보완해야 합니다.

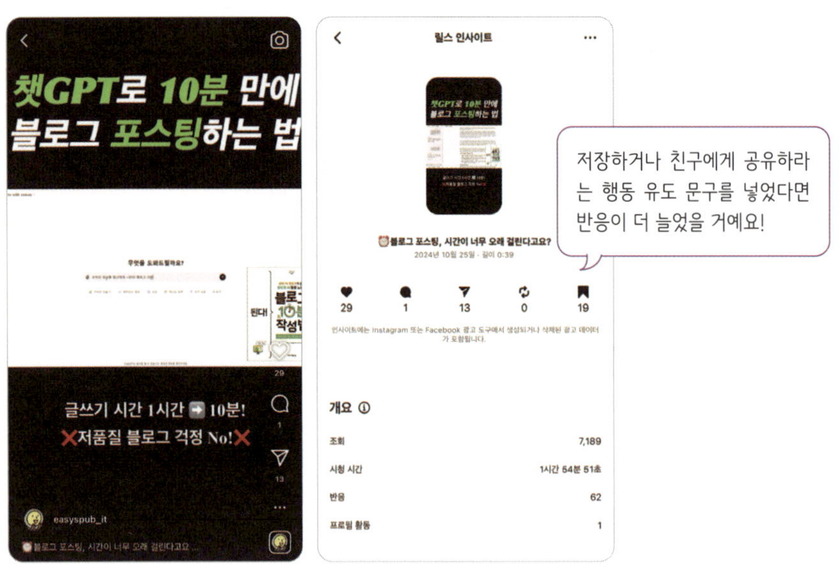

조회수와 비교해서 반응이 낮은 릴스 예시

방법 5 데이터를 기반으로 행동 방향 설정하기

모든 데이터에 기반해서 앞으로 시청자에게 어떤 행동을 유도할지 방향성을 잡습니다. 프로필 링크로 이동하라고 유도하거나 팔로우, 저장, 공유 수를 높이는 방식으로 권유하는 멘트를 넣어 보세요. **시청자의 효익을 언급하며 댓글을 참여하도록 유도**하는 것도 좋은 방법입니다.

이렇게 인사이트에서 제공하는 데이터를 바탕으로 방향을 잡으면 시행착오를 줄이고 성장 속도를 빠르게 끌어올릴 수 있습니다. 이제 감이 아니라 데이터를 근거로 여러분의 채널을 성장하는 방향으로 밀어붙여 보세요.

핵심 콕콕 퀴즈

1 (   )에서는 내 계정의 성과를 데이터로 분석한 결과를 확인할 수 있다.

2 영상의 조회수나 계정의 팔로워 수가 오르면 반응이 좋다는 것이므로 인사이트를 분석할 땐 수치의 등락에 중점을 둬야 한다. (O / X)

정답 1 인사이트 2 X(조회수, 반응, 팔로워 수의 등락 폭을 지표를 통해서 종합적으로 분석해야 한다)

팔로워를 찐팬으로!
커뮤니티의 힘

소셜 미디어 운영자라면 수치가 가장 먼저 보이겠지만 실제로 사랑받는 계정이 되려면 팔로워와 맺는 관계에 중점을 둬야 합니다. 물론 팔로워 수가 많다고 해서 커뮤니티가 만들어지는 건 아닙니다. 다시 찾고 싶은 계정이 되려면 운영자와 팔로워 사이의 온도, 대화 흐름, 서로 주고받는 가치가 필요해요.

05장에서는 계정 운영자와 팔로워의 관계를 점검하고 더 깊은 관계를 만드는 비결을 공개합니다. 양질의 콘텐츠를 공유하는 차원을 넘어 사람이 모이고 다시 찾아오는 계정을 형성해 보겠습니다.

팔로워와 나의 관계 온도 측정하기

내 계정은 식었을까? 뜨거울까?

여느 플랫폼과 달리 릴스 계정을 운영할 때는 터지는 영상 하나로 유입된 수많은 팔로워보다 **관계가 끈끈한 팔로워 한 사람이 훨씬 더 중요합니다.** 종종 팔로워 수가 인기의 척도라고 판단하지만, 사실 인스타그램에서 진짜 강력한 계정은 팔로워와 끈끈한 관계를 맺고 있는 계정입니다. 예를 들어 팔로워가 1,000명이어도 300명이 반응하는 계정은 10,000명 가운데 100명이 반응하는 계정보다 영향력이 훨씬 큽니다. 브랜드에서 협업 제안을 할 때에도 이렇게 영향력이 큰 계정을 선호하는 편이죠.

그렇다면 지금 내 계정은 어떤 상태일까요? 다음 5가지 항목에 체크 표시하며 팔로워와 관계 온도를 잘 높이고 있는지 점검해 보겠습니다.

항목	체크(V)
최근 일주일 사이에 팔로워의 댓글이나 DM에 답장한 적이 있다.	
릴스 외에 피드나 스토리에서도 내 일상을 나눈 적이 있다.	
자주 보이는 팔로워 계정을 3명 이상 기억하고 있다.	
스토리에서 투표, 질문 등 반응 스티커를 활용한 적이 있다.	
팔로워 1명 이상과 DM이나 댓글을 주고받으며 정보나 감정을 교류한 적이 있다.	

4개 이상 체크 표시했다면 여러분과 팔로워 사이에는 말없이도 반갑게 눈인사를 나눌 수 있을 만큼 따뜻한 온기가 흐르고 있습니다. 반면 2개 이하라면 살짝 식어 버린 관계를 다시 데워야 할 때입니다. 이어서 팔로워의 두 유형을 살펴보고 어떤 방식으로 다가가야 더 깊은 관계를 형성할 수 있는지 알아보겠습니다.

관계의 온도를 높이는 소통 방식

팔로워는 차가운 팔로워와 따뜻한 팔로워로 구분됩니다. **따뜻한 팔로워**는 차가운 팔로워와 달리 여러분의 계정과 감정적으로 연결되어 내 이야기를 꾸준히 궁금해합니다. 그들은 내 인기 릴스를 단 한 번만 시청하는 사용자보다 훨씬 오랫동안 관계를 지속하고 싶어 하고 계정을 향한 충성도도 높은 편입니다. 그래서 따뜻한 팔로워가 많은 계정은 브랜드로 확장할 가능성이 매우 큽니다.

구분	따뜻한 팔로워	차가운 팔로워
콘텐츠 반응	'좋아요', '댓글', '저장'까지 자주 반응	'좋아요'도 드문 편
스토리 반응	투표, 질문, 이모지 반응 활발	거의 없음
DM 소통	먼저 질문하거나 대화 지속	없거나 단답형
닉네임 인지	익숙한 계정, 자주 대화	낯선 계정, 일시 방문
공유/저장	저장하거나 공유해서 타인에게 전달	콘텐츠를 스쳐 지나감
계정 인식	사람과 연결된 공간으로 인식	정보를 소비하는 공간
전환 가능성	높음 — 감정적 신뢰 형성	낮음 — 신뢰 형성 전
브랜드 영향력	작지만 깊이 있는 팬층 형성	팔로워 수만 높은 유령 계정

따뜻한 팔로워를 늘리려면 누군가의 관심에 진심으로 다가가야 합니다. 콘텐츠는 일방향으로 전달되지만 **관계는 반응이 되돌아오면서 형성**됩니다. 팔로워가 '좋아요', '댓글' 등 반응을 남겼다면 반드시 그에 해당하는 반응을 보내 줘야 합니다. 이 책을 읽고 있는 지금 여러분의 콘텐츠에 반응해 준 사람들에게 다시 응답하러 가세요. 상대가 총 팔로워 수의 1%이든 0.1%이든 상관없습니다. 댓글에는 댓글로, 리액션에는 이모지로, 질문에는 정성스러운 대답으로 갚아 주세요.

오늘부터 딱 3명에게만 댓글에 반응하고 스토리 리액션에 답하고 DM을 보내 보세요. 오늘의 3명이 내일은 10명이 되고 다음 달에는 100명이 될 거예요. 이 과정을 반복하다 보면 팔로워는 '아, 이 계정은 사람 냄새가 나네'라는 생각을 갖게 되고, 단순히 정보를 제공하는 공간이 아닌 사람과 연결되는 계정으로 진화합니다.

 하나하나 반응하기엔 에너지가 너무 많이 드는 것 같아요!

모든 사람이 적극적으로 소통하는 것을 즐기는 건 아닙니다. 누군가는 댓글 쓰는 행위 자체가 어색하고 DM에 답장하는 것만으로 에너지를 소진하기도 하죠. 또는 다른 업무로 바빠서 일일이 응답할 시간이 없을 수도 있죠. 그럴 때는 좋아요 1개, 공감 이모지 1개, 저장으로 응답하기 1개 등 이런 작은 반응으로 조금씩 온도를 높여도 좋습니다.

여력이 없지만 소통을 체계적으로 해나가고 싶다면 DM과 댓글을 자동으로 응답해 주는 도구를 활용하는 것도 좋은 방법입니다. 대표적으로 매니챗(Manychat) 같은 서비스를 활용하면 스토리 리액션을 받거나 댓글이 입력됐을 때 자동으로 DM을 보내거나, 키워드에 따라 자동 응답을 설정할 수도 있습니다.

💜 매니챗 서비스는 05-3절에서 자세히 다룹니다.

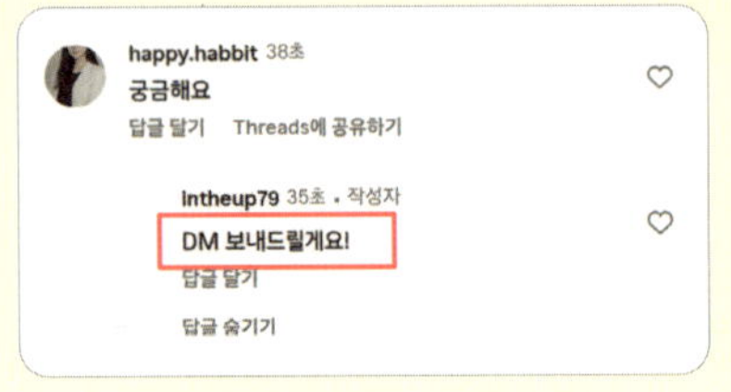

매니챗을 사용하여 댓글에 답글을 남긴 모습

팔로워가 점진적으로 소통하게 만드는 3단계 구조

인스타그램을 운영하다 보면 어느 순간 계정 몇 개가 익숙해질 것입니다. 이 계정들은 내 콘텐츠에 '좋아요'를 자주 누른다거나 가끔 댓글을 달거나 스토리에 이모지를 보내기도 하죠. 하지만 대부분 이 수준에서 관계를 더 발전시키지 않습니다.

이때 전략을 조금만 달리하면 이들은 '지켜보는 사람 → 드러내는 사람 → 함께 만드는 사람'으로 발전시킬 수 있어요. 팔로워가 소통에 참여하게 되는 3단계 구조를 살펴보겠습니다.

처음에 '좋아요'나 스토리 리액션, 간단한 투표에 참여하도록 유도하는 건 참여 장벽을 낮춰서 반응 습관을 만들기 위한 방법입니다. 연이어 팔로워가 나를 대화할 수 있는 계정으로 인식할 수 있도록 댓글이나 DM 등을 남기게 만듭니다. 마지막 단계까지 온 팔로워는 콘텐츠에 친구를 멘션하거나 콘텐츠를 공유해서 내 브랜드를 공개적으로 응원하게 됩니다. 아이디어를 제공하는 그 이상까지도 도달하게 되죠.

이처럼 팔로워는 **가벼운 반응에서 시작해 대화를 나누고, 차후 공개적으로 지지하는** 단계로 나아갑니다. 따라서 우리는 팔로워에게 처음부터 깊이 소통할 것을 요구하는 것이 아니라 1단계부터 3단계까지 서서히 참여하는 정도를 넓히도록 설계해야 합니다. 그래야 팔로워가 소통하고 참여하는 데 부담감을 낮출 수 있거든요.

팔로워는 생각보다 참여하고 싶어 합니다. 하지만 참여할 이유와 방법이 보이지 않으면 '좋아요' 하나만 누르고 조용히 지나가 버립니다. **좋은 콘텐츠는 보기 좋을 뿐 아니라 참여하고 싶게 만드는 힘이 있어야 합니다.** 05-2절에서는 팔로워가 참여하고 싶게 하는 콘텐츠 설계법을 알아보겠습니다.

핵심 콕콕 퀴즈

1 팔로워가 1,000명이고 300명이 반응하는 계정보다 팔로워가 10,000명일 때 100명이 반응하는 계정이 더 큰 영향력을 미친다. (O / X)

2 팔로워가 콘텐츠에 반응하는 데 부담을 느끼지 않도록 조금씩 유도해 가며 참여도를 늘려야 한다. (O / X)

정답 1 X (팔로워 수보다 소통하며 반응하게 하는 것이 더 중요하다) 2 O

팔로워의 참여를 유도하는 콘텐츠 설계법

팔로워가 맘 편히 참여할 수 있도록 유도하는 콘텐츠를 설계해 보겠습니다. 여기서 소개하는 몇 가지 방법만 알아도 팔로워의 참여도를 크게 높일 수 있습니다.

공개된 응원 팔로워 만들기

먼저 공개된 응원 팔로워를 만드는 전략을 소개합니다. **응원은 비공개된 상태일 때보다 공개할 때 공감과 동요를 일으켜 힘을 발휘**하거든요. 사실 '좋아요'만 누르고 지나치는 팔로워도 내 콘텐츠에 공감하고 응원하고 싶은 마음은 있습니다. 하지만 마음과 행동 사이에는 항상 계기와 분위기가 필요합니다. '굳이 내가 먼저 댓글을 달아야 하나?', '남들이 보면 이상해 보일까?', '나만 너무 진지한 거 아냐?' 등 사소한 생각이 사람들을 머뭇거리게 만들기 때문이죠.

그래서 우리는 팔로워가 자연스럽게 반응할 수 있도록 구조를 먼저 만들어 줘야 합니다. 그 구조는 다음 3가지 전략으로 형성할 수 있습니다.

- 콘텐츠 말미에 질문 추가하기
- 공유와 태그 유도하기
- 댓글에 반응하거나 고정하기

팔로워와 적극 소통하는 계정을 살펴보면 이 3가지를 공통으로 하고 있는 것을 알 수 있습니다. 구체적인 실행 방법을 예시와 함께 살펴보겠습니다.

 콘텐츠 말미에 질문 추가하기

콘텐츠 말미에 질문을 남겨 댓글을 유도하는 전략입니다. **댓글 달기에 참여하는 분위기를 형성**해서 자연스럽게 댓글 수를 늘릴 수 있습니다. '댓글로 '환급' 적어 주시면 신청 링크 DM으로 1초 만에 슝 보내 드릴게요!'와 같이 영상 끝이나 본문에 언급해 두면 팔로워는 '환급'이라고 댓글을 자연스럽게 달게 됩니다.

출처: @life.traveler.jayna

이렇게 하나둘 달린 댓글은 다른 시청자까지 덩달아 댓글을 남기고 계정을 팔로우하는 계기로 작용합니다. 이게 바로 공개된 응원 팔로워를 만들었을 때 얻을 수 있는 궁극적인 효과입니다.

 공유와 태그 유도하기

인스타그램에서 반응할 수 있는 기능에는 '좋아요'와 '댓글' 외에도 '공유'와 '태그'가 있습니다. 'GPT 자주 쓰는 친구에게 꼭! 공유해 주세요'처럼 필요한 정보를 공유하게끔 유도하면 자연스럽게 공개적인 지지 흐름을 만들 수 있습니다.

출처: @soodal2_

전략 3 댓글에 반응하거나 고정하기

제품을 소개하는 영상에 팔로워가 '이거 강추! 딸 둘이라 각 방에 둔다고 싸워서 2대 샀잖아요'와 같이 지지 댓글을 달았을 때 해당 댓글을 고정해서 다른 팔로워의 구매 욕구를 자극하는 전략입니다. 이와 동시에 고정 댓글이 된 참여자의 자부심과 소속감을 높여서 진짜 팬으로 만들고 영상에서 소개하는 제품의 신뢰도도 높일 수 있습니다.

출처: @_hhyuna

이 3가지 전략을 반복하면 팔로워는 '나 혼자만 응원하는 게 아니구나' 하고 안정감을 느끼게 됩니다. 바로 그 순간이 커뮤니티를 형성하는 첫 단계입니다.

팔로워의 목소리를 콘텐츠에 담기

내 말이 콘텐츠가 되는 경험은 팬심을 극대화합니다. 팔로워 한 명이 '다음엔 OO도 다뤄 주세요!'라고 댓글을 남겼는데 정말 다음 콘텐츠에서 다룬다면 그 팔로워는 스쳐 지나가던 인연에서 진성 팬이 됩니다. '내 말이 콘텐츠에 반영됐어', '이 계정은 내 이야기를 들어주는 곳이야'로 이어지는 이 감정은 훨씬 깊은 연결 고리를 만들어 냅니다.

예를 들어 잠깐마뇽 님은 '언니 각 잡고 불러 주라'라는 댓글 요청에 응해서 노래를 불러 주는 영상을 올렸고, 보겸 님은 자신을 걱정하는 댓글에 영상으로 답하는 모습을 보였습니다. 또, 케넨의하루 님은 댓글에 자주 달리는 질문에 답하는 영상을 올려 팔로워와 소통하는 것을 볼 수 있습니다.

출처: @wait_nyong

출처: @bokyem123_

출처: @kennenblog

팔로워는 자신의 댓글을 반영한 콘텐츠를 본 순간부터 가벼운 시청자가 아니라 '내가 만든 콘텐츠'라는 생각이 들며 공동 창작자로서 주인의식을 갖습니다. 이는 참여와 애정을 폭발적으로 높이는 효과를 불러옵니다.

함께 만드는 콘텐츠 시리즈 기획하기

내 계정을 팔로워가 보는 공간에서 **팔로워가 키우는 공간**으로 바꿔 보세요. 팔로워는 오로지 콘텐츠를 소비하는 존재가 아닙니다. 기획에도 참여할 수 있고 유행을 만들고 유머를 던질 수도 있으니까요. 이를 전략적으로 풀어낸 것이 팔로워 참여형 콘텐츠 시리즈입니다.

유형 1 팔로워 '투표' 릴스

A와 B 가운데 하나를 고르는 영상 유형입니다. '긴머리? 중단발? 당신의 선택은?'이라는 질문으로 팔로워가 댓글을 쓰거나 투표에 참여하도록 유도합니다. 모인 결과를 다음 릴스 콘텐츠에 반영하면 팔로워는 자신의 의견도 들어 있다는 점에서 만족감을 느끼고 다음 영상에도 **참여하려는 마음이 고무되는** 경향이 있습니다.

출처: @my.o_

유형 2 팔로워 '아이디어' 릴스

팔로워가 남긴 아이디어를 그대로 콘텐츠로 제작합니다. 영상에서도 **팔로워가 아이디어를 제공해 줬다고 언급하며 콘텐츠를 함께 만드는 계정이라는 인식**을 심어 줍니다. 올리브 오일을 활용한 식단 일기가 주제인 @evilo_official 계정은 'OO 님이 알려 주신 차지키 소스에 구운 감자'라는 주제로 차지키 소스에 감자를 굽는 요리 콘텐츠를 만들었습니다. 한편 @chunsa0917 계정은 'OO 님이 알려 주신 감귤vs오렌지입니다'라고 팔로워를 직접 언급하며 감귤 주스와 오렌지 주스를 비교하는 콘텐츠를 올렸습니다.

출처: @evilo_official

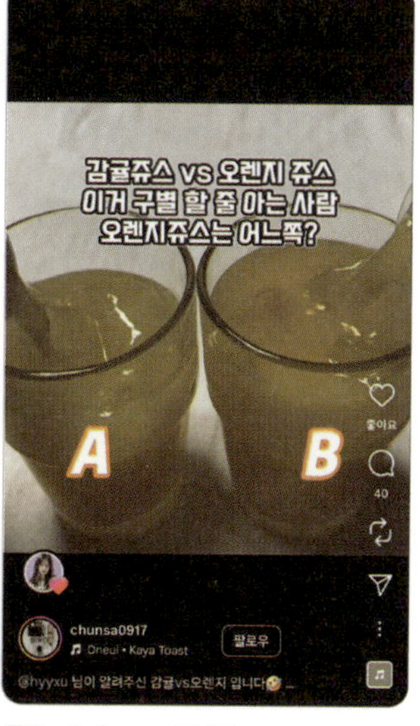

출처: @chunsa0917

팔로워 '댓글' 릴스

댓글로 달린 요청이나 궁금증을 구현해 보여 주는 시리즈 유형입니다. '과연 어떻게 될까?' 하는 호기심이 콘텐츠를 향한 몰입도를 높이고 예상치 못한 결과가 나왔을 때는 지인들에게 공유하려는 욕구까지 자극합니다.

하요 님은 '오늘은 댓글로 요청해 주신 젤리팟에 파데 섞기!!! 그 결과는..?'이라고 본문과 함께 관련 콘텐츠를 만들어 댓글을 단 **팔로워의 궁금증을 해소**해 주었습니다.

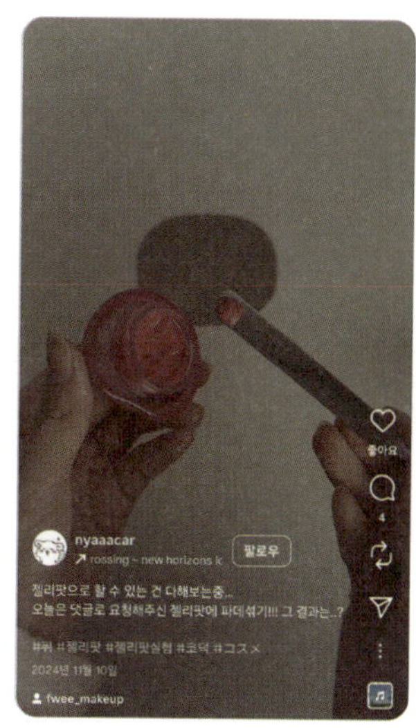

출처: @nyaaacar

그렇다면 내 콘텐츠는 팔로워가 참여하고 싶게 설계되어 있을까요? 다음 항목을 살펴보며 내 계정을 점검해 보길 바랍니다.

점검 항목	체크(V)
콘텐츠에 참여할 만한 포인트가 최소 1개 이상 있는가?	
팔로워의 참여 결과를 다음 콘텐츠에서 반영했는가?	
참여한 팔로워를 콘텐츠에 노출했는가?	
반복해서 참여할 수 있도록 시리즈화했는가?	

팔로워와 활발하게 소통하는 전략은 그들에게 함께하고 있다는 확신을 선사해 줍니다. 운영자와 관계가 깊어질수록 팔로워는 더 오래 머물고 더 자주 반응하며 스스로 나서서 콘텐츠를 퍼뜨리는 든든한 팬이 됩니다. 분명한 건, 이렇게 팔로워와 꾸준히 소통했을 때 팔로워를 영상 소비자에서 브랜드의 동반자로 만들 수 있다는 것이죠.

핵심 콕콕 퀴즈

1 팔로워의 응원은 (비공개 / 공개)된 상태에서 공감과 동요를 일으키는 경향이 있다.

2 팔로워는 자신의 댓글이 콘텐츠에 반영된 것을 보면 공동 창작자라는 주인 의식을 갖는다. (O / X)

정답 1 공개 2 O

자동 응답 시스템 만들기 – 매니챗

응답 자동화 서비스, 매니챗!

대개는 공감에 시선을 뺏기고 이득을 보면 기억이 더 오래갑니다. '이 계정을 팔로우하길 잘했다'라는 한마디를 이끌어 내려면 좋은 콘텐츠 그 이상으로 실제로 무언가를 얻어 가는 경험을 할 수 있도록 제공해야 합니다. 꿀팁, 무료 자료, 맞춤형 정보, 한정 혜택 등 팔로우할 만한 가치를 선물해야 계정을 팔로우해야겠다는 의지가 생기죠.

하지만 나에게 정보를 요청하는 사람들에게 일일이 정보를 전달하기엔 시간이 많이 들겠죠? 이럴 때 단순 반복 작업을 자동화하는 플랫폼으로 매니챗Manychat을 소개합니다. 매니챗을 활성화해 두면 시청자가 댓글을 달거나 DM에 특정 키워드를 입력하거나 스토리에 반응했을 때 미리 설정한 메시지, 자료, 링크 등을 자동으로 보낼 수 있습니다.

Manychat

매니챗 로고

기능	설명
댓글 자동 응답	릴스, 피드, 라이브 등 게시물에 댓글이 달리면 자동으로 응답을 보냅니다.
DM 자동 응답	댓글, DM, 스토리 반응 트리거에 따라 자동으로 DM을 전송합니다.
빠른 자동화	댓글이나 스토리 반응에 따라 자동 메시지와 링크를 제공합니다.
시퀀스 메시지	팔로워에게 메시지를 여러 통 보낼 때 시간차를 두고 자동으로 발송합니다.

인스타그램에서 시청자가 댓글을 달 때 매니챗은 보통 다음 순서로 작동합니다.

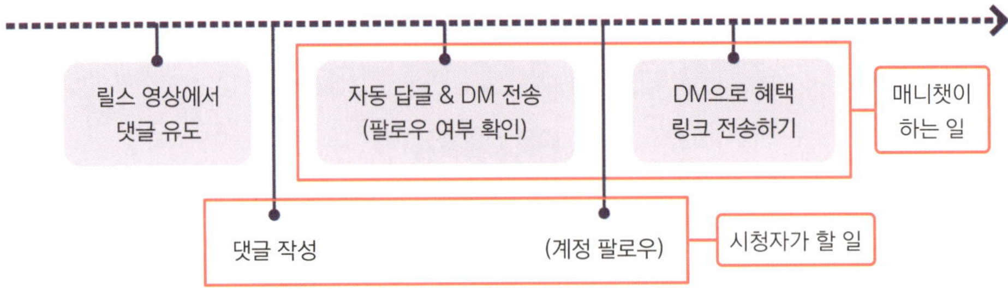

앞서 여러 차례 언급한 것처럼 릴스 말미 또는 본문에 키워드 댓글을 유도하는 문장을 넣어서 시청자가 댓글을 달도록 설계합니다. 만약 시청자가 지정된 키워드로 댓글을 남기면 매니챗이 자동으로 해당 댓글에 답글을 남기고 DM을 전송합니다. 이때 팔로워에게만 자료를 제공한다고 설명하면서 팔로워 여부를 확인한 뒤 PDF 자료, 노션 링크 등 약속된 혜택 링크를 보내 줍니다.

다음은 아인프로 님이 인스타그램에서 매니챗을 활용하는 방법입니다. 실제 계정에서 어떻게 자동화를 적용하는지 살펴보세요. 이렇게 한 번만 설정해 두면 매니챗 하나로 댓글, DM, 팔로우 확인, 혜택 발송까지 전 과정을 자동화할 수 있습니다.

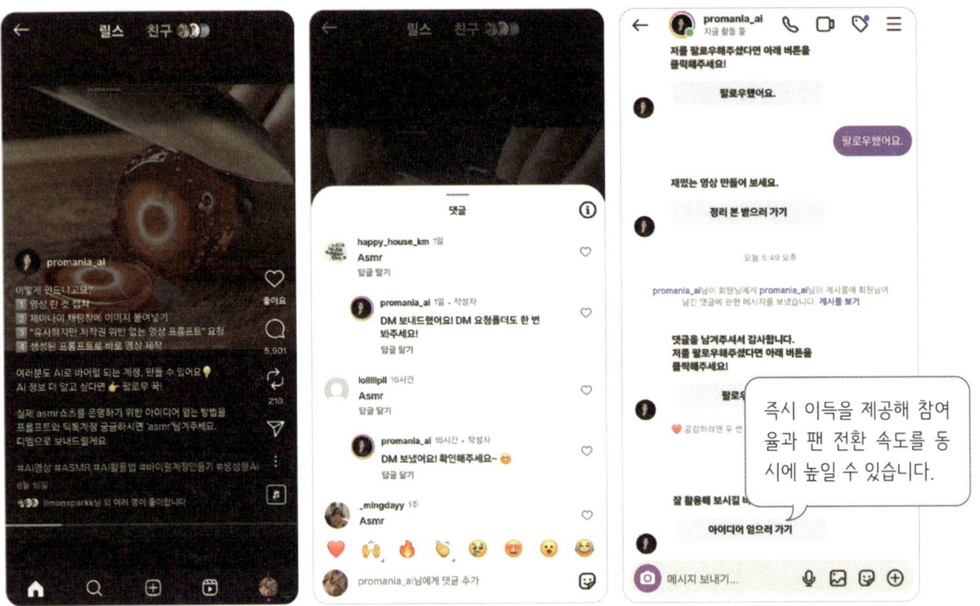

매니챗을 이용해서 반응에 답한 계정의 예시(출처: @promania_ai)

단순 시청자가 댓글을 달고 팔로우할 수밖에 없는 자동화 보상 아이디어 5가지를 알려 드리 겠습니다.

❶ PDF 요약본: 댓글에 키워드를 입력하면 PDF 요약본 링크를 전달합니다. 릴스 말미에 '댓 글에 '정리'라고 남겨 주세요'라고 언급한 뒤, 그대로 실행한 팔로워에게 자료를 발송하 면 됩니다.

❷ 무료 강의 영상 링크: 스토리 리액션 또는 DM으로 특정 키워드를 보내라고 한 뒤, 그대로 실행한 팔로워에게 보상으로 강의 페이지를 전달합니다.

❸ 테스트 결과: '나에게 맞는 콘텐츠 유형은?'과 같은 주제를 다룰 때 적합합니다. DM으로 결과를 전달하면 됩니다.

❹ 웰컴 DM + 콘텐츠 가이드: 팔로우하면 자동으로 환영 메시지와 콘텐츠 추천 리스트를 보 냅니다.

❺ 이벤트 참여 링크: 스토리에 응답하면 DM으로 이벤트 소개와 참여 링크를 전달합니다.

매니챗은 무료로 최대 1,000명까지 연락처를 등록하고 기본 자동화를 설정할 수 있 습니다. 단, 1,000명을 초과하거나 고급 자동화, 분석, 통합 기능을 사용한다면 월 15달러부터 시작하는 프로Pro 플랜으로 업그레이드해야 합니다. 연락처 수에 따라 이용료가 증가한다는 점도 알아 두세요.

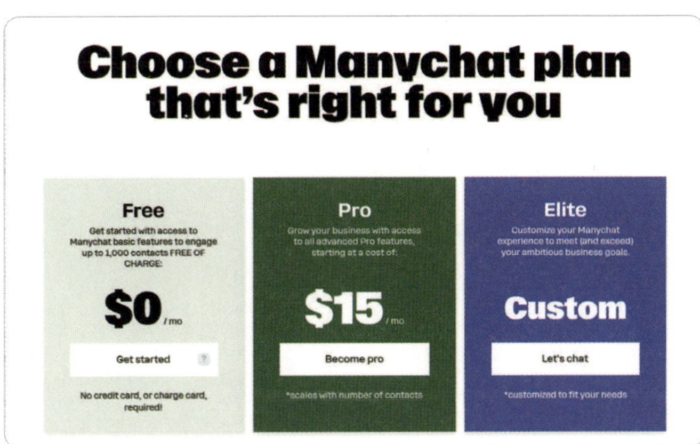

매니챗의 요금제 3가지(manychat.com/pricing)

하면 된다!} 매니챗에 인스타그램 계정 연결하기

매니챗 플랫폼에 인스타그램 계정을 연결해 보겠습니다. 여기에서는 PC 화면을 기준으로 설명합니다.

01 매니챗 접속하고 로그인하기

PC에서 매니챗 홈페이지(app.manychat.com)에 접속합니다. ❶ 화면 오른쪽 위에서 [GET STARTED FREE]를 클릭하고 ❷ [Instagram]을 선택합니다.

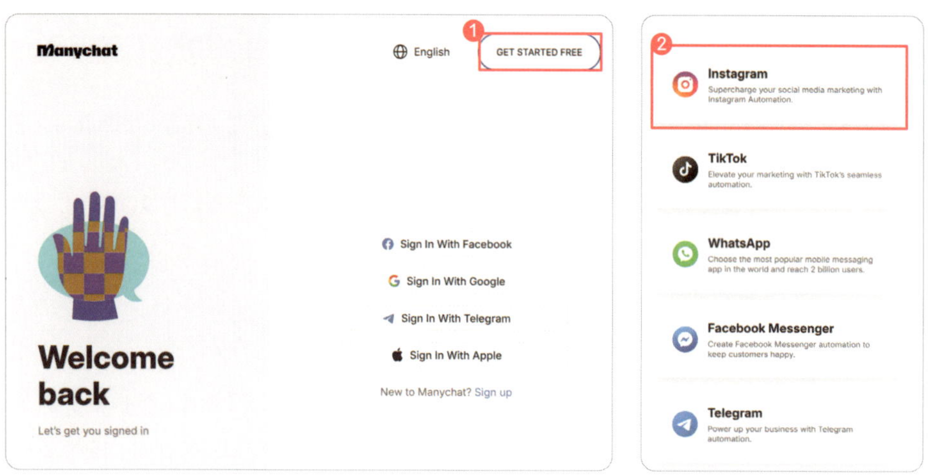

02 ❶ 매니챗에 처음 접속했다면 구글이나 페이스북 계정을 연결한 뒤 ❷ [Connect Via Meta]를 클릭합니다.

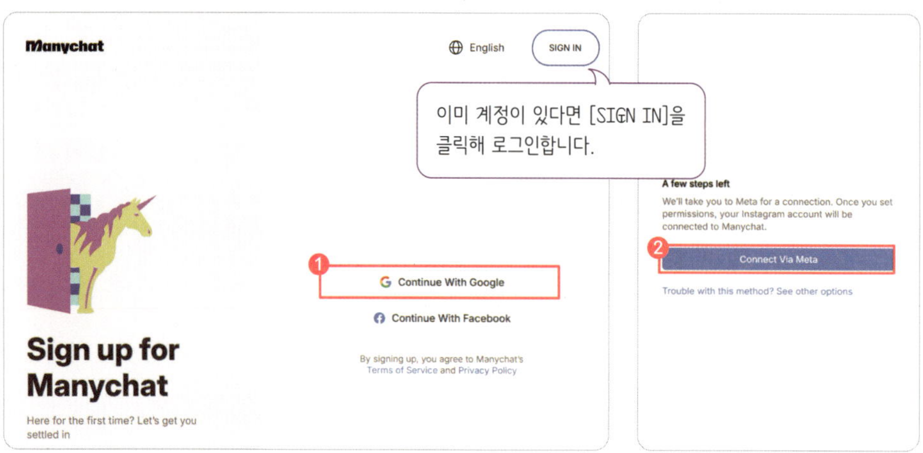

03 ❶ [Instagram으로 로그인]을 클릭한 뒤 ❷ 연결할 인스타그램 계정으로 로그인
합니다.

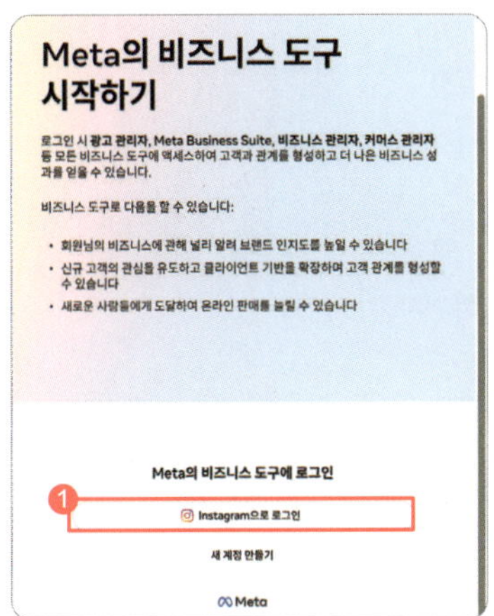

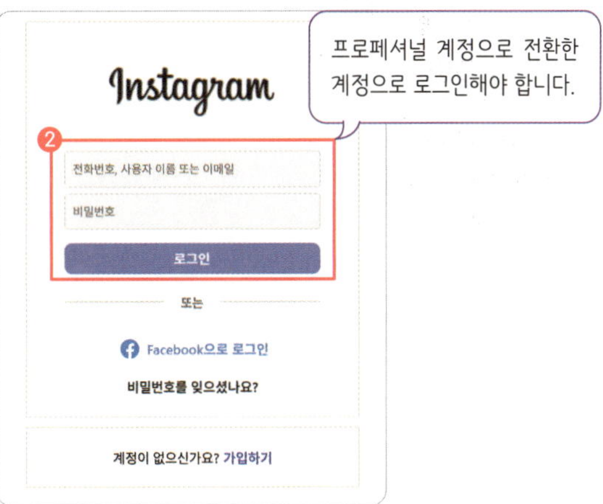

04 ❶ 정보 공유와 관련된 약관 창이 뜨면 [허용]을 클릭한 뒤, ❷ 다음과 같이 옵션
을 설정하고 ❸ [허용]을 클릭합니다.

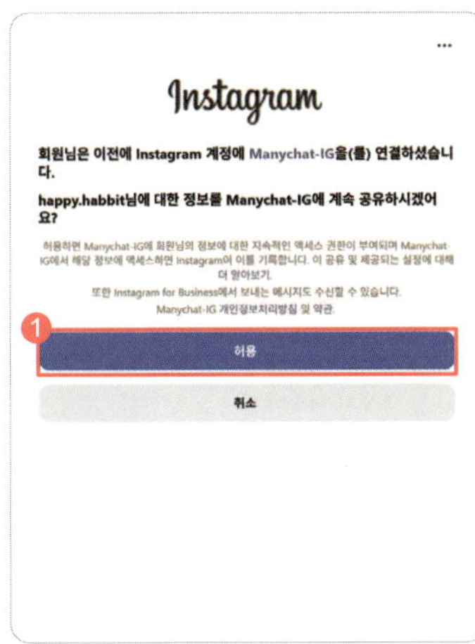

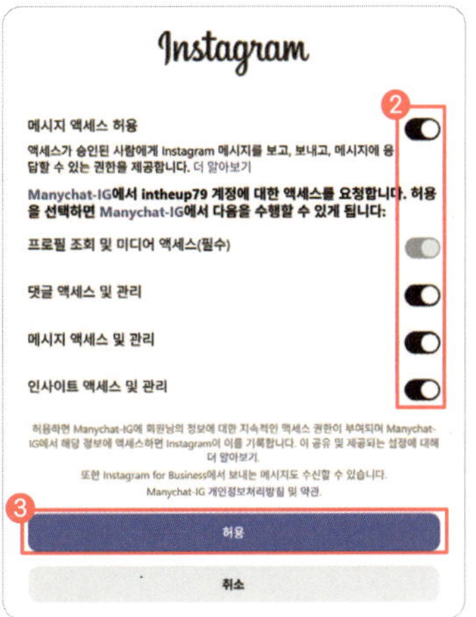

05 프로 버전의 무료 체험 관련 팝업 창이 나타나면 [Start With Free Plan]을 선택
해서 무료 플랜을 시작합니다.

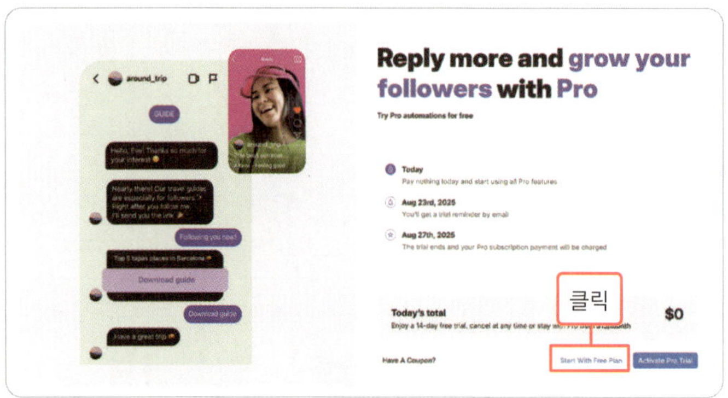

💜 [Activate Pro Trial]을 선택하면 프로 요금제를 14일 동안 무료로 체험할 수 있습니다. 단, 구독을 해지하지 않으면 14일 후에 자동으로 결제가 진행되므로 주의하세요.

하면 된다!} 매니챗으로 댓글에 기반한 DM 자동 발송 설정하기

매니챗을 사용해 내 인스타그램 릴스 영상에 특정 댓글을 달면 자동으로 DM을 발송하도록 설정해 보겠습니다.

01 자동화 설정하기

❶ 매니챗 관리 화면의 왼쪽 메뉴에서 [Automation 🔲]을 클릭하고 ❷ [Auto-DM links from comments]를 선택합니다. ❸ 화면 오른쪽 위에서 [+ New Automation]을 클릭합니다.

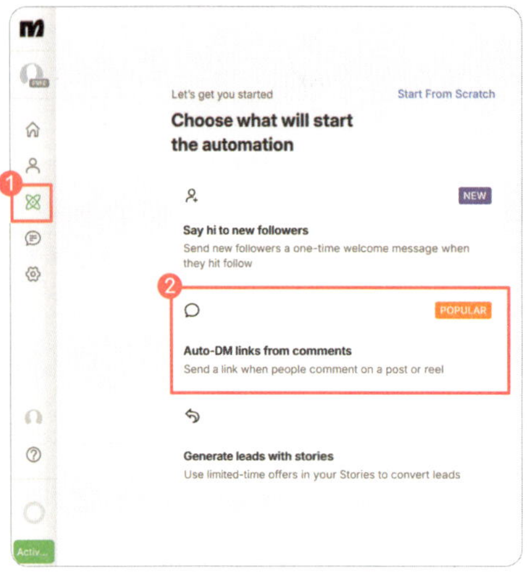

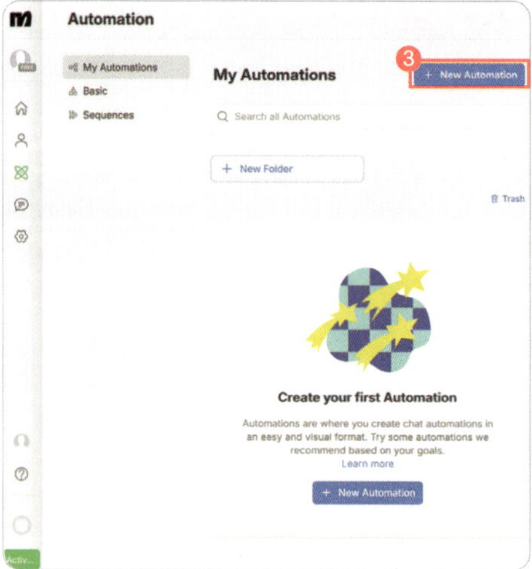

02 템플릿 가운데 [Auto-DM links from comments]를 선택합니다.

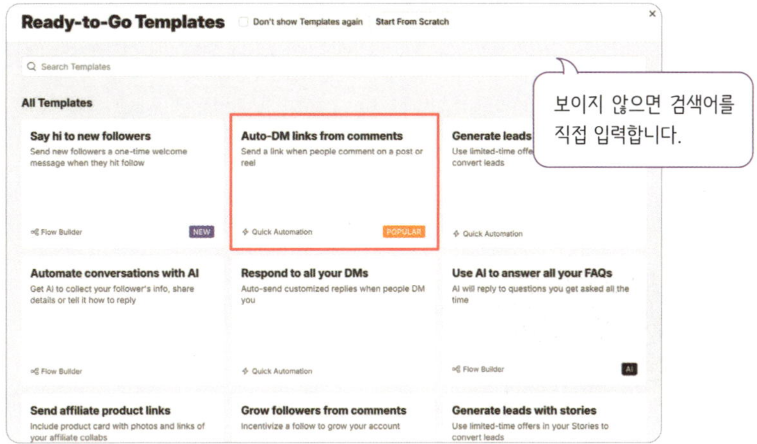

03 댓글 조건 설정하기

❶ 인스타그램에 업로드한 릴스 영상 가운데 자동화를 적용할 게시물을 선택하고 ❷
[Next]를 클릭합니다. ❸ [a specific word or words]를 선택하고 궁금해요라고 입
력합니다. 이제 해당 콘텐츠에 '궁금해요'라는 댓글이 달리면 DM이 자동으로 발송
됩니다. 댓글 조건을 모두 설정했으면 ❹ [Next]를 클릭합니다.

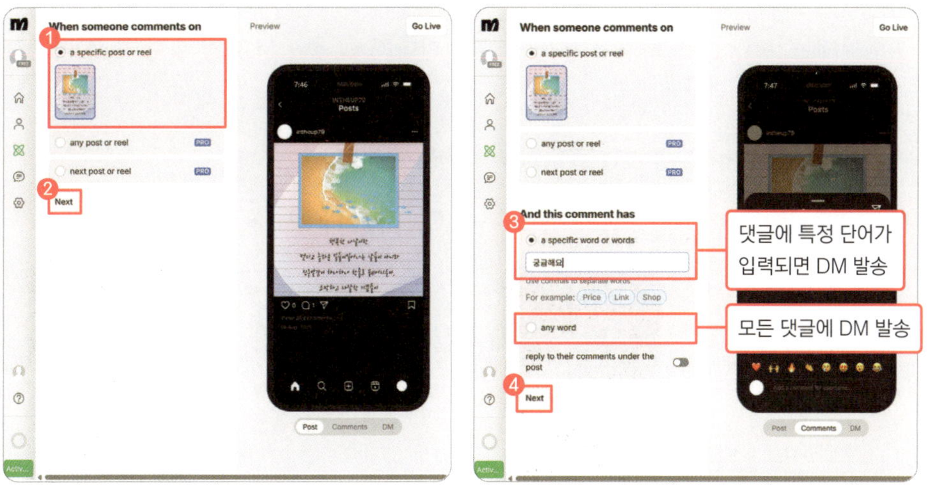

♥ 프로 요금제를 구독하면 모든 콘텐츠 또는 앞으로 업로드할 콘텐츠도 선택할 수 있습니다.

04 자동 답글 설정하기

❶ [reply to their comments under the post] 토글을 활성화하고 ❷ DM 보내 드릴
게요!, 자주 뵙겠습니다~!, 만나서 반갑습니다! 등 세 종류의 답글 내용을 작성합니다.
댓글이 달리면 입력한 3가지 답글 가운데 하나를 매니챗이 무작위로 선택해서 자동
으로 달아 줍니다. 자동 답글을 모두 설정했으면 ❸ [Next]를 클릭합니다.

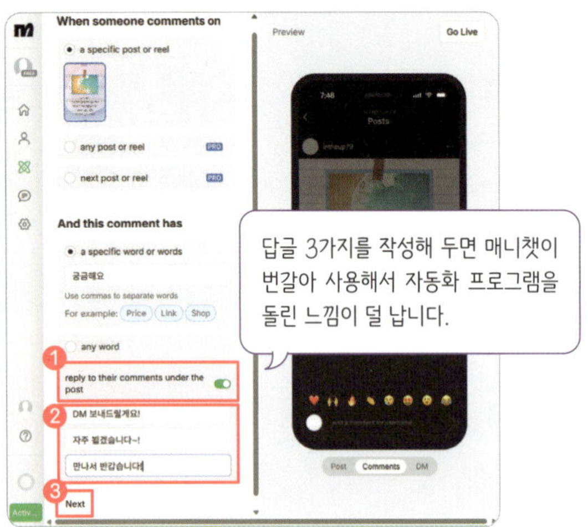

05 DM 내용 작성하기

❶ 이번에는 [an opening DM] 토글을 활성화하고 ❷ 첫 DM 내용과 ❸ 버튼 이름을
입력합니다. ❹ [Next]를 클릭합니다. ❺ 팔로워가 버튼을 눌렀을 때 이동할 페이지 링
크를 입력하고 ❻ [Go Live]를 클릭하면 자동화가 실행됩니다.

06 ❶ 화면 왼쪽 메뉴에서 [Automation ▩]을 클릭해 자동화 설정을 확인합니다.
❷ 자동화 목록을 클릭하면 DM 수신 건수와 클릭 수를 확인할 수 있습니다.

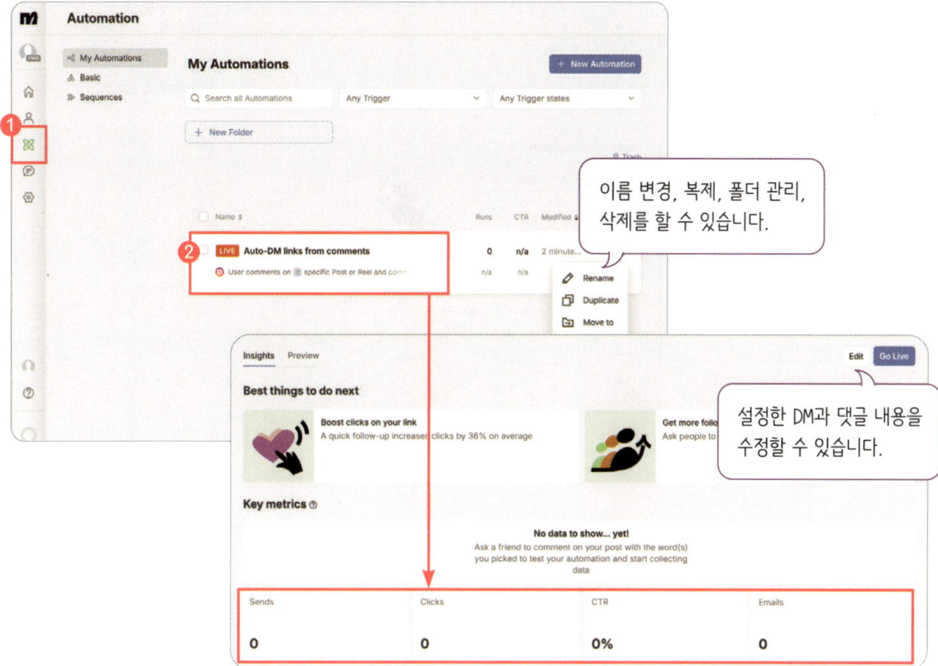

07 자동화 테스트하기

매니챗이 제대로 작동하는지 확인해 보겠습니다. ❶ 자동화를 설정한 릴스 영상에 댓글을 작성합니다. ❷ 설정한 내용으로 답글이 자동으로 달리고 ❸ DM이 발송된 것을 확인합니다.

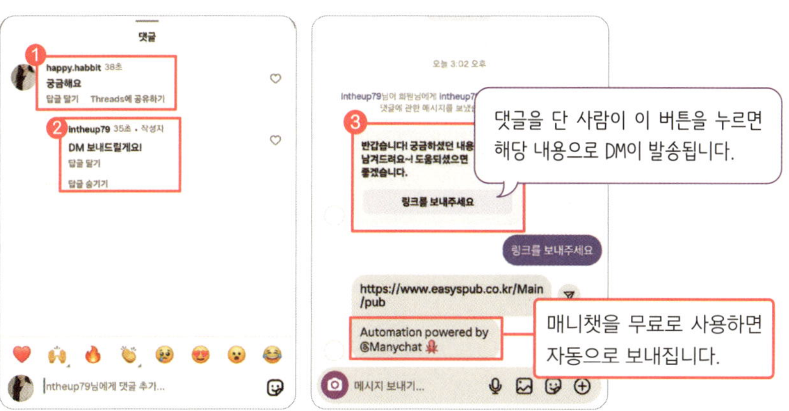

💜 매니챗을 무료로 사용하면 Automation powered by @Manychat이라는 문구가 함께 전송됩니다.

매니챗을 활용해서 댓글을 기반으로 하는 자동 DM을 설정해 보았습니다. 앞으로는 팔로워가 특정 댓글을 남기는 즉시 자동으로 맞춤 DM이 발송되어 소통의 속도와 효율을 크게 높일 수 있습니다. 이 구조를 꾸준히 유지하면 팔로워의 참여율은 물론 운영자와 팔로워의 관계 온도도 자연스럽게 높아집니다.

핵심 콕콕 퀴즈

1 팔로워에게 좋은 콘텐츠 이상으로 꿀팁, 무료 자료, 맞춤형 정보, 한정 혜택을 제공하면 기존에 팔로워가 아니었던 시청자도 이 계정을 팔로우해야겠다는 의지가 생긴다. (O / X)

2 (　　　　　)을/를 이용하면 인스타그램이나 페이스북에서 DM과 댓글에 자동으로 응답하는 시스템을 설정할 수 있다.

정답 1 O 2 매니챗

릴스로 돈 버는
4가지 비밀

릴스로 수익을 낸다고 하면 거창하게 들릴 수도 있지만 사실은 아주 일상적인 콘텐츠에서 시작됩니다. 누군가는 평소 즐겨 쓰는 제품을 소개하다가 협찬 길이 열리고, 또 다른 사람은 자신만의 노하우를 정리해 올렸을 뿐인데 제휴 링크로 꾸준히 수익을 만들기도 합니다.

06장에서는 릴스를 매개로 해서 돈이 만들어지는 흐름을 하나씩 살펴볼 거예요. 초보자도 바로 시작할 수 있는 협찬 구조부터 부담 없이 시도할 수 있는 제휴 수익까지 릴스의 다양한 수익화 파이프라인을 이해하고 나면, 내 계정에 어떤 방식이 가장 잘 맞는지 감을 잡을 수 있습니다.

인플루언서처럼 제품을 협찬받아요!

릴스 영상을 넘기다 보면 '협찬'이라는 표시와 함께 옷, 식품, 가전제품 등을 홍보하는 영상을 종종 볼 수 있습니다. 마치 블로그에 체험단 후기를 올리는 것과 비슷합니다. 심지어 요즘 체험단 사이트에서는 블로그보다 릴스를 희망하는 업체를 쉽게 볼 수 있죠. 릴스의 영향력이 커지면서 협찬받는 계정 수가 점점 더 늘어나고 있습니다.

제품을 협찬받을 수 있는 체험단 사이트 '레뷰'(www.revu.net)

실제로 협찬은 메가 인플루언서만 받을 수 있는 것이 아닙니다. 보통 팔로워가 10만 명은 돼야 협찬받을 수 있을 것으로 생각하지만 사실 브랜드가 원하는 건 팔로워 수가 아니라 **참여율과 신뢰도**거든요. '댓글', '저장', '좋아요'가 활발하고 계정의 정체성이 명확하다면 팔로워가 1,000명을 넘지 않아도 협찬받을 수 있습니다. 저 역시 팔로워가 500명쯤 되었을 때 인생 처음으로 협찬을 받았죠.

심지어 마이크로 인플루언서가 브랜드와 더 잘 맞는 경우가 많습니다. 그리고 요즘은 에

이블리 같은 플랫폼을 통해 협찬과 수익을 동시에 잡을 수 있습니다. 아직 경쟁자가 많지 않아서 그런지 팔로워 수가 적어도 승인률이 높은 편이에요. 실제로 2025년 기준으로 에이블리 협찬으로 수익 1등을 차지한 크리에이터도 팔로워가 1만 명이 안 되지만, 월 평균 300만 원 이상 수익을 낸다고 합니다. 즉, '나도 될까?'라는 걱정에서 벗어나 꾸준히 하면 누구나 가능하다는 것이죠.

그렇다면 협찬은 어떤 절차로 이루어질까요? '협찬받는다'라고 말로만 듣던 과정을 구체적으로 풀어 보면 다음 5단계로 나눌 수 있습니다.

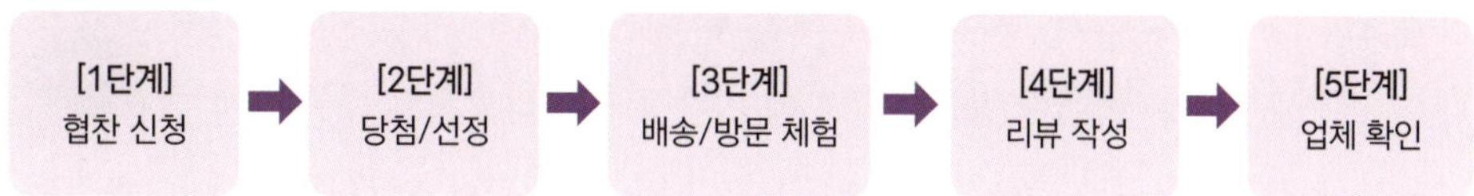

1단계 내 계정과 어울리는 제품으로 협찬 신청하기

협찬 플랫폼이나 브랜드 공식 인스타그램에 DM이나 이메일을 보내 지원합니다. 이때 형식적인 정보만 나열하기보다 내가 **이 브랜드의 제품을 좋아하고 내 계정의 팬층이 이 브랜드의 타깃과 잘 맞는다고 느끼도록 스토리텔링**하는 것이 중요합니다. 여기에서는 7가지 방법을 소개합니다.

🔔 체험단 사이트 찾기

인스타그램 협찬을 연결해 주는 웹 사이트는 정말 많습니다. 사이트마다 카테고리와 경쟁률이 다르니 여러 곳에 함께 지원하는 걸 추천합니다. 일주일에 한 번씩 새 공고를 훑어보고 **마감이 임박하거나 경쟁률이 낮은 공고부터 먼저 지원**해 보세요. 같은 제품이 여러 차수로 반복되는 곳은 한 번 떨어졌어도 다음 차수에 다시 신청하면 됩니다. 이렇게 꾸준히 하면 체험단에 선정될 확률이 금방 올라갑니다.

웹 사이트명	URL	웹 사이트명	URL
티블	tble.kr	STORYN	www.storyn.kr
링블	ringble.co.kr	리뷰플레이스	www.reviewplace.co.kr
미블	www.mrblog.net	파인앳플	www.fineadple.com
레뷰	www.revu.net	체험단닷컴	chehumdan.com
클라우드리뷰	www.nugunablog.co.kr	서울오빠	www.seoulouba.co.kr
디너의여왕	dinnerqueen.net	08리터	ko-kr.08liter.com/try
택배의여왕	tqueens.net		

📨 체험단 단톡방 참여하기

카카오톡 [오픈채팅]에서 체험단을 검색한 뒤 인원이 많은 방에 참여합니다. 이런 단톡방에는 체험단 공고가 하루에도 수십 건 올라오므로 그중에 자신에게 해당하는 공고만 골라서 양식에 맞게 신청하면 됩니다. 내가 사는 지역과 가까운 방문형 공고를 먼저 노리면 선정될 확률이 높아집니다.

카카오톡
로고

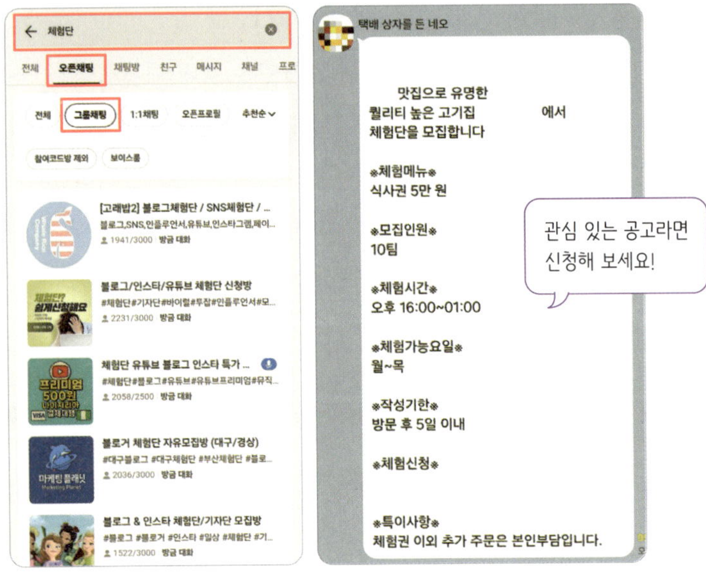

카카오톡 오픈채팅에서 '체험단' 단톡방에 참여하는 모습

🔖 인스타그램 해시태그 검색하기

인스타그램에서 이벤트나 체험 키워드를 검색합니다. '서포터즈', '리그램이벤트', '체험단모집', '체험단이벤트' 등을 입력해도 되고, 도서 협찬 분야라면 '서평단모집', '서평단이벤트' 등으로 찾아보세요. 현재 모집하고 있는 게시물을 확인하고 리그램, 지정 댓글, 신청 폼 등 안내된 방식에 따라 진행하면 당첨률이 올라갑니다.

🟣 네이버 체험단 카페 가입하기

네이버에서 **인스타그램 체험단 모집**이라고 입력해 검색한 뒤, **[카페]를 선택하고 [최신순]으로 필터링**하면 최신 체험단 공고를 빠르게 찾을 수 있습니다. 카페마다 활동 등급, 후기 규정이 있으니 먼저 확인하면 됩니다.

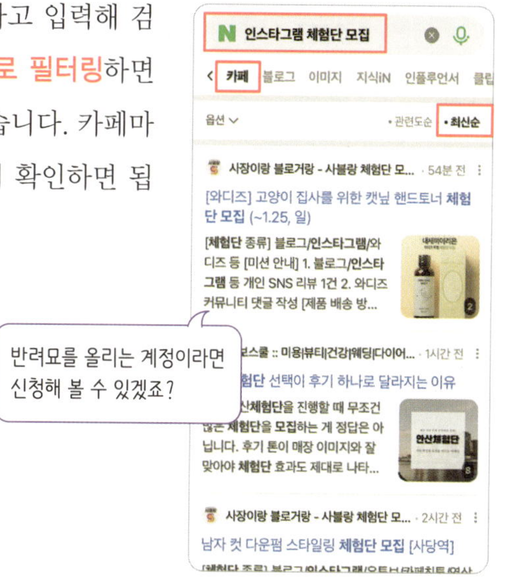

@ 브랜드 정해서 직접 접촉하기

요즘에는 대부분의 브랜드에서 인스타그램 계정을 운영합니다. 좋아하는 브랜드에 DM을 보내 보세요. 이때 핵심은 숫자 나열보다 브랜드와 잘 맞는 사람이라는 스토리텔링입니다. '내 인스타그램 계정 소개 → 브랜드를 향한 애정 → 내 계정 팔로워의 특징 → 내가 줄 수 있는 가치 → 마무리 멘트' 순으로 작성하면 매우 효과적입니다.

다음은 생활용품, 식품, 뷰티, 육아용품, 도서의 5개 카테고리를 예로 들어 작성한 협찬 제안 DM 예시입니다. 다른 제품군보다 쉽게 접할 수 있으니 먼저 시도해 보길 추천합니다.

- 생활용품

안녕하세요, 일상의 작은 아이템을 소개하는 ○○입니다.
△△ 브랜드 제품은 디자인과 마감이 좋고 제 채널 톤과도 잘 맞아서 꼭 소개하고 싶었습니다.
제 팔로워는 생활템을 자주 찾는 20~30대 여성 비중이 높고 반응 속도가 빠른 편입니다.
실사용 중심의 솔직 리뷰로 왜 좋은지를 구체적으로 보여 드릴 수 있습니다.
긍정적인 검토 부탁드립니다 ^^

- 식품

안녕하세요, 먹는 즐거움을 기록하는 먹스타 ○○입니다.
평소 눈여겨본 △△ 제품은 맛과 원재료에서 신뢰가 가서 소개해 드리고 싶었습니다.
제 팔로워는 간편하게 조리할 수 있고 맛있는 먹거리에 관심이 많고 저장, 구매 전환이 자주 일어납니다.
조리, 시식의 맥락을 담아 실구매에 도움되는 리뷰를 만들겠습니다.
검토해 주시면 감사하겠습니다.

- 뷰티

안녕하세요, 뷰티 콘셉트를 꾸준히 운영하는 뷰스타 ○○입니다.
△△ 제품을 직접 써보았는데, 특히 □□ 포인트에서 큰 매력을 느꼈습니다.
제 팔로워는 성분, 사용감에 민감한 뷰티 관심층으로 상세 후기에 반응이 큽니다.
텍스처, 발색, 지속력 등 비교 컷으로 설득력 있게 전달하겠습니다.
기회 주시면 성실히 진행하겠습니다.

- **육아용품**

> 안녕하세요, 아이들의 일상을 담는 육아스타그램 ○○입니다.
> △△ 브랜드는 안전성과 성분에서 신뢰감을 줘서 꾸준히 사용하고 있어서 꼭 소개하고 싶습니다.
> 제 팔로워는 실제 육아를 하는 부모가 대부분이어서 사용의 편의성과 내구성에 특히 관심이 많습니다.
> 실제 사용하는 모습과 주의 포인트까지 솔직하게 안내해서 제품을 선택할 수 있도록 돕겠습니다.
> 협업 기회 주시면 성실히 진행하겠습니다.

- **도서**

> 안녕하세요, 북스타그램을 운영하는 ○○입니다.
> △△ 출판사의 책은 주제 선정과 구성이 매력적이어서 독자분들께 권하고 싶습니다.
> 제 팔로워는 깊이 있는 독서를 선호해 핵심 메시지·활용 포인트에 반응합니다.
> 인상적인 구절과 독서 노트 형식으로 책의 강점을 명확히 전하겠습니다.
> 긍정적인 검토를 기다립니다.

👑 직접 제안받기

협찬받고 싶은 브랜드가 있다면 해당 브랜드/제품과 관련된 내 게시물이 최대한 노출되도록 **협찬 담당자가 실제로 검색할 만한 키워드를 캡션에 자연스럽게 녹여 내는 게 중요합니다.** 연락이 오면 브랜드/제품 정보, 마감, 보상, 필수 문구 등 기본 조건을 먼저 확인합니다. 단, 상시 수정, 과장/오인 문구 강요, 무기한 2차 사용과 같은 과도한 요구는 조율하는 것이 좋습니다.

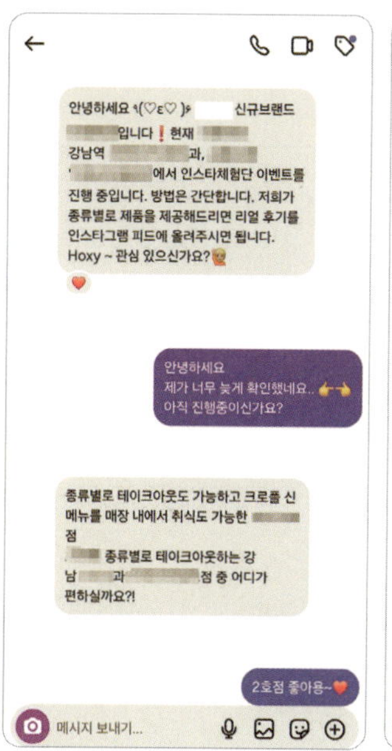
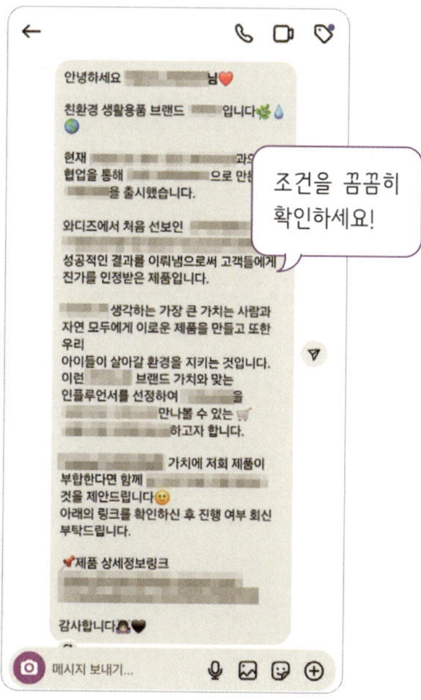

정상적인 협찬은 선입금이나 고가 선구매를 요구하지 않습니다. 보증금 환불, 수수료 선결제, 유통비 따위를 말하면서 개인 계좌 번호를 요구하거나 해외 결제 링크, 단톡방 초대 링크를 보내면 즉시 중단하세요. 자사몰, 스마트스토어 등 안전한 쇼핑몰이 아니거나 대여 협찬을 할 때 배송비 기준이 없고 게시 기간, 2차 활용 범위 등 가이드라인 없이 진행하자는 제안은 위험 신호입니다. 특히 송금을 요구하거나 개인정보를 과도하게 요청하면 반드시 거절해야 합니다. 의심되는 대화는 캡처한 뒤 신고하고 차단하세요. 피해 사례가 많으니 항상 유의해야 합니다.

소통은 공식 이메일이나 공식 인스타그램 DM 등과 같은 공식 채널에서만 하세요. 확신이 들지 않는다면 상호와 사업자등록번호, 연락처, 공식 사이트 또는 스토어 주소, 협찬 가이드를 제공해 달라고 정중히 요청한 다음, 정확히 확인하고 진행해야 합니다. 서포터즈 공고는 보통 플랫폼에서 검토하는 경우가 많아 비교적 신뢰도가 높지만 공고의 업체 정보와 진행 규정은 꼭 확인하는 게 좋습니다.

🛡️ 서포터즈 신청하기

서포터즈는 일정 기간 콘텐츠를 꾸준히 올리는 장기 협업 구조이며, 제품과 활동비를 지원받으면서 포트폴리오를 탄탄히 쌓을 수 있습니다. 공모/모집 포털인 씽유(thinkyou.co.kr), 씽굿(thinkcontest.com), 위비티(wevity.com)를 주기적으로 확인하세요. 해당 웹 사이트의 검색 창에서 **서포터즈**를 입력해 검색하면 지원할 서포터즈를 찾을 수 있습니다.

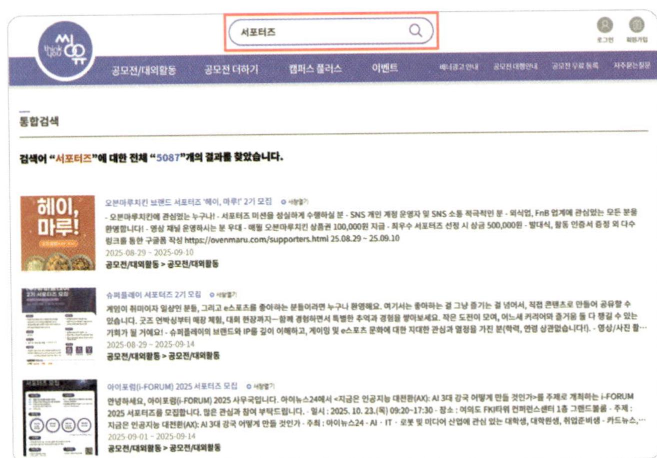

공모/모집 포털 '씽유'(thinkyou.co.kr)

패션, 뷰티, 라이프 카테고리에서 찾고 싶다면 에이블리 크리에이터에 등록해 보세요. 에이블리 크리에이터에서는 **상시 서포터즈처럼 협찬과 수익을 동시에** 가져갈 수 있습니다. 팔로워가 적고 얼굴을 노출하지 않아도 문제되지 않습니다.

에이블리에 들어가서 크리에이터로 등록만 하면 바로 시작할 수 있어요. 초반에는 유명 브랜드보다 중소 또는 신규 브랜드부터 공략하고, 시즌 상품 타이밍에 맞춰 신청하면 협찬 승인 확률을 높일 수 있습니다.

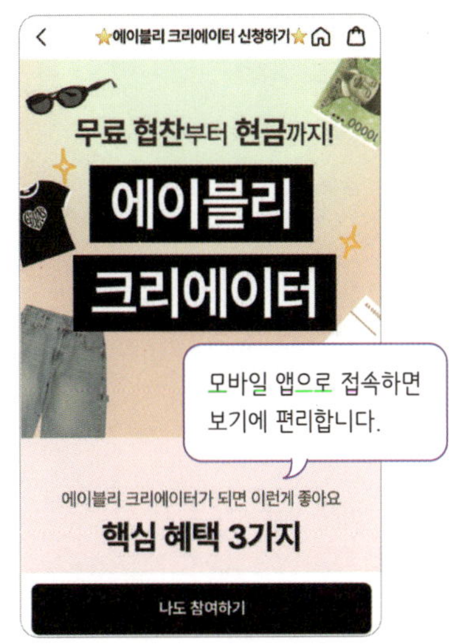

에이블리 크리에이터 신청 페이지
(m.a-bly.com/events/1ea271a9)

2단계 협찬에 당첨/선정되기

브랜드/업체는 팔로워의 총량보다 계정의 정체성 적합도, 참여율, 리뷰의 질, 가이드 준수 가능성을 따집니다. 당첨되었다는 연락을 받으면 해당 제품 또는 서비스 이름과 함께 당첨 정보를 빠짐없이 기록하세요.

상품명 + 브랜드/업체명	
협찬 플랫폼/당첨 경로	
당첨일	
담당자 연락처	

이어서 다음 표에는 영상을 게재할 때 놓치면 안 되는 주요 사항을 적어 두세요. 이처럼 체크리스트로 만들고 정리해 두면 실수를 줄일 수 있습니다.

업로드 마감일	
필수 사진/영상 개수	
필수 해시태그/키워드	
고정 문구	
위치/계정 태그	
배송/반납 조건	
2차 활용 범위 및 기간	
수정 요청 절차	
특이 사항/내 아이디어	

♥ 이지스퍼블리싱 홈페이지의 [자료실]에서 추가 양식을 내려받을 수 있습니다.

3단계 배송/방문 체험하기

협찬의 종류에는 배송형, 체험형, 기자단이 있습니다. **배송형**은 제품을 택배로 받아 직접 사용해 본 뒤 후기를 피드나 릴스로 담아 올리는 방식입니다. 온라인 강의 역시 배송형에 포함됩니다. **체험형**은 카페, 음식점, 호텔, 원데이 클래스 등 해당 업체에 직접 방문해서 체험한 뒤 경험한 내용을 피드나 릴스로 기록하는 방식입니다. 마지막으로 **기자단**은 협찬 업체에서 제공하는 사진과 글을 바탕으로 가이드라인에 맞게 게시물을 작성하면 원고료를 받는 방식입니다.

구분	배송형	체험형	기자단
활동 내용	제품을 택배로 받아 직접 사용하고 후기 콘텐츠를 제작합니다.	카페, 음식점, 호텔 등 업체에 직접 방문해서 체험 후기 콘텐츠를 제작합니다.	직접 방문하지 않고 제공받은 사진과 글로 가이드라인에 따라 게시물을 작성합니다.
시간 소요	집에서 촬영할 수 있어서 시간이 비교적 적게 듭니다.	이동하고 체험해야 해서 시간이 가장 많이 걸립니다.	협찬 종류 중에 시간이 가장 조금 소요됩니다.
장단점	시간 부담이 적지만 제품 중심 콘텐츠의 경우 경쟁률이 치열해서 차별화하는 것이 중요합니다.	카페, 음식점, 호텔, 펜션 등 금액대가 높은 체험도 협찬받을 수 있지만 시간이 많이 걸립니다.	방문하지 않고도 수익을 낼 수 있어서 효율이 높으나 창작 자유도가 낮고 가이드라인 때문에 제한적인 편입니다.

4단계 모두가 만족하는 리뷰 작성하기

협찬 리뷰는 결국 브랜드가 희망하는 긍정적인 후기를 남겨야 합니다. 그래서 당연히 제품을 칭찬하는 내용으로 가득하죠. 하지만 단순히 '좋아요', '예뻐요', '최고예요' 같은 빈약한 칭찬만 늘어 놓으면 팔로워는 그 영상이 허위 광고라고 느끼고 결국 협찬 제품을 제공해 준 브랜드에도 도움이 되지 않습니다. 리뷰를 효율적으로 작성하는 방법 3가지와 주의할 점 2가지를 소개할게요.

리뷰 영상은 이렇게 만드세요!

❶ 리뷰의 설득력을 높이려면 구체적인 경험과 근거를 바탕으로 칭찬해야 합니다. 예를 들어 '향이 좋다'라고만 쓰기보다 '처음 뿌렸을 땐 달달했는데 시간이 지나니 은은한 향이 남아 출근길에도 기분이 좋아졌다'라고 적는 것이죠.

❷ 사진과 영상을 내용에 맞게 적절하게 찍어서 칭찬을 뒷받침하는 증거로 사용합니다. 사진을 찍을 때에는 제품이 주인공이 되도록 자연광을 이용하고, 제품이 묻히지 않는 선에서 소품을 곁들여도 좋습니다.

❸ 릴스 영상은 첫 3초에 임팩트 있는 장면을 넣어야 시청 지속 시간을 높일 수 있는데요. 제품 사용 전후 비교처럼 한눈에 보이는 변화 요소가 들어가면 신뢰도도 배가 됩니다.

이 3가지를 총정리해 보면, 결국 리뷰를 작성할 때 핵심은 브랜드/제품을 향한 칭찬이 소비자를 설득할 수 있는 형태로 전달되는 것입니다. 그러면 브랜드도 만족하고, 팔로워도 신뢰하며, 리뷰어인 나 자신도 다음 협찬을 이어 갈 수 있습니다.

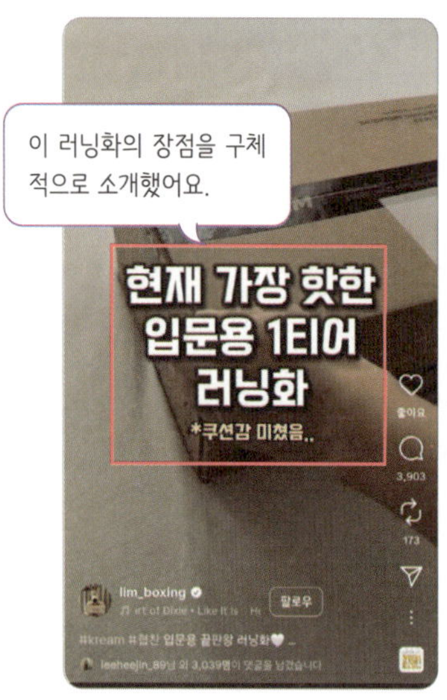

출처: @lim_boxing

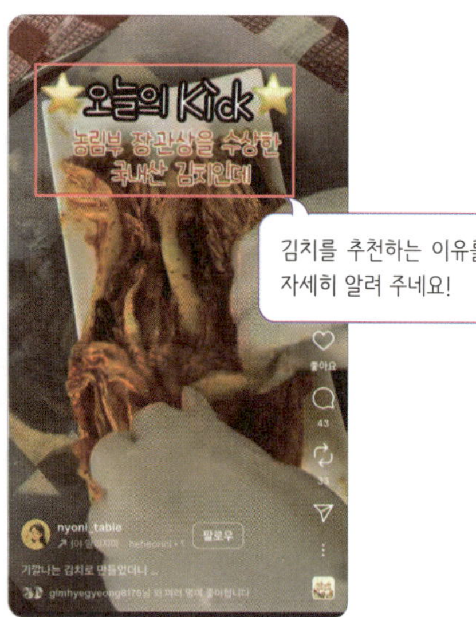

출처: @nyoni_table

이것만은 주의하세요!

❶ 우선 영상이 협찬을 받았다는 사실을 분명히 밝혀야 합니다. 캡션 첫 줄과 영상 첫 화면에 '유료 광고' 또는 '제품 협찬'이라는 문구를 반드시 넣어야 하고, 브랜드가 지정한 해시태그와 문구도 빠짐없이 반영해야 해요. 이런 디테일은 브랜드가 리뷰어를 다시 찾게 만드는 중요한 포인트입니다.

출처: @byeolbam__

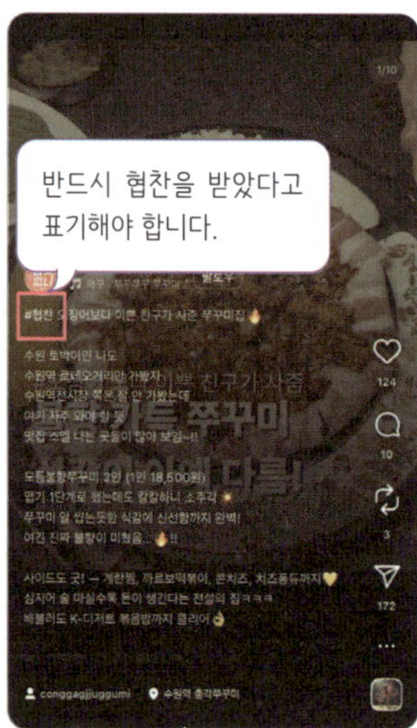

출처: @noibmat

❷ 그리고 **리뷰를 약속한 날짜에 맞춰 올리는 것**이 무엇보다 중요합니다. 아무리 수려한 언변으로 정성스럽게 만든 콘텐츠라도 마감일을 지키지 못하면 신뢰가 한순간에 무너져 버리죠. 같은 맥락으로 정해진 기한 안에 맞춰 영상을 올리는 리뷰어는 브랜드가 안심하고 재협찬을 맡기고 싶은 대상이 됩니다.

5단계 업체 확인 및 피드백받기

리뷰를 올리고 나면 **URL과 섬네일을 업체에게 전달**합니다. 체험단 사이트를 이용했다면 사이트 내에 URL과 캡처 이미지를 입력하는 부분에 작성하면 되고, 브랜드 담당자와 직접 접촉한 경우라면 이메일이나 DM으로 URL과 간단한 결과 보고를 전합니다. 수정해 달라는 요청은 많지 않은데, 만약 수정 요청이 들어온다면 신속히 반영해야 합니다. 이렇게 작은 노력만으로도 브랜드 담당자에게 관리 잘하는 리뷰어라는 인상을 심어 줄 수 있습니다.

한편 협찬 콘텐츠는 게시 기간이 정해진 경우가 많습니다. 반드시 **만료일을 메모해 두고 그 전까지는 콘텐츠를 삭제하거나 보관 처리하지 않도록 주의**해야 합니다. 또한 내가 만든 콘텐츠가 협찬사의 광고나 상세페이지 등에 활용될 수 있다는 것에 동의하는 2차 활용 여부도 꼭 확인해야 합니다.

핵심 콕콕 퀴즈

1 팔로워 수가 많을수록 협찬받을 가능성이 높아진다. (O / X)
2 브랜드에 협찬받고 싶다고 직접 요청할 때에는 자신이 그 브랜드와 잘 맞는 사람이라는 (   )이/가 필요하다.
3 영상에서 협찬받은 제품을 소개하는 경우, 실제로 좋아서 쓰는 후기라면 '협찬' 표시를 하지 않아도 된다. (O / X)

정답 1 X(반응이 많은 계정이라면 가능하다) 2 스토리텔링
3 X(협찬받은 제품 등 중심 영상은 광고이므로 반드시 '협찬' 표시를 해야 한다)

관련 상품을 연결해서 수익을 내요!

릴스 영상에서 **특정 상품을 사용하는 방법을 소개하고 구매 링크를 연결**하는 방식은 릴스 계정을 운영한다면 빼놓을 수 없는 수익화 비법입니다. 특히 많이 사용하는 서비스인 **쿠팡 파트너스**는 특정 구매 링크를 통해 판매 페이지로 들어온 방문자가 상품을 결제하면 결제 금액의 N%를 수익으로 받습니다. 사용자가 링크를 누른 순간부터 24시간 이내에 결제한 모든 상품에 쿠팡 파트너스 수수료가 적용됩니다.

쿠팡 파트너스 로고

단, 릴스 영상의 캡션에는 링크를 남겨도 탭했을 때 바로 연결되지 않습니다. 이럴 때는 프로필 링크에 정리해 두거나 댓글 키워드를 달도록 유도해서 자동 응답 DM으로 링크를 전달하면 됩니다.

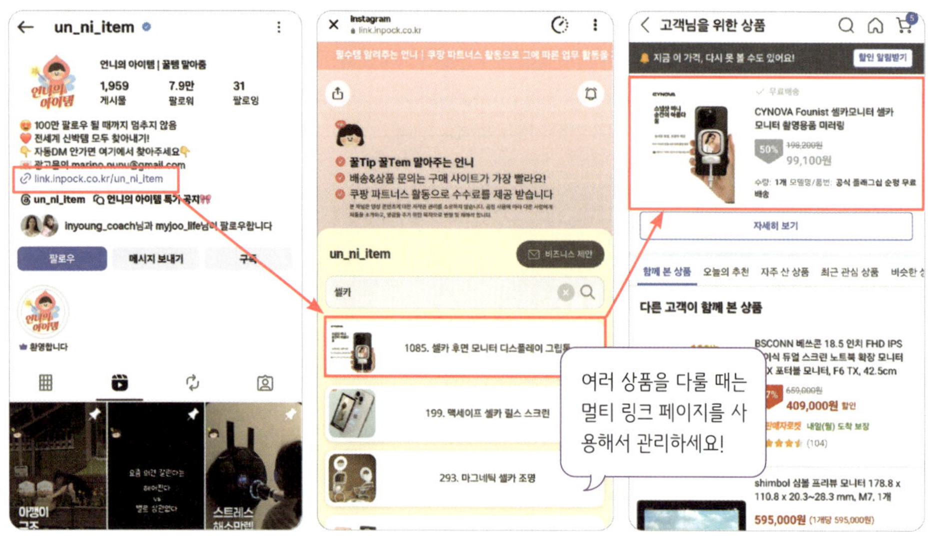

멀티 링크에서 판매 페이지로 연결되는 과정(출처: @un_ni_item)

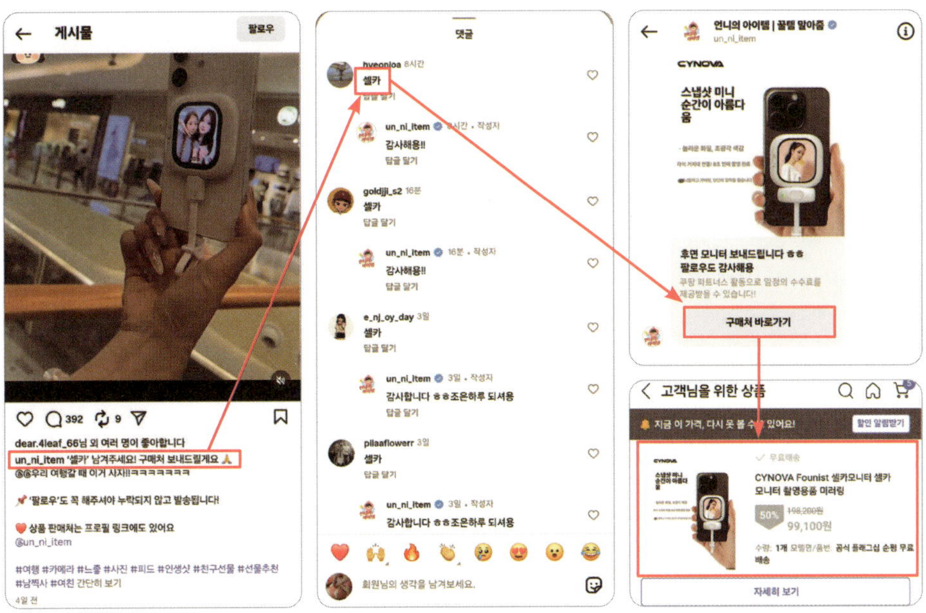

자동 응답 DM으로 제휴 링크를 전달하는 과정(출처: @un_ni_item)

하면 된다!} 쿠팡 파트너스 시작하기

쿠팡 파트너스에서 상품을 연결할 수 있는 링크를 생성해 보겠습니다.

01 쿠팡 파트너스(partners.coupang.com)에 접속해 [로그인]합니다.

❶ 쿠팡 파트너스의 첫 화면 상단 메뉴에서 [내 정보]를 클릭합니다. ❷ 웹사이트 목록에 https://www.instagram/인스타그램 아이디를 입력한 뒤 ❸ [추가하기]를 클릭하면 '추가 완료'라고 표시됩니다. ❹ 링크 오른쪽에 있는 [스크린샷]을 클릭해 인스타그램 프로필과 스토리, 하이라이트에서 쿠팡 파트너스 링크를 어떻게 안내하는지 캡처하여 업로드합니다. ❺ 모바일 앱 목록에는 https://play.google.com/store/apps/details?id=com.instagram.android와 https://apps.apple.com/kr/app/instagram/id389801252을 입력한 뒤 ❻ [추가하기]를 눌러 등록합니다. ❼ 마지막으로 [저장]을 클릭해 설정을 마칩니다.

 친구에게 카카오톡으로 제품 링크를 공유해도 영향이 있나요?

당연합니다! 다만 카카오톡으로 파트너스 링크를 통해 수익을 얻고 싶다면 **모바일 앱 목록에 카카오톡 링크도 추가해야** 합니다. 카카오톡을 설치할 수 있는 안드로이드의 플레이 스토어와 애플의 앱 스토어 링크는 다음과 같습니다.

- **카카오톡 플레이 스토어:** https://play.google.com/store/apps/details?id=com.kakao.talk
- **카카오톡 앱 스토어:** https://apps.apple.com/kr/app/%EC%B9%B4%EC%B9%B4%EC%98%A4%ED%86%A1/id362057947

03 쿠팡 파트너스 결제 정보 변경하기

❶ 화면 오른쪽 위에서 계정 부분을 클릭한 뒤 ❷ [결제정보 변경]을 선택합니다. 수익금 정산 정보 등록 페이지가 나타나면 ❸ 정산받을 대상자의 개인 정보와 입금 계좌 정보를 입력하고 계좌 번호를 인증한 후 ❹ [저장]을 클릭합니다.

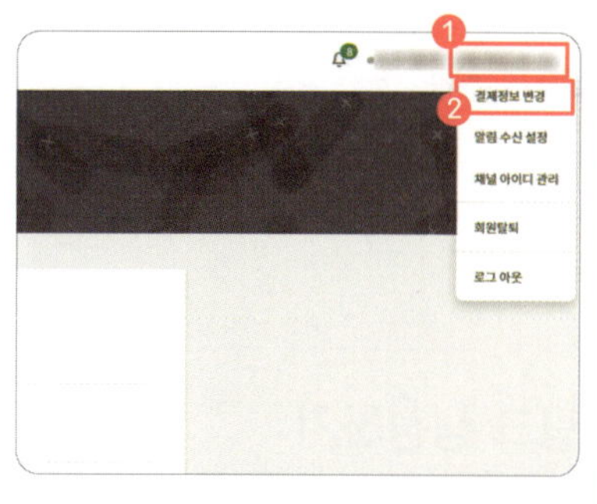

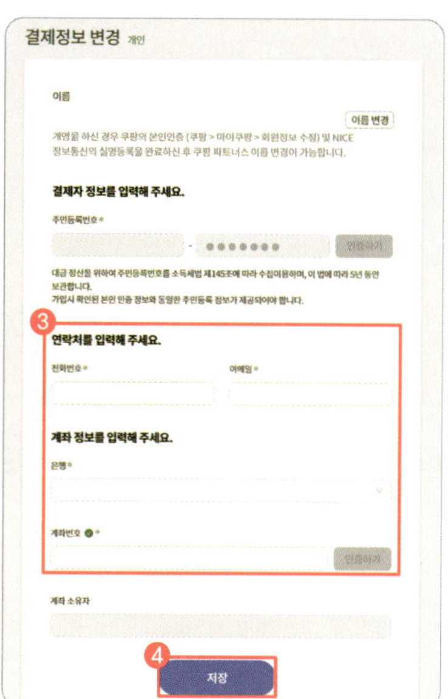

💜 결제정보 창은 대금 지급 조건을 갖춘 회원에게만 매월 15일에 활성화됩니다. 대금 지급 조건은 쿠팡 파트너스에 최종 승인되고 직전 월까지의 누계 수익이 1만 원 이상을 충족해야 합니다.

04 쿠팡 파트너스 상품 검색하기

❶ 화면의 상단 메뉴에서 [홈]을 클릭해 쿠팡 파트너스 홈으로 이동합니다. ❷ 상품 키워드를 검색하면 그와 관련된 상품 목록이 나옵니다. ❸ 콘텐츠나 계정에 연결할 제품 위에 마우스 커서를 올리면 활성화되는 버튼 가운데 [링크 생성]을 선택합니다.

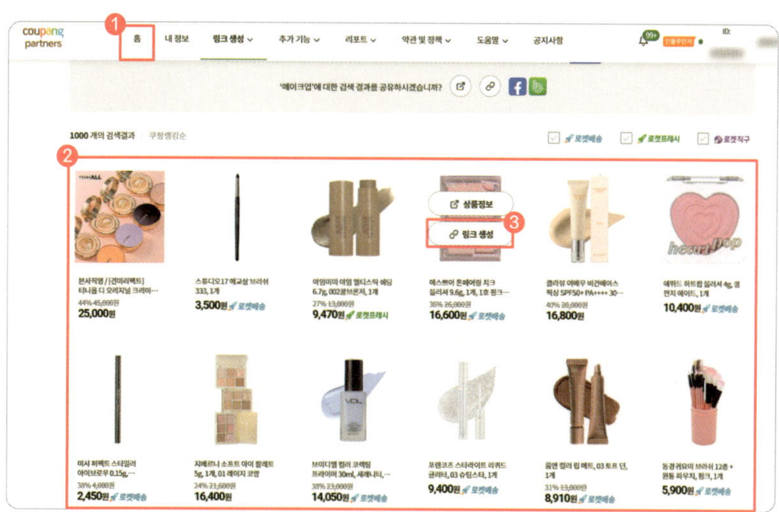

05 단축 URL 창이 뜨면서 링크가 보이면 오른쪽에서 [URL 복사]를 클릭합니다. 복사한 링크는 프로필의 멀티 링크에 추가하거나, 스토리의 링크 스티커로 연결하거나, 자동 응답 DM으로 전송되도록 설정할 수 있습니다.

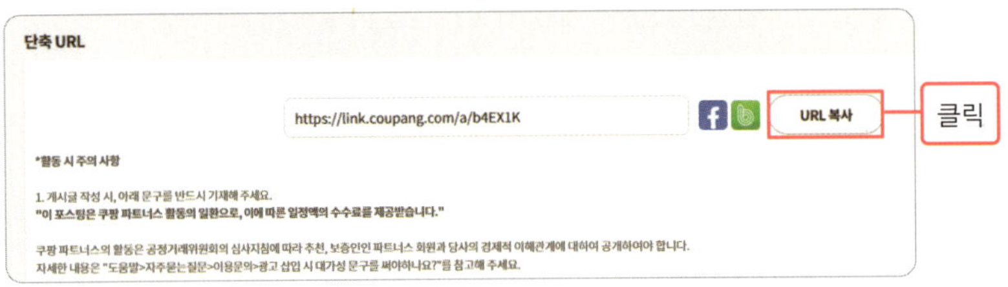

하면 된다!} 쿠팡에서 직접 상품 검색하여 링크 생성하기

쿠팡 파트너스에서 제공하는 상품 목록 가운데 선택하는 것이 아니라, 쿠팡에서 직접 상품을 고른 후 링크를 복사해서 인스타그램에 직접 연결해 보겠습니다.

01 쿠팡에서 상품을 검색한 뒤 주소 창에 있는 URL을 복사합니다.

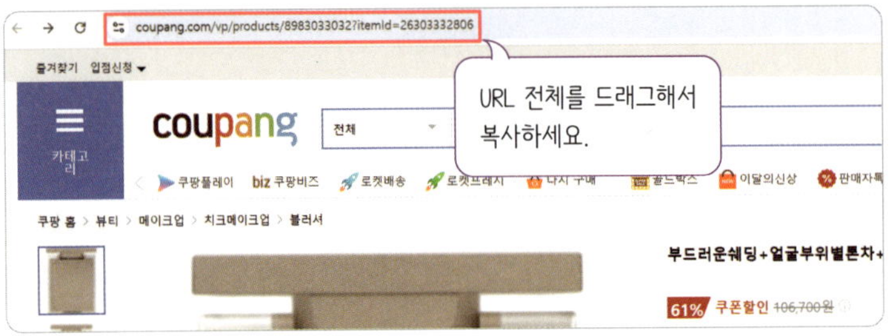

02 다시 쿠팡 파트너스에 접속한 뒤 ❶ 상단 메뉴에서 [링크 생성]을 클릭하고 ❷ [간편 링크 만들기]를 선택합니다.

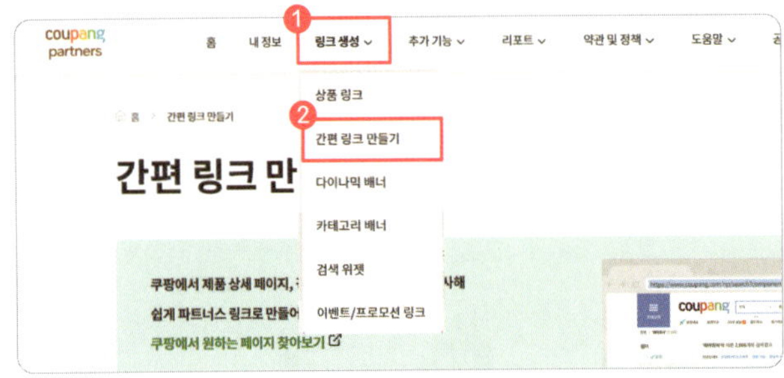

`03` ❶ 쿠팡 URL 입력란에 복사한 URL을 붙여 넣고 ❷ [링크 생성]을 클릭합니다.
❸ 파트너스 URL에서 [URL 복사]를 클릭하면 제휴 링크를 복사할 수 있습니다.

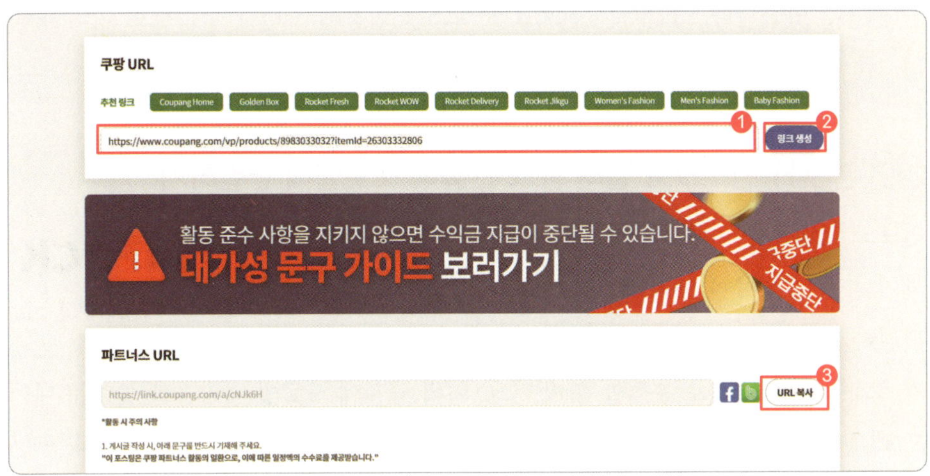

💬 **궁금해요!**　쿠팡 파트너스 외에 다른 플랫폼도 추천해 주세요!

쿠팡 파트너스뿐 아니라 **오늘의집, 컬리 같은 플랫폼**에서도 제휴 링크로 수익을 만들 수 있습니다. 내 계정의 톤과 어울리는 상품을 골라 릴스와 피드에서 관심을 만든 후 프로필 링크, 스토리 링크, 하이라이트로 구매 동선을 연결합니다. 이때 댓글에 '링크' 같은 키워드를 달도록 유도하고 매니챗을 이용해 링크를 전달하면 전환율도 높아집니다. 단, '이 포스팅은 쿠팡 파트너스 활동의 일환으로, 이에 따른 일정액의 수수료를 제공받습니다.'와 같이 제휴 고지 문구를 분명히 적어서 신뢰를 지켜야 합니다.

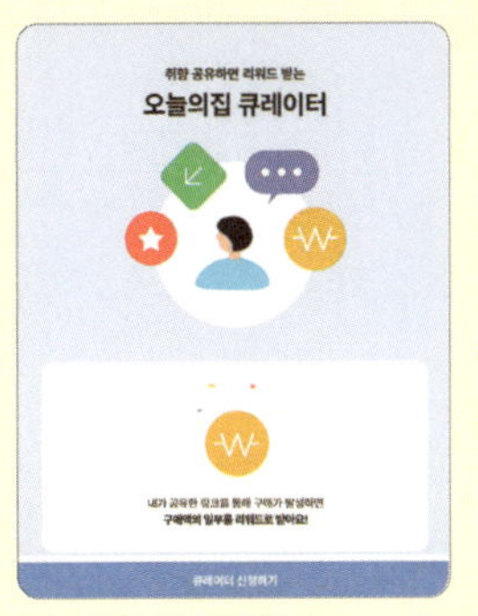

오늘의집 큐레이터(ohou.se/curator)　　컬리 큐레이터(lounge.kurly.com/curator-program)

이때 1가지 팁이 있습니다. 여러 링크를 한 번에 관리할 수 있는 멀티 링크 서비스를 이용하면 인스타그램 프로필 한 줄에 여러 페이지와 스토어, 콘텐츠 링크 등을 모아 안내할 수 있습니다. 여기서는 인포크 서비스를 이용해서 하나의 주소로 여러 상품 링크를 연결하고 관리해 보겠습니다.

하면 된다!} 인포크로 멀티 링크 만들어 프로필에 연결하기

인포크 서비스를 이용하면 모바일에서도 여러 링크가 한눈에 보여 품절된 상품을 제거하는 등 상품 링크 목록을 관리하기 편리하고, 실시간으로 클릭/유입 데이터를 확인해서 어떤 링크

인포크 로고

가 성과를 내는지 바로 분석할 수 있어요. 이와 동시에 프로필 전환율을 높이는 데에도 매우 유용합니다. 인포크로 멀티 링크를 만드는 실습(01~08단계)은 PC에서, 만든 멀티 링크를 인스타그램에 적용하는 실습(09~11단계)은 모바일로 진행합니다.

01 PC에서 인포크 가입하기

인포크(link.inpock.co.kr)에 접속한 후, 첫 화면에서 ❶ link.inpock.co.kr/ 오른쪽에 내가 만들 링크 주소를 입력하고 ❷ [바로 만들기]를 클릭합니다.

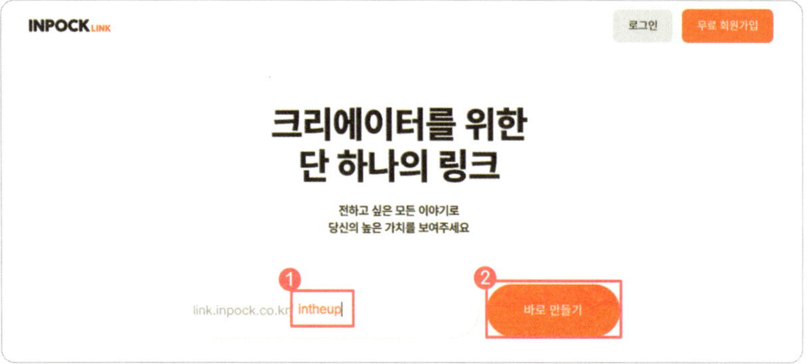

♥ 포털 사이트에 '인포크'를 검색하지 말고 주소 창에 링크를 직접 입력해서 접속하세요.

02 ❶ 약관에 동의하고 회원 가입에 필요한 정보를 모두 입력한 뒤 ❷ [인포크링크 가입완료]를 클릭합니다.

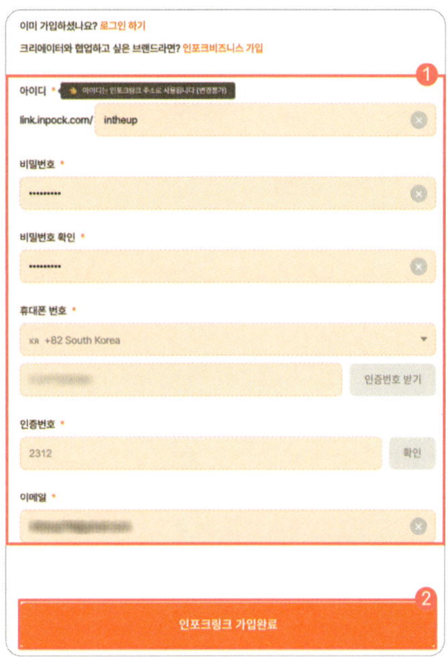

03 ❶ [크리에이터], [브랜드 기업], [개인] 가운데 나에게 맞는 유형을 선택하고 ❷ [다음]을 클릭합니다. ❸ [제휴링크 수익화 (파트너스)]를 선택하고 ❹ 다시 한번 [다음]을 클릭합니다. ❺ 내 계정의 콘셉트와 맞는 카테고리를 선택하고 ❻ [완료]를 누릅니다. ❼ 선택한 카테고리를 확인하는 팝업 창이 뜨면 [인포크링크 시작하기]를 클릭합니다.

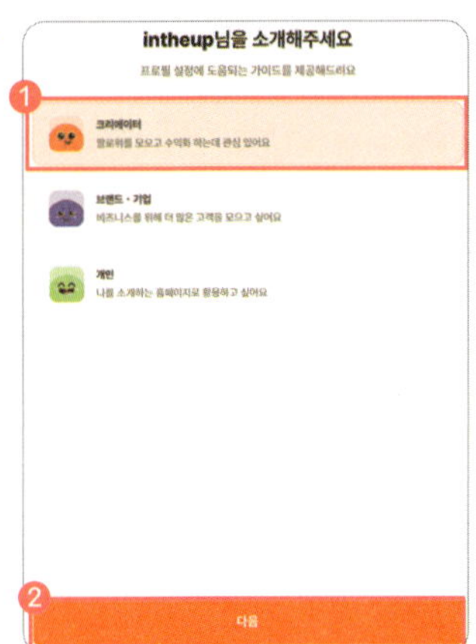

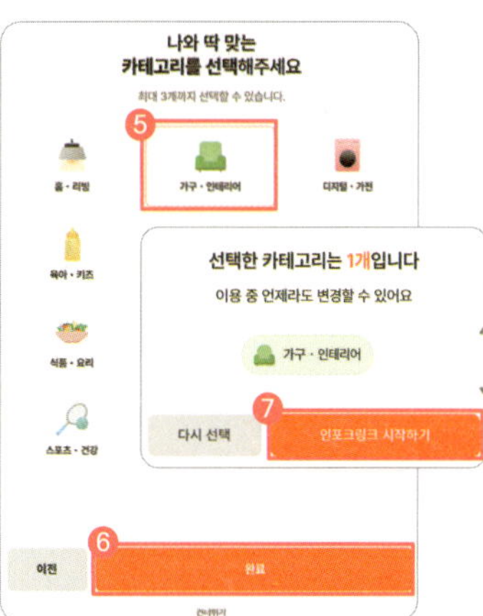

04 ❶ [블록 추가 ⊕]를 클릭하고 ❷ [링크]를 선택합니다.

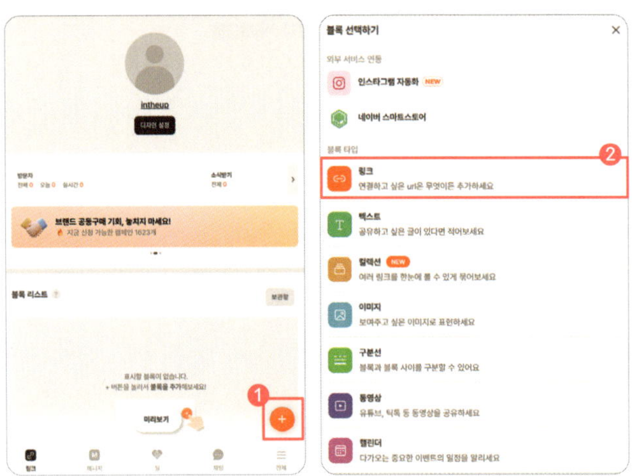

05 ❶ 화면에 보이는 방식을 설정하기 위해 스타일을 선택하고 ❷ 연결할 주소에는 쿠팡 파트너스에서 복사한 제휴 링크를 붙여 넣습니다. ❸ 타이틀에는 상품명을 입력합니다. 이때 상품명에 핵심 가치를 함께 쓰면 더 효과적입니다. 예를 들어 복숭아라면 '초특가 말랑 복숭아'처럼 입력하면 됩니다. ❹ 제품 이미지를 업로드하고 ❺ 링크 공개 여부는 [바로 설정]을 선택한 뒤 ❻ [링크 공개]를 활성화합니다. ❼ [추가 완료]를 클릭하면 ❽ 쿠팡 파트너스 링크가 블록 리스트에 추가됩니다.

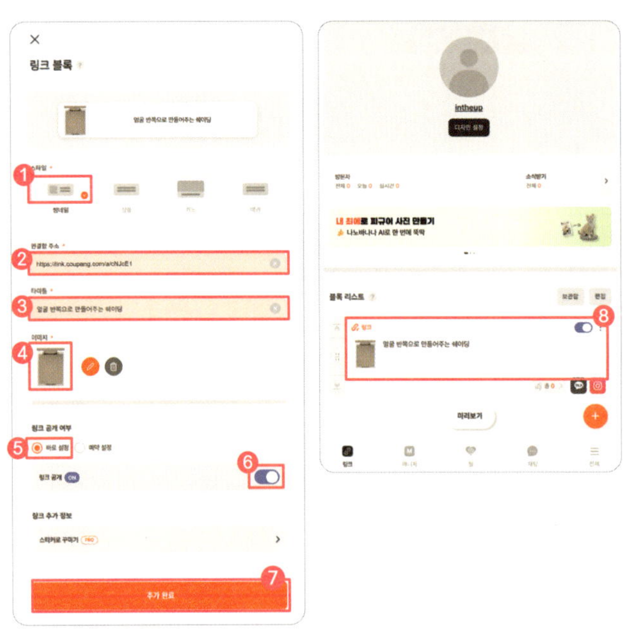

06 프로필 디자인 설정하기

❶ 링크 화면에서 [디자인 설정]을 클릭하고 ❷ [프로필 레이아웃]을 선택합니다.

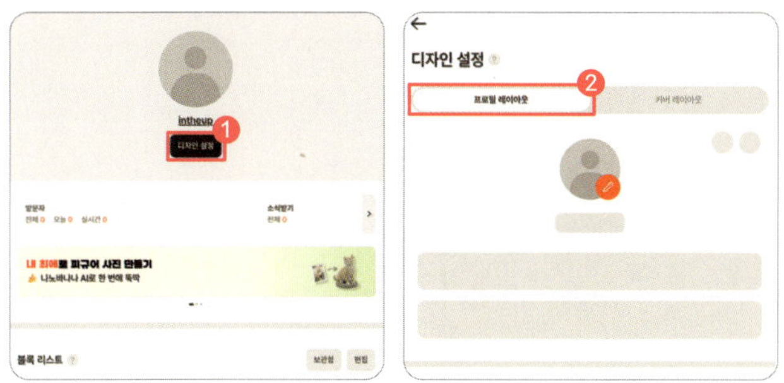

07 ❶ [프로필 편집 🖊]을 눌러 프로필 사진을 변경하고 ❷ 배경 색상을 선택합니다. ❸ 한줄 공지에는 이 포스팅은 쿠팡 파트너스 활동의 일환으로, 이에 따른 일정액의 수수료를 제공받습니다.라고 공정 거래 문구를 입력합니다. ❹ 텍스트 색상과 ❺ 배경 색상을 선택하고 ❻ [설정 완료]를 클릭해 마무리합니다.

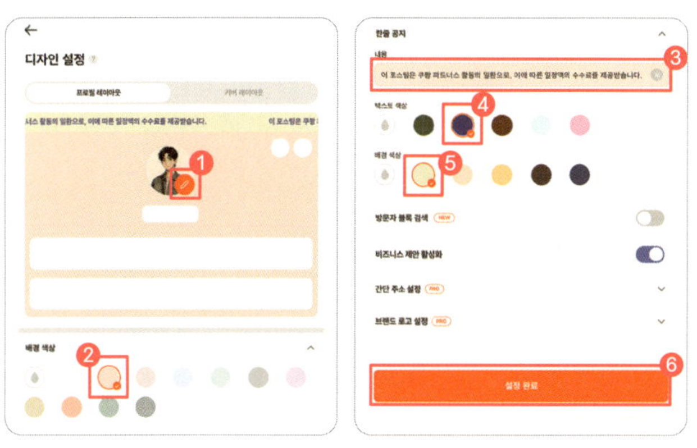

08 프로필 설정을 완료하면 ❶ 프로필 이름을 클릭해서 링크를 복사할 수 있습니다. ❷ [미리보기]를 클릭해서 실제로 보이는 페이지를 확인해 보세요.

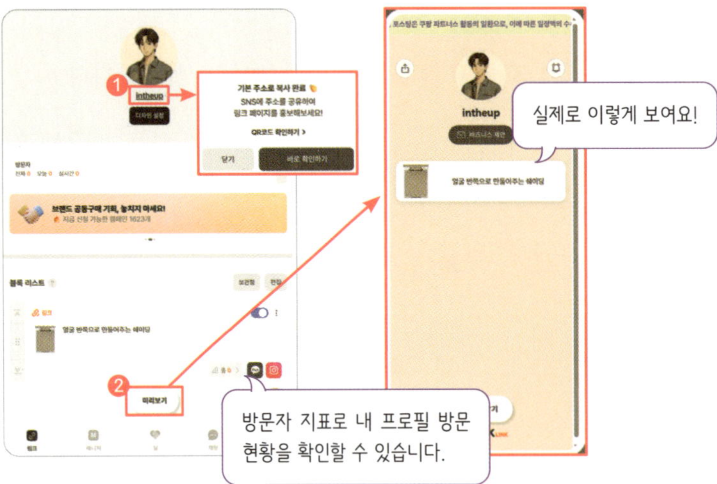

💜 인포크 링크도 자동화를 설정하면 DM을 자동으로 보낼 수도 있고 반복해서 쓰는 문구를 답글로 달리도록 설정하기도 편리합니다. 단, 유료로 구독해야 하고 자칫 과도하게 사용하면 스팸으로 보일 수 있으니 필요하다면 보조 수단으로 이용하길 권합니다.

09 모바일에서 프로필에 링크 걸기

모바일에서 인스타그램에 접속한 뒤 ❶ [프로필 편집]을 탭하고 ❷ [링크 추가]를 선택합니다.

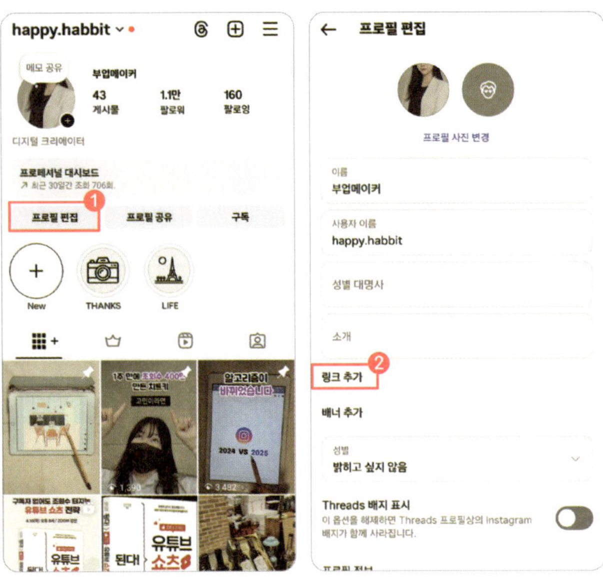

10 ❶ [외부 링크 추가]를 탭하고 ❷ 01 단계에서 만든 멀티 링크 URL을 입력합니다. ❸ 적절한 제목을 입력한 뒤 ❹ [확인 ☑]을 탭하면 인포크 링크가 추가됩니다.

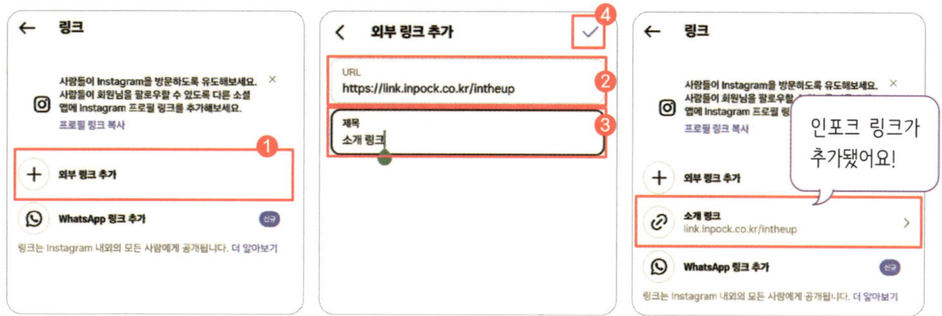

11 프로필 영역에도 링크가 적용됩니다. 이제 이 링크를 탭하면 08 단계에서 미리 보기로 보았던 멀티 링크 페이지가 열립니다.

이처럼 멀티 링크를 활용해서 프로필 한 줄에 제휴 링크를 한곳에 모아 두면 제휴 링크뿐 아니라 블로그, 유튜브, 랜딩 페이지 등 다른 링크도 함께 연결할 수 있습니다.

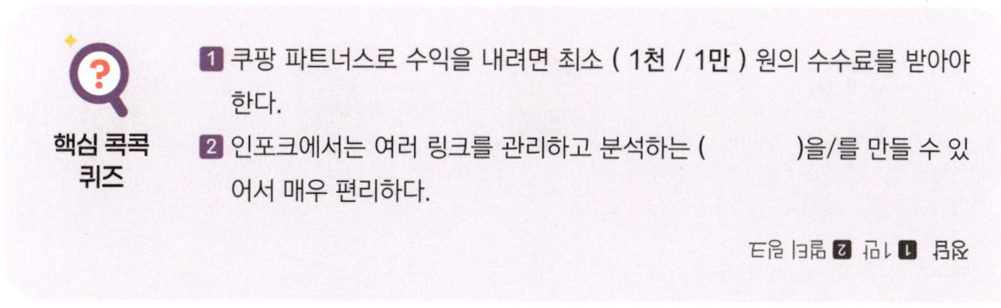

인스타그램에서 릴스 보너스 수익을 받아요!

릴스를 꾸준히 만들어 올리면 인스타그램에서는 크리에이터에게 보너스나 기프트 형태로 보상을 줍니다. 이 보너스는 한때 많은 계정에서 활성화되었지만 지금은 일부 계정에게만 열리는 추세입니다. 그렇다고 아예 사라진 것은 아니므로, 처음 시작하는 사람도 릴스를 계속 올리다 보면 언제든 보상받을 수 있습니다.

릴스로 얻을 수 있는 보상 구조 2가지

릴스의 보상 구조는 크게 2가지입니다. 하나는 인스타그램에서 직접 지급하는 보너스이고, 다른 하나는 팔로워가 보내는 후원형 기프트입니다. 두 방식 모두 크리에이터 계정 또는 프로페셔널 계정으로 전환한 후에 활용할 수 있는데요. 커뮤니티 가이드라인을 준수하고 저작권 문제가 없는 건강한 계정이라면 팔로워 수와 무관하게 조건을 충족할 수 있습니다. 운영되는 순서와 작동 원리는 다르지만 크리에이터가 릴스를 꾸준히 만들도록 지원한다는 점에서 매우 유사합니다.

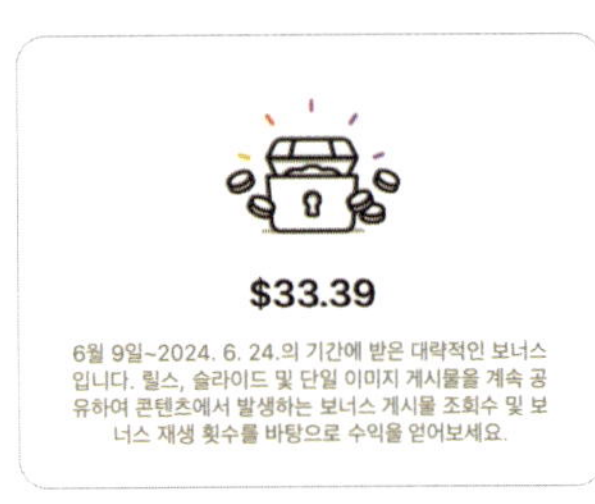

인스타그램에서 지급하는 보너스 수익

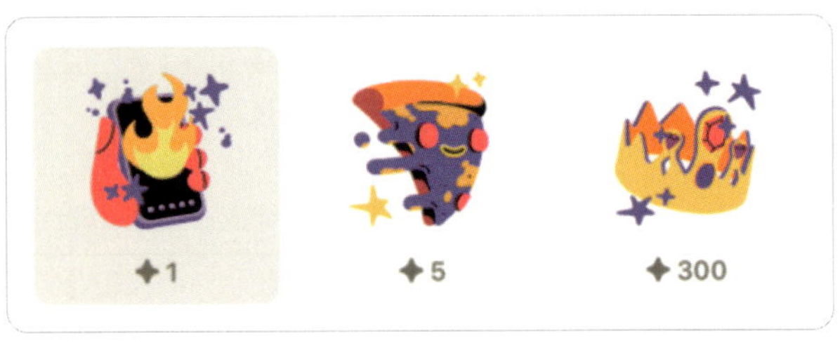

팔로워가 보내는 후원형 기프트 수익

인스타그램에서 지급하는 보너스 수익

인스타그램에서 릴스 보너스 수익을 받으려면 다음 3가지 조건을 만족해야 합니다. 다만 이 수익 구조에서는 3가지 조건을 만족한다고 해서 자동으로 활성화되지 않고, **인스타그램에서 직접 선택한 계정만 초대**받을 수 있습니다.

조건	내용
평균 조회수	평균 조회수는 공식적으로 공개되지 않았지만 릴스 영상이 일정한 조회수 패턴을 유지할수록 초대받을 확률이 올라가는 편입니다. 폭발적인 조회수보다 꾸준히 나타나는 조회수가 더 중요합니다.
활동 패턴	릴스를 주 3회 이상 일정한 주기로 업로드하고 콘텐츠를 삭제한 이력이 적을수록 유리합니다. 계정의 성실도가 무엇보다 중요합니다.
콘텐츠	원본 콘텐츠를 중심으로 저작권에 문제없는 음악과 콘텐츠를 사용해야 합니다. 남의 영상을 가져오거나 짜깁기한 영상은 보너스 대상에서 빠질 수 있습니다.

릴스 보너스 수익은 초대 기간 안에 기록한 릴스 조회수, 참여도, 활동량에 따라 금액이 산정됩니다. 통상적으로 조회수가 1만 회일 때 10~30달러, 10만 회일 때 50~150달러, 100만 회 이상을 달성하면 최대 1,200달러까지 정산받을 수 있는데요. 앞서 말했듯이 여러 반응 지표를 종합해서 산정되기 때문에 보너스 단가는 매번 변동됩니다. 지속해서 영상을 올리는 크리에이터라면 도전해 볼 만한 수익 구조입니다.

팔로워가 보내는 후원형 기프트 수익

후원형 기프트는 크리에이터가 직접 활성화할 수 있습니다. **팔로워가 기프트를 보내면 메타가 일부 수수료를 제외하고 금액으로 환전해서 지급**하는 수익 유형으로, 팬층이 강한 계정일수록 수익화에 유리합니다.

조건	내용
활동 패턴	릴스를 꾸준히 업로드하면서 시청자와 소통이 많은 계정일수록 활성화될 확률이 높습니다.
제외 기준	콘텐츠를 도용하거나 재사용한 이력, 저작권이나 규정을 위반한 이력이 있을 경우 기능이 제한됩니다.

보너스 수익과 기프트 수익을 놓치지 않도록 활성화 여부를 확인해 보겠습니다. 만약 활성화되어 있다면 정산 계정을 설정하는 방법까지 따라 해보세요.

01 보너스 & 기프트 활성화 여부 확인하기

❶ 인스타그램의 내 계정 화면에서 [프로페셔널 대시보드]를 탭합니다. ❷ 화면을 아래로 내려서 [보너스]와 [기프트]가 보이는지 확인합니다. 두 메뉴가 보이지 않는다면 아직 참여 조건이 충족되지 않은 상태입니다.

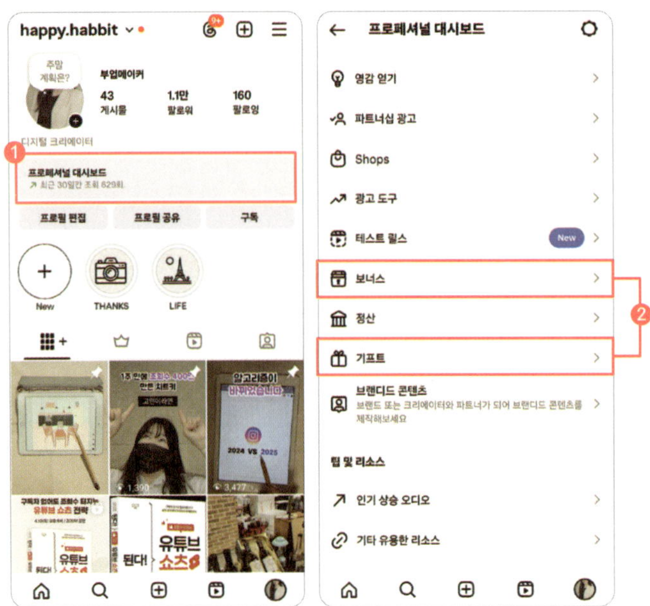

💜 일반 계정에서는 수익을 낼 수 없습니다. 01-2절의 실습을 따라 해서 프로페셔널 계정으로 전환한 뒤 이번 실습을 진행하세요.

02 기프트 정산 계정 설정하기

① [기프트]를 탭하고 ② 자격 요건 충족 상태인지 확인합니다. ③ [기프트로 수익을 얻어보세요]를 누르고 ④ [계속]을 탭합니다.

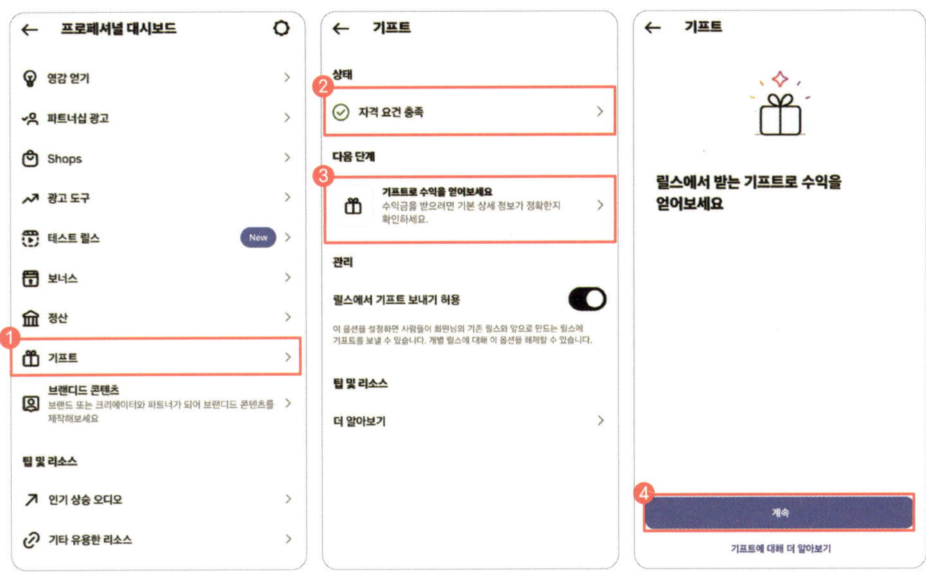

03 ① 법적 이름과 성, 생년월일을 입력하고 ② 국가를 [대한민국]으로 설정합니다. ③ 비즈니스 유형으로 [개인/단독 소유]를 선택하고 ④ [다음]을 탭하세요.

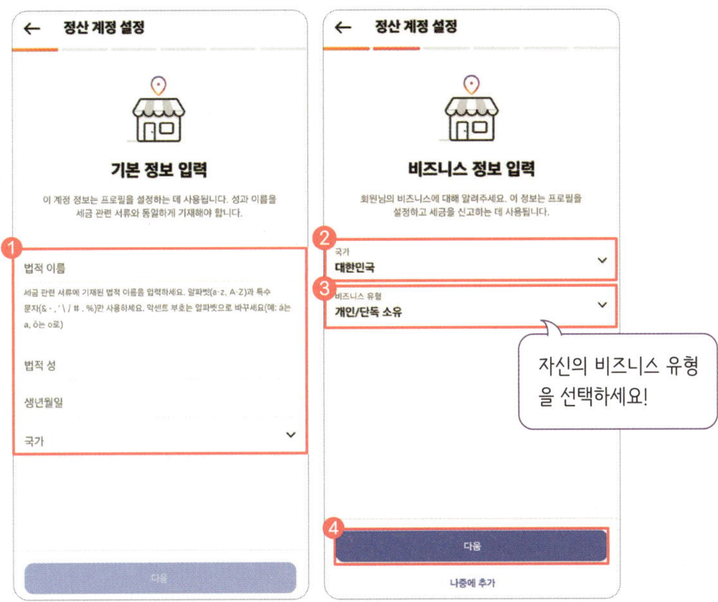

04 ① 법적 이름과 성, 생년월일이 맞는지 확인하고 ② 기본 주소와 전화번호, 이메일 등을 입력합니다. ③ 납세자 번호(TIN)에는 주민등록번호를 입력합니다.

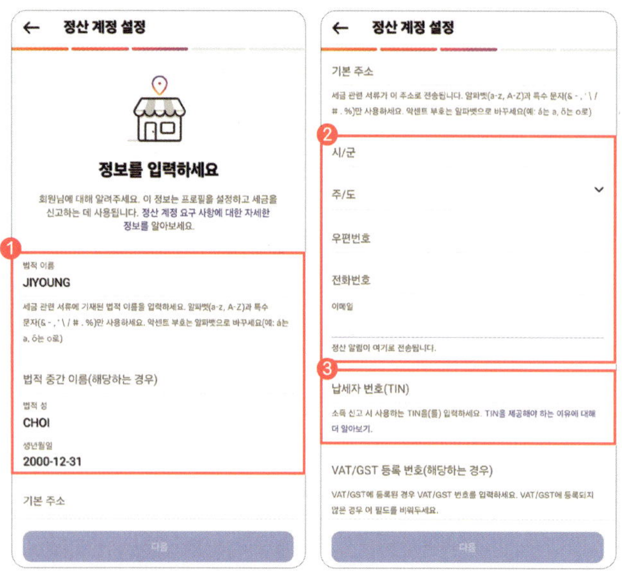

05 ① 정산 방법은 [계좌 이체]를 선택합니다. 계좌 이체로 설정하면 25달러만 넘어도 원화로 바로 정산받을 수 있고, 전신 송금으로 설정하면 100달러 이상을 달성해야 달러(USD)로 송금받을 수 있습니다. ② 은행 이름과 계좌 번호를 입력하고 ③ [정산 수단 연결]을 탭합니다.

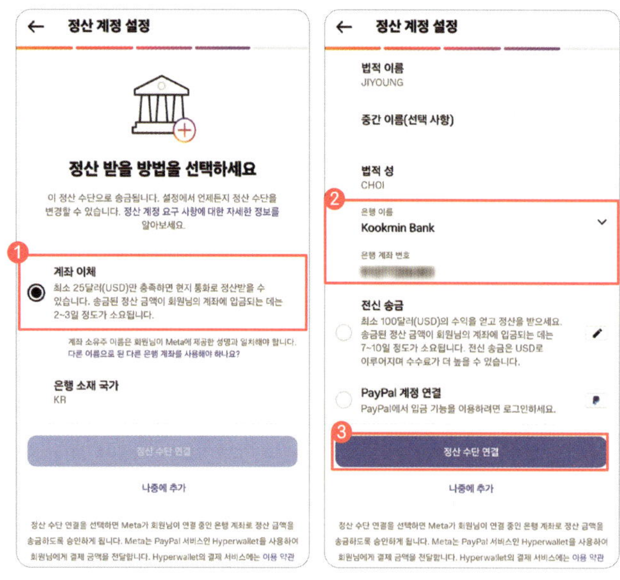

정산 방법을 전신 송금으로 선택하면 은행 이름 대신 스위프트 코드를 입력해야 합니다. 국내 은행의 영문명과 스위프트 코드를 참고해서 정확히 입력하세요.

은행 이름	영문 이름	스위프트 코드
국민은행	KOOKMIN BANK	CZNBKRSEXXX
신한은행	SHINHAN BANK	SHBKKRSE
카카오뱅크	CITIBANK KOREA INC - KAKAO	KAKOKR22
우리은행	WOORI BANK	HVBKKRSEXXX
하나은행	KEB Hana Bank	KOEXKRSE
SC제일은행	Standard Chartered First Bank Korea, Seoul	SCBLKRSE
기업은행	INDUSTRIAL BANK OF KOREA	IBKOKRSE
농협은행	NONGHYUP BANK	NACFKRSEXXX
한국 산업은행	KOREA DEVELOPMENT BANK, SEOUL	KODBKRSE

06 세금 정보 추가하기

세금 신고를 할 때 필요한 정보를 추가하는 창이 보이면 ❶ [세금 정보 추가]를 탭하고 ❷ [허용]을 누릅니다. ❸ '미국 시민, 미국 영주권자(그린 카드 소지자) 또는 미국 거주 외국인입니까?'라는 질문에는 [아니요]를 선택합니다. ❹ '타인을 대신해 결제 금액을 수령하는 중개인이나 기타 매개자 또는 위임 기업체입니까?'라는 질문에도 [아니요]를 선택하고 ❺ [다음으로]를 탭합니다.

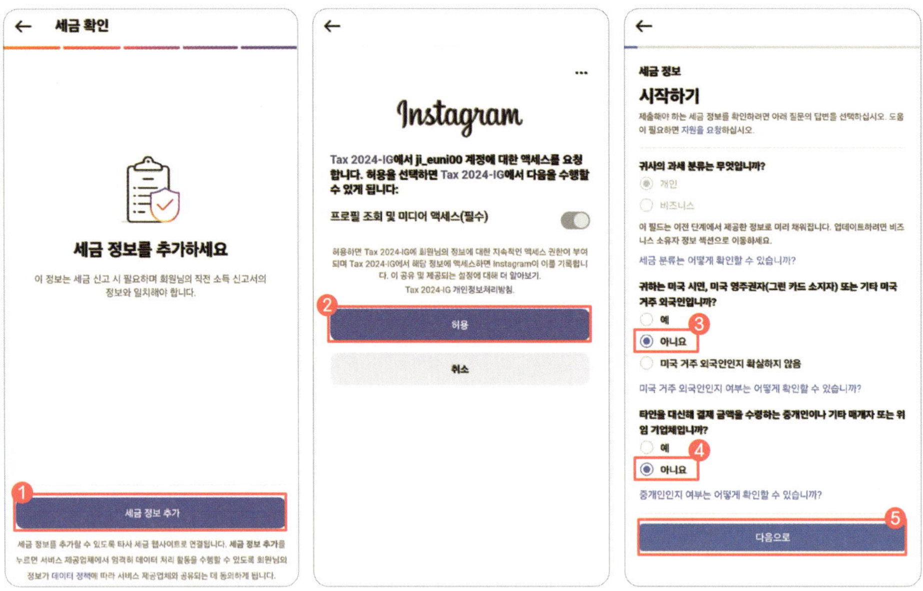

07 ❶ TIN(납세자 ID 번호) 항목에서 [외국인 TIN이 있습니다.]에 체크 표시하고 ❷ [다음으로]를 탭합니다. ❸ 주소가 올바르게 입력되어 있는지 확인한 뒤 다시 [다음으로]를 탭합니다. ❹ 주소를 확인하고 [다음으로]를 한 번 더 누릅니다.

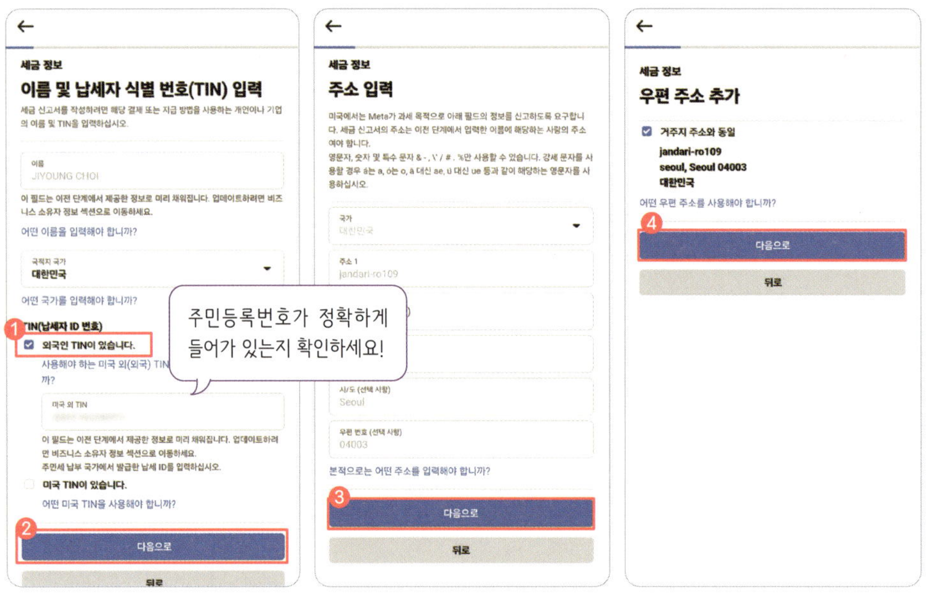

08 ❶ 서비스를 실제로 진행 중이거나 진행할 위치에서 [미국 내에서 실제로 진행될 예정인 서비스가 없습니다.]를 선택하고 ❷ [다음으로]를 탭합니다. ❸ [IRS 양식 W-8BEN에 따라 입력한 정보에 대해 전자 서명하는 데 동의합니다.]에 체크 표시합니다. ❹ 서명란에 전체 이름을 입력하고 ❺ 서명한 날짜가 맞는지 확인한 뒤 ❻ [Next]를 탭합니다.

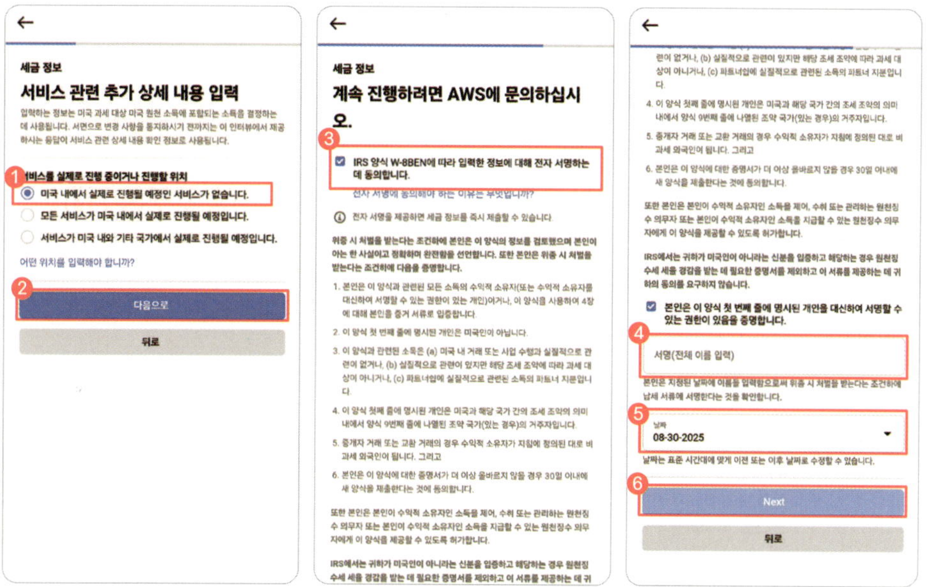

09 세금 정보를 끝까지 확인하고 [양식 제출]을 탭합니다.

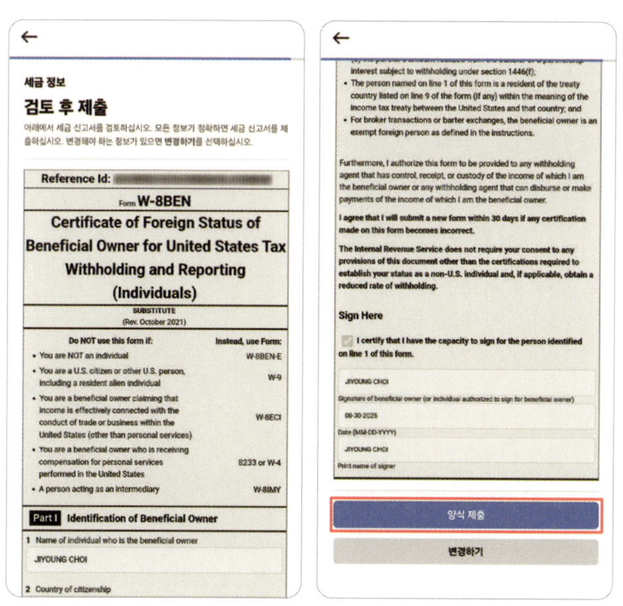

10 ❶ 세금 프로필을 꼼꼼히 확인하고 [완료]를 탭합니다. ❷ 이제 기프트를 통해 수익을 얻을 수 있다는 안내문이 나타나면 [완료]를 탭합니다.

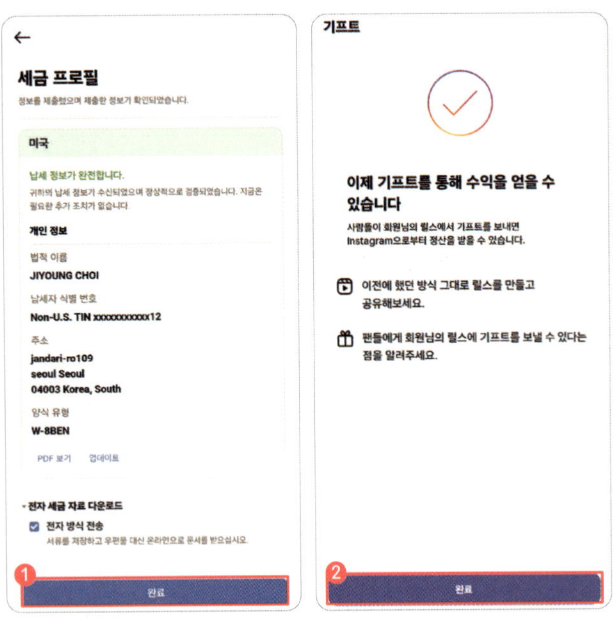

지금까지 기프트 수익의 정산 계정을 설정해 보았습니다. 계좌 번호부터 세금 프로필까지 복잡해 보이지만 순서대로 따라만 하면 쉽게 마칠 수 있습니다. 보너스 수익역시 같은 방식으로 정산 계정을 설정하면 됩니다.

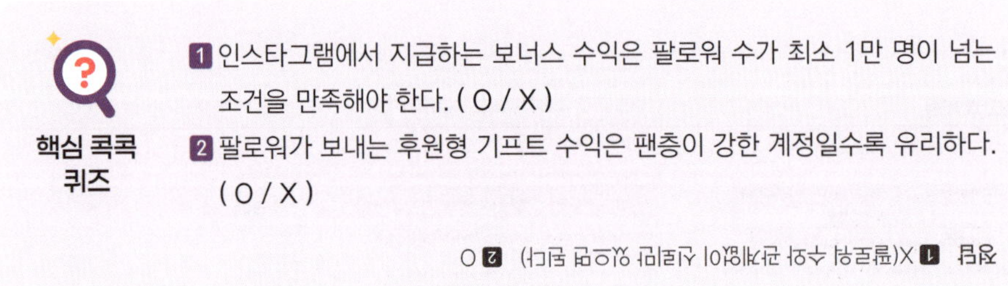

팔로워와 신뢰를 쌓으면
공동구매 수익이 따라와요!

공동구매란?

공동구매(줄여서 공구)는 일정 기간 동안 여러 사람이 같이 구매하는 조건으로 더 좋은 혜택을 제공하는 판매 방식입니다. 보통 크리에이터가 제품을 추천해서 팔로워가 정상가보다 저렴하게 살 수 있도록 기획하곤 하죠. 팔로워 입장에서는 평소 사고 싶던 제품을 좋은 조건으로 구매할 수 있으면서 내가 팔로우하는 사람의 믿을 만한 후기까지 보장되니 더 쉽게 참여할 수 있습니다.

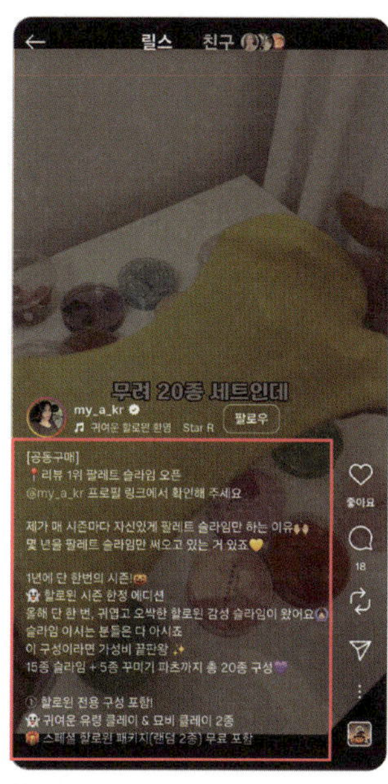

출처: @my_a_kr

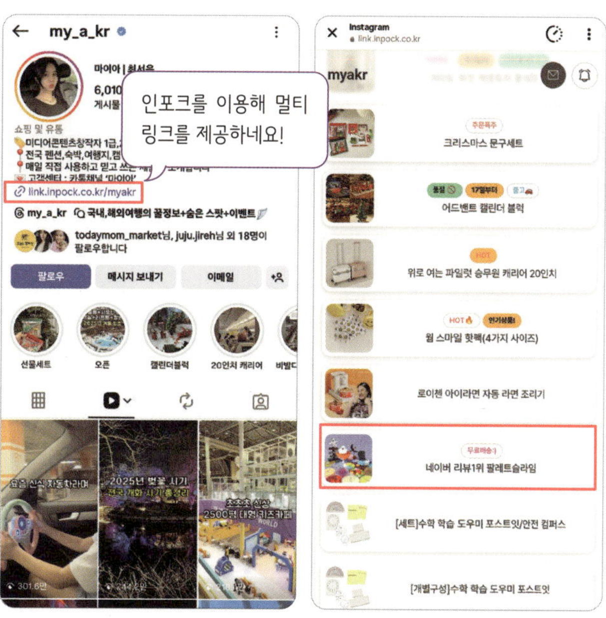

마이아 님의 멀티 링크 페이지

공구는 협업형 공구와 직접 공구의 2가지 방식으로 나뉩니다. 먼저 **협업형 공구**는 판매업체와 크리에이터가 함께 진행하는 방식으로, 크리에이터는 제품 사용 후기와 콘텐츠 제작에 집중하고 판매업체는 재고 관리, 배송, 고객 서비스를 담당합니다.

직접 소싱형이라고도 하는 **직접 공구**는 크리에이터가 제품을 직접 소싱하거나 제작해서 판매하는 방식으로, 판매업체가 따로 없고 크리에이터가 제품 선정부터 판매까지 직접 운영합니다. 그만큼 수익성이 높고 브랜딩에 유리하지만 재고 관리, 배송 등 운영 요소를 전부 챙겨야 한다는 애로 사항이 있습니다.

구분	협업형 공구	직접 공구
장점	판매업체에서 재고 관리, 배송 등을 대신하므로 콘텐츠에만 집중하면 됩니다.	수익성이 높고 브랜딩에 유리합니다.
단점	직접 공구에 비해 수익성이 낮은 편입니다.	크리에이터가 제품을 직접 소싱해야 하고, 공구 운영에 신경 써야 할 것이 많습니다.

공구가 성공적으로 이루어지려면 무엇보다 그 밑바탕에는 나와 팔로워 사이에 신뢰가 깔려야 합니다. **콘텐츠로 관계를 꾸준히 쌓아 온 사람일수록 공구가 원활히 진행**될 가능성이 높고, 팔로워에게도 눈에 보이는 혜택을 주는 방식이어서 공구를 진행한 이후에도 신뢰를 더 깊이 쌓을 수 있습니다.

다음에 제시한 항목으로 내 계정이 신뢰받고 있는지 점검해 보세요.

점검 항목	체크(V)
일상에서 솔직한 모습을 보여 준다. ♥ 평소의 말투, 태도, 후기에서 진정성이 느껴지기 때문입니다.	
제품을 직접 써본다. ♥ 억지로 홍보만 하는 게 아니라 크리에이터도 이걸 쓰고 있다는 느낌을 주면 전환 속도가 빠릅니다.	
팔로워와 자주 소통한다. ♥ 댓글과 DM을 자주 읽고 반응하면 관계 기반 계정으로 평가되어 공구 성공률이 높습니다.	
정보와 가치, 혜택을 꾸준히 제공한다. ♥ 팔로워는 특히 자신에게 도움을 주는 계정에게 반응합니다.	
계정 콘셉트와 제품이 맞아떨어진다. ♥ 평소 다루는 주제와 결이 맞는 제품으로 진행해야 공구 성공률이 높습니다.	

공구용 제품 소싱은 어디에서 할까?

공구용 제품은 다음 4가지 방식으로 소싱^{sourcing}할 수 있습니다. 소싱업체마다 장단점이 있으므로 각각의 특징을 살펴보고 가장 적합한 방법을 선택하길 추천합니다.

방법 1   제조사 직거래

공장이나 제조사와 바로 협의하는 방식이어서 마진율이 가장 높고 품질을 확인하기도 편합니다. 공장에 직접 의뢰하는 ODM^{Original Design Manufacturer}, OEM^{Original Equipment Manufacture} 제품도 제작할 수 있습니다. 자체 브랜드를 만들고 싶거나 고품질 제품을 생산할 경우에 많이 쓰는 방식입니다.

방법 2   도매 플랫폼 소싱

이미 검증된 상품을 대량으로 취급하는 도매 플랫폼을 활용하는 방식입니다. 소량을 테스트한 뒤 공구를 진행할 수도 있고 제품 라인업을 빠르게 구축할 때도 유리합니다. 도매 플랫폼으로는 도매매, 도매꾹, 셀럽션, 셀러바이, 중국1688, 타오바오, 알리바바 등을 예로 들 수 있습니다.

도매꾹 웹 사이트(domeggook.com)

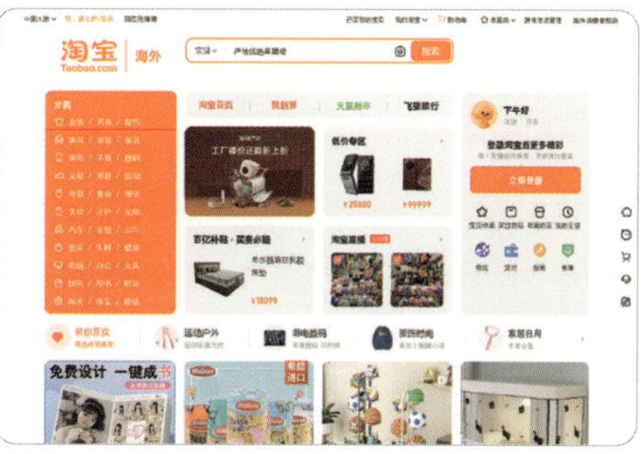

타오바오 웹 사이트(world.taobao.com)

방법 3   브랜드사 & 유통사 협업 공구★

가장 흔한 소싱 방식이며 이미 존재하는 브랜드와 협업하는 구조입니다. 크리에이터는 콘텐츠, 리뷰, 고객 문의 전달 등을 담당하고 브랜드는 상품, 배송, 고객 서비스를 담당합니다. 일반적으로 브랜드나 유통사에서 먼저 크리에이터에게 협업을 제안하는 경우가 많습니다. 가장 위험이 적으면서 협업 진행도 쉬운 편입니다. 재고나 배송 부담 없이 공구만 진행하고 싶을 때 추천합니다.

방법4 직접 개발 & 제작

크리에이터가 **제품을 직접 기획하거나 제작**하는 방식입니다. 마진율이 가장 좋고 브랜드 가치 상승에 효과적입니다. 초도 물량을 준비해야 하는 부담이 있지만 제대로 성공하면 성장 속도가 매우 빠릅니다. 특히 브랜드를 구축해야 하거나 장기적으로 수익 구조를 만들고자 하는 크리에이터에게 적합합니다.

이처럼 공구는 계정 규모와 관계없이 신뢰가 충분히 쌓이면 성과가 잘 나서 단기 매출이 상승할 가능성이 큰 수익 파이프라인입니다. 단, 평소 다루는 주제와 무관하거나 내 계정과 결이 다른 제품이 아니라면 좋은 성과를 거두기 어려울 수 있고, 구매를 과도하게 유도하면 오히려 신뢰를 떨어뜨릴 수 있으니 주의해야 합니다.

핵심 콕콕 퀴즈

1. 협업형 공구는 크리에이터가 제품을 직접 소싱하거나 제작해서 판매하는 방식으로 수익성이 비교적 높은 편이다. (O / X)
2. 공구를 진행하려면 나와 팔로워 사이에 (   )을/를 미리 쌓는 과정이 필요하다.
3. 공구는 팔로워가 많아야 더 쉽게 진행되고 그만큼 수익도 높은 편이다. (O / X)

정답 1 X(직접 소싱이 아니라 협업형 방식이다)   2 신뢰
3 X(팔로워 수보다 신뢰도가 중요하다)